21世纪经济管理新形态教材·金融学系列

投资银行学

孔繁成 ◎ 主编

清华大学出版社

北京

内 容 简 介

本书分为三篇：第一篇是投资银行概述，主要介绍投资银行的界定与职能、投资银行的产生及其发展趋势、企业与资产价值评估方法、风险与收益理论及资产证券化理论；第二篇是投资银行业务，主要介绍投资银行业务模式、证券发行与承销、证券经纪与交易及兼并与收购；第三篇是投资银行风险管控，主要介绍投资银行风险管理及监管。

本书结构紧凑、内容精练，适合课堂教学。本书实用性广泛，不仅可作为高校经管类专业本科教学及金融硕士教辅用书，亦可作为实践业务部门参考书等。

本书封面贴有清华大学出版社防伪标签，无标签者不得销售。
版权所有，侵权必究。举报：010-62782989，beiqinquan@tup.tsinghua.edu.cn。

图书在版编目(CIP)数据

投资银行学/孔繁成主编.—北京：清华大学出版社，2023.7
21世纪经济管理新形态教材.金融学系列
ISBN 978-7-302-64038-7

Ⅰ.①投… Ⅱ.①孔… Ⅲ.①投资银行-银行理论-高等学校-教材 Ⅳ.①F830.33

中国国家版本馆 CIP 数据核字(2023)第 126754 号

责任编辑：张　伟
封面设计：汉风唐韵
责任校对：王荣静
责任印制：丛怀宇

出版发行：清华大学出版社
　　　　网　　址：http://www.tup.com.cn，http://www.wqbook.com
　　　　地　　址：北京清华大学学研大厦 A 座　　邮　编：100084
　　　　社 总 机：010-83470000　　邮　购：010-62786544
　　　　投稿与读者服务：010-62776969，c-service@tup.tsinghua.edu.cn
　　　　质量反馈：010-62772015，zhiliang@tup.tsinghua.edu.cn
　　　　课件下载：http://www.tup.com.cn，010-83470332
印 装 者：北京鑫海金澳胶印有限公司
经　　销：全国新华书店
开　　本：185mm×260mm　　印　张：15.75　　字　数：361 千字
版　　次：2023 年 9 月第 1 版　　印　次：2023 年 9 月第 1 次印刷
定　　价：49.00 元

产品编号：100840-01

前言

投资银行学是教育部确定的21世纪高等学校经管类核心课程,是经管类相关专业最重要的基础理论课之一。随着中国经济发展进入新常态,供给侧结构性改革日渐深入,资本市场也相应作出了重要变革与调整,确立了新时期继续前行的目标、动力和实践方式。投资银行是证券和股份公司制度以及现代金融市场发展到特定阶段的产物,是金融产品的设计师和工程师,是资本市场的灵魂。

本书坚持马克思主义立场与方法,注重运用马克思主义基本原理分析中国现实问题,探索中国特色投资银行理论发展。同时本书紧密结合当前国内外金融研究最新成果与金融政策发展实际情况,全面讨论投资银行基本理论、基本知识和基本操作技能,以期为我国多层次资本市场高质量建设与发展贡献智慧和力量。

本书旨在培养学生对投资银行业务模式和行业特征的了解,熟悉和掌握投资银行的基本业务,明确市场经济条件下投资银行业务的国际化以及投资银行内部控制和外部监管措施,密切联系中国资本市场和经济改革与发展实际,以适应中国特色社会主义市场经济发展对金融专业人才的需求,为学生日后从事证券工作和相关研究以及管理奠定基础。

具体而言,本书具有以下三个特点。

第一,课程思政,本书坚持课程思政导向,将党的二十大精神和思政内容自然嵌入课程体系结构和内在逻辑,思政要点设计由浅入深、循序渐进,可以达到"润物细无声"的育人效果。

第二,形式新颖,作为融媒体新形态教材,本书拥有丰富的线上学习资源和教辅资料供师生使用。即测即练可以增强学生对专业知识的掌握程度,提高教学质量;案例讨论和专栏知识可以拓宽学生研究视野,提高学生学习兴趣,培养学生团结协作精神。

第三,时代性强,根据最新修订的《中华人民共和国公司法》《中华人民共和国证券法》《上市公司收购管理办法》《证券经纪业务管理办法》及《首次公开发行股票注册管理办法》等相关法律法规,我们更新了现有投资银行学教材体系中须修改内容。另外,本书紧扣中国资本市场发展实践,从新一轮科技革命和产业变革等事关百年未有之大变局的关键变量出发,介绍投行业务的最新进展及监管规则,便于学生更好地了解中国特色投行业务的创新发展历程。

　　本书是编者在多年资本市场理论研究与投资银行学教学实践经验基础上完成的，在初稿讨论和写作过程中，我们成立了投资银行学兴趣小组，组员都积极参与了相关章节讨论，并尝试写出了不少文字，他们是韩育萌、张璎鸿宇、朱珂珂、王思睿、张凯统。同时本书编写也参考和借鉴了大量国内外文献资料，在本书"进一步阅读书目"中，我们将其中一些著述向读者做了推荐。在此，编者向投资银行学兴趣小组成员及相关文献资料作者一并表示衷心的感谢！限于编者的水平和能力，书中难免有疏漏之处，恳请各位读者批评指正，使之日臻成熟。

孔繁成
2023 年 2 月

目 录

第一篇　投资银行概述

第一章　投资银行导论 ··· 3
　　第一节　投资银行的界定与职能 ··· 4
　　第二节　投资银行的产生及其发展趋势 ·· 15
　　【本章小结】 ··· 21
　　【复习思考题】 ·· 21
　　【进一步阅读书目】 ·· 22
　　【即测即练】 ··· 22

第二章　企业与资产价值评估方法 ·· 23
　　第一节　现金流折现法及其运用 ·· 24
　　第二节　相对估值法及其运用 ··· 32
　　第三节　期权估价法及其运用 ··· 40
　　【本章小结】 ··· 49
　　【复习思考题】 ·· 50
　　【进一步阅读书目】 ·· 50
　　【即测即练】 ··· 50

第三章　风险与收益理论 ··· 51
　　第一节　有效市场理论及其假定 ·· 52
　　第二节　资产组合理论及其运用 ·· 54
　　第三节　资本资产定价模型及其运用 ··· 60
　　第四节　套利定价理论及其运用 ·· 67
　　【本章小结】 ··· 72
　　【复习思考题】 ·· 72
　　【进一步阅读书目】 ·· 72
　　【即测即练】 ··· 73

第四章 资产证券化理论 ·· 74

第一节 资产证券化概述 ·· 76
第二节 资产证券化的运作 ·· 83
第三节 资产证券化的风险分析 ··· 91
【本章小结】 ··· 96
【复习思考题】 ··· 96
【进一步阅读书目】 ·· 96
【即测即练】 ··· 97

第二篇 投资银行业务

第五章 投资银行业务模式 ··· 101

第一节 投资银行经营模式及其比较 ··· 102
第二节 投资银行经营模式新变化及其趋势 ··· 107
【本章小结】 ··· 112
【复习思考题】 ··· 113
【进一步阅读书目】 ·· 113
【即测即练】 ··· 113

第六章 证券发行与承销 ·· 114

第一节 证券的发行与承销概述 ·· 115
第二节 股票的发行与承销 ·· 124
第三节 债券的发行与承销 ·· 135
【本章小结】 ··· 143
【复习思考题】 ··· 144
【进一步阅读书目】 ·· 144
【即测即练】 ··· 144

第七章 证券经纪与交易 ·· 145

第一节 证券交易市场 ··· 146
第二节 证券经纪业务 ··· 152
第三节 证券自营业务 ··· 159
第四节 做市商业务 ·· 162
【本章小结】 ··· 168
【复习思考题】 ··· 169
【进一步阅读书目】 ·· 169
【即测即练】 ··· 169

第八章　兼并与收购 …… 170

第一节　兼并与收购概述 …… 171
第二节　企业并购动因及其作用 …… 179
第三节　上市公司的并购重组 …… 183
第四节　反收购对策及其应用 …… 193
【本章小结】 …… 201
【复习思考题】 …… 202
【进一步阅读书目】 …… 202
【即测即练】 …… 202

第三篇　投资银行风险管控

第九章　投资银行风险管理 …… 205

第一节　投资银行风险管理概述 …… 206
第二节　投资银行风险管理办法 …… 210
第三节　投资银行风险管理措施 …… 213
【本章小结】 …… 218
【复习思考题】 …… 219
【进一步阅读书目】 …… 219
【即测即练】 …… 219

第十章　投资银行监管 …… 220

第一节　市场准入及经营活动监管 …… 222
第二节　投资银行业监管体制 …… 228
【本章小结】 …… 240
【复习思考题】 …… 240
【进一步阅读书目】 …… 240
【即测即练】 …… 241

参考文献 …… 242

第一篇

投资银行概述

第一章

投资银行导论

本章学习目标

1. 了解投资银行界定及分类;
2. 熟悉和掌握投资银行与金融市场、金融机构的关系;
3. 了解投资银行的产生及其发展趋势;
4. 了解我国投资银行的发展状况。

什么是投资银行

投资银行,简称为投行。网络上曾经流传一个关于投资银行的段子。"有一个不懂投行的人问:'什么是投行?'一位前辈拿了一些烂水果问他:'你打算怎么把这些水果卖出去?'这个人想了半天说:'我按照市场价打折处理掉。'这位前辈摇头,拿起一把水果刀,把烂掉的部分去掉,没有烂的部分去皮切块,弄个漂亮的水果拼盘,说道:'这样,按照几十倍的价格卖掉。'"我们通过这个段子来理解投行就更好懂了一点,段子里的"水果"就是市场中的资金,而投行就是将"水果"去皮切块、制作成"水果拼盘"的金融中介机构。

一般来说,投资银行是为企业发行债券、股票,筹集资金,提供中介服务的金融机构。简单来说,投资银行就是指那些在资本市场上以投资银行业务为主营业务的金融机构。

投资银行是与现代金融业相适应的促进社会主义市场经济发展而形成的新兴行业,可以优化金融市场的资源有效配置、调节社会的资金供求、促进规模经济发展,是金融市场中最重要的金融中介机构之一。

资料来源:七嘴八舌:究竟什么是"投行",有人讲了一个段子,精准吗?![EB/OL].(2017-10-07). https://www.sohu.com/a/196595610_311998.

请思考:

投资银行的业务范围涵盖哪些领域?

案例分析思路:

早期的投资银行,也就是传统意义上的投资银行,是指仅从事证券发行承销和证券交易业务的金融机构。伴随着金融市场的发展,投资银行的业务范畴已经涵盖证券承销与发行、证券交易、以资产证券化为核心的结构性融资、私募股权投资、收购兼并、围绕金融衍生产品开展的金融工程、资产管理等诸多领域，其与资本市场或直接融资活动存在难以分割的紧密关联。投资银行业是一个不断变化、发展和创新的行业。随着资本市场业务的不断发展，投资银行的定义也处于一个不断发展的动态过程。目前的投资银行业务已经涉及了几乎全部的资本市场业务、部分货币市场业务以及金融衍生产品市场业务。

结合当前投资银行业的实际情况，投资银行就是在金融市场上尤其是资本市场上以投资银行业务为主营业务的金融机构，主要业务包括证券发行承销、证券交易、兼并与收购、企业融资、基金与资产管理、研究与咨询顾问、风险资本运作管理以及金融衍生产品开发与创新等。

第一节 投资银行的界定与职能

一、投资银行的界定

投资银行是在金融市场上以资本市场业务为主营业务的金融机构。投资银行在资金供给者与资金需求者之间发挥着金融中介作用，一方面使资金供给者充分利用多余资金来获取收益，另一方面又帮助资金需求者获得所需资金以求发展，从而优化金融市场的资源配置、直接联系社会资金供求，促进规模经济发展。

美国著名金融投资学专家罗伯特·劳伦斯·库恩(Robert Lawrence Kuhn)根据投资银行业务范围的大小，在《投资银行学》一书中将投资银行学的内涵从最广义到最狭义划分为四个层次：①投资银行业务包括所有的金融市场业务。这是最广义的投资银行的定义，它不仅包括从事证券业务的金融机构，还包括不动产投资和保险公司。②投资银行业务包括所有资本市场的业务。这是关于投资银行的较广义的定义，从证券承销、公司融资到并购，以及基金管理和风险投资等，但不包括不动产经纪、保险和抵押贷款业务。③投资银行业务只限于证券承销、交易业务和企业兼并收购业务。这是关于投资银行的较狭义的定义，仅包括部分资本市场业务。④投资银行业务仅指证券承销和交易业务。这是最狭义的投资银行的定义，投资银行仅限于从事一级市场上承销证券、筹集资金和在二级市场上交易证券与经纪业务的金融机构。

库恩认为，第二种定义最符合美国投资银行的现实情况，目前被普遍接受的也是第二种定义，它能够比较准确地描述目前投资银行的业务范围，并且体现投资银行的功能，即投资银行业务包括所有资本市场的业务，投资银行是指主要从事资本市场上的公司融资、证券承销、公司并购，以及基金管理和风险投资等业务活动的金融中介机构。根据投资银行这个定义，并不是所有经营资本市场业务(或投资银行业务)的金融机构都是投资银行，只有那些主营业务为资本市场业务的金融机构才是投资银行。另外，也不是经营全部资本市场业务的金融机构才是投资银行，只要主营业务是资本市场业务——无论是一项还是两项——的金融机构就是投资银行。

投资银行是从商业银行中分离出来的金融机构，其名称起源于美国，但在不同的国家和地区有着不同的称谓，在美国和欧洲大陆被称为投资银行，在英国的称谓是商人银行

(merchant bank),在我国和日本则指的是证券公司。在我国,证券公司又称券商,是指依照《中华人民共和国公司法》《中华人民共和国证券法》的规定并经国务院证券监督管理机构批准经营证券业务的有限责任公司或股份有限公司。

二、投资银行的分类

投资银行可分为以下四种类型。

(一) 独立的专业性投资银行

这种形式的投资银行机构较多,分布在全世界各个地区,有着各自擅长的业务方向,如中国的中信证券、中金公司,美国的高盛集团、美林、摩根士丹利、花旗集团,英国的华宝公司、宝源公司,日本的野村证券、大和证券、日兴证券、山一证券等。

(二) 商人银行

这种形式的投资银行在英国、德国等国家较为典型,主要是商业银行通过兼并、收购、参股或建立自己的附属公司的方式,从事投资银行业务,如汇丰集团、瑞银集团、瑞士信贷集团所属的瑞士信贷第一波士顿银行等。

(三) 全能银行直接经营投资银行业务

这种情况主要出现在欧洲大陆,银行既从事投资银行业务,同时也从事商业银行业务,如德意志银行等。

(四) 大型跨国财务公司或金融公司

随着2008年金融危机的爆发,美林、雷曼兄弟倒台,高盛和摩根士丹利转型为金融控股公司[①],如美国通用公司创办的金融公司等。

三、投资银行与商业银行的区别

投资银行和商业银行是现代金融市场中两类最重要的中介机构,从本质上来讲,投资银行和商业银行都是资金供给者与资金需求者之间的中介,一方面使资金供给者能够充分利用多余资金以获取收益,另一方面又帮助资金需求者获得所需资金以求发展。从这个意义上来讲,二者的功能是相同的。然而,在发挥金融中介作用过程中,投资银行的运作方式与商业银行有很大的不同。

(一) 定义不同

投资银行——以证券市场业务为重心的金融机构。投资银行没有准确的定义,但一

---

① 金融控股公司是指对两个或两个以上不同类型金融机构拥有实质控制权,自身仅进行股权投资管理,不直接从事商业性经营活动的有限责任公司或者股份有限公司。2022年,中国央行先后批准了中国中信金融控股有限公司、北京金融控股集团有限公司和招商局金融控股有限公司的金融控股公司设立许可。

般的投资银行主要从事证券市场业务,不经营传统的商业银行业务,也不直接面向个人开展业务。像证券与基金的承销、风险企业的首次公开发行、企业的再发行、参与企业并购筹划等,是常见的投资银行业务。

商业银行——以盈利为目的的金融机构。按照世界范围内比较普遍的银行法规,商业银行必须实行"分业经营"原则,即除了吸收储蓄存款、发放商业或消费贷款及相关衍生业务外,商业银行不得对外进行任何形式的其他金融业务。比如公开发行证券等,即商业银行不得进入投资银行业务经营领域。但商业银行可以成为投资银行发行或销售债券、基金等的代理,从中收取一定的费用。

(二) 运营方式不同

银行总的来说分为中央银行(一国的法定货币发行单位,"银行的银行")、商业银行和政策性银行(一国政府借以间接支持本国外贸或基建的机构);投资银行总的来说不算是银行,且在发挥金融中介作用的过程中,投资银行的运作方式和商业银行有很大的不同,具体见表1-1。

表1-1 投资银行与商业银行的区别

项 目	投 资 银 行	商 业 银 行
本源业务	证券承销	存、贷款
融资方式	直接融资	间接融资
功能	直接(并着重长期)融资	间接(并着重短期)融资
活动领域	主要是资本市场	主要是货币市场
利润来源	佣金、资本营运收入、利息收入	存贷款利差、资金营运收入、表外业务收入
经营方针	重视金融创新和风险防范	重视收益性、安全性、流动性三者结合
宏观管理	专门的证券管理机构	中央银行

其中最大的不同就是融资方式上的不同造成的运营方式的区别,如图1-1和图1-2所示。

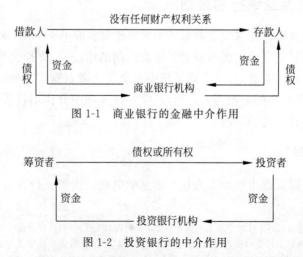

图1-1 商业银行的金融中介作用

图1-2 投资银行的中介作用

投资银行是直接的金融中介,而商业银行是间接的金融中介,投资银行作为直接融资的中介,仅扮演中介人的角色,为筹资者寻找合适的融资机会,为投资者寻找合适的投资机会。在一般情况下,投资银行并不介入投资者和筹资者之间的权利与义务,只收取佣金,投资者和筹资者直接拥有相应的权利与履行相应的义务,因此将其称为直接融资方式。而商业银行具有资金需求者和资金供给者双重身份,存款人和贷款人之间不直接发生权利与义务关系,也就是说,双方不存在直接的合同关系,因此将其称为间接融资方式。

(三)业务范围不同

1. 商业银行的主要业务

(1)资产业务:以贷款、投资贴现、租赁业务为主,包括现金资产业务和其他资产业务,形成了商业银行的资金运用。

(2)负债业务:是商业银行的主要资金来源,以吸收存款和借入资金为主。

(3)中间业务:以收取手续费或综合性金融服务相关的收费业务为主。

2. 投资银行的主要业务

(1)传统基本业务(或本原业务):主要指证券承销和证券经纪业务。

(2)拓展业务与创新业务:主要指兼并与收购、基金管理、项目融资、财务顾问、金融衍生产品的开发与创新及投资咨询业务等。

四、投资银行的主要业务

现代投资银行已经突破了证券发行与承销、证券交易与经纪、证券私募发行等传统业务框架,公司并购、项目融资、风险投资、公司理财、投资咨询、资产及基金管理、资产证券化、金融创新等已成为投资银行的核心业务组成。

(一)证券发行与承销

证券发行与承销是投资银行最本源、最基础的业务活动,是投资银行为公司或政府机构等融资的主要手段之一。其业务范围很广,包括:本国中央政府、地方政府、政府机构发行的债券,企业发行的股票和债券,金融机构发行的债券、基金证券等,外国政府与公司在本国和世界发行的证券、国际金融机构发行的证券等。

(二)证券交易与经纪

投资银行在二级市场中扮演着证券经纪商、证券交易商和证券做市商三重角色。证券经纪业务是指证券公司通过其设立的营业场所和在证券交易所(SE)的席位,基于有关法律法规的规定和公司与投资者之间的契约,按照投资者的合理要求代理投资者买卖证券并收取一定比例佣金的活动。在我国,投资银行作为证券经纪商从事证券经纪业务,都是通过下设的证券营业部来进行的。证券营业部的设立也须具备一定的条件,并由中国证监会及其派出机构批准。作为证券交易商,投资银行有自营买卖证券的需要,这是因为投资银行接受客户的委托,管理着大量的资产,必须保证这些资产的保值与增值。作为证券做市商,投资银行有义务为该证券创造一个流动性较强的二级市场,并维持市场价格的稳定。

(三) 公司并购与资产重组

公司并购可分为兼并与收购两大类。

广义的兼并行为包含吸收合并和新设合并。

若一家优势公司吸收其他公司并获得控制权,并取消其法人资格,该方式称为吸收合并(如清华同方收购鲁颖电子)。若一家公司获得其他公司的控制权后,各方原法人资格都取消,而通过设立一个新的法人机构拥有这些产权,则称为新设合并(如德国的戴姆勒奔驰公司与美国的克莱斯勒公司的合并)。

公司收购是指对公司的资产或股份的购买行为,通常并不取消被收购方的法人地位,主要目的是获得目标公司的控制权,如证券市场中的买壳上市就属于此类情况。

资产重组是指公司为长期发展战略的需要而进行资产与负债重组、机构与人员重组、产品与市场业务重组等。资产重组既可能是扩张和发展的需要,有时也是调整和优化资源结构的需要。

(四) 资产证券化

资产证券化是将资产原始权益人或发起人(卖方)不流通的存量资产或可预见的未来现金流量,构造并转变成为资本市场可销售和流通的金融产品的过程。资产证券化是一项以提高流动性和融资为目的的金融创新,是对一组原本流动性较差的金融资产进行组合,使其产生长期稳定的现金流收益,再配以相应的信用担保,把这种未来现金流的收益权转变为可在金融市场上流动、信用等级较高的证券。其实质就是将金融资产的未来现金流收益权进行转让的交易。

在资产证券化中,投资银行可以扮演不同的角色,从而起到不同的作用。它既可以作为特设信托机构,也可以作为资产担保证券的承销者。

(五) 基金管理

投资基金是一种金融信托制度,自 1940 年美国《投资公司法》实施后逐步发展起来。从广义范围而言,投资基金涵盖了证券投资基金、风险创业投资基金、产业投资基金等;从募集的方式而言,投资基金又分为公募基金与私募基金。投资银行在上述领域中均有所涉足,发挥了重要作用,其在证券投资基金的运作和管理方面更为广泛与深入。

首先,投资银行可以作为基金的发起人,发起和建立基金。

其次,投资银行可以作为基金管理者管理基金(或者以出资人身份发起、设立专业的基金管理公司来管理基金)。

最后,投资银行可以作为基金的承销人,帮助基金发行人向投资者发售收益凭证。

(六) 其他

财务顾问。投资银行财务顾问的服务对象通常既可以是公司、企业,也可以是政府机构;既可以为融资者提供服务,也可以为投资者服务。投资银行作为公司的财务顾问是对公司的一系列资本运营的策划和咨询业务的总称。

资产管理。资产管理是指投资银行作为资产管理人，依法接受客户合法资产的委托，签订合同，在证券市场上进行经营管理，以实现资产的保值增值的金融服务，体现了资产所有者和投资银行之间的委托-代理关系。

项目融资。项目融资是对一个特定的经济单位或项目策划安排的一揽子融资的技术手段，借款者可以只依赖该经济单位的现金流量和所获收益用作还款来源，并以该单位的资产作为借款担保。投资银行在项目融资中起着非常关键的作用，主要是：项目评估、融资方案设计、有关法律文件的起草、有关的信用评级、证券价格确定和承销等。

金融工程与金融创新。根据特性不同，金融创新工具即衍生工具一般分为三类：期货类、期权类和调期类。使用衍生工具的策略有三种，即套利保值、增加回报和改进有价证券的投资管理。通过金融创新工具的设立与交易，投资银行进一步拓展了业务空间和资本收益。

五、我国投资银行业务部门介绍

（一）经纪业务部

经纪业务部是为客户提供证券经纪、交易执行、投资管理等服务的业务部门，其通常分为经纪业务总部和营业部两个层级。经纪业务总部主要负责对营业部的统筹规划、监督管理和业绩考核，以及对重要的零售客户的维护和服务。经纪业务总部一般设在北京、上海、深圳等一线城市和省会城市，工作内容涉及证券公司的各项服务和产品的筹划、运营与推广，工作要求具有较强的综合能力和专业知识。一般而言，经纪业务总部的招聘条件为硕士研究生及以上学历，并符合相关专业背景。营业部主要负责对普通零售客户的开户、交易、咨询等服务，以及对客户资产进行投资管理和理财规划。营业部已覆盖全国各大、中、小城市，工作内容涉及证券市场的分析、预测和操作，工作要求具有较强的沟通能力和销售技巧。一般而言，营业部的招聘条件为大学本科及以上学历，并持有相关资格证书。但目前部分大型券商营业部的招聘标准也提高到了研究生水平，公司会对新入职的员工进行一系列培训，使其能够为客户提供有价值的咨询和销售服务。

（二）投资银行部

投资银行部是证券公司的核心部门，它以其专业的形象和高额的收入吸引了众多人才，是证券行业的梦想之地。投行业务主要通过不同的项目组来开展，项目组的定位有基于行业、地域或其他维度的划分，也有没有明确划分的项目组，它们之间可能存在竞争或合作的关系。新人一般会被分配到某个项目组，从做尽职调查等基础工作开始，逐渐积累经验和资源，寻找潜在的项目机会，两年后可以考取保荐代表人资格。投行业务工作压力很大，经常出差，长期参与项目，阅读大量的文件资料，分析各种风险和问题，需要有强大的心理素质。目前，投行业务的结构也在发生变化。过去，首次公开募股（IPO）业务占据主导地位，而未来包括并购重组、结构化融资、资产证券化等领域都将有巨大发展空间。投行业务的专业化和多样化发展趋势为寻求在这个领域获得成功的从业者带来了更多的机遇与挑战。

（三）证券投资部

证券投资部（自营部门）是券商以自有资金进行投资获得收益的业务部门。由于是自有资金，因此券商对自营风险控制比一般的公募基金要严格，一旦出现亏损，就会直接影响利润，自营业务受市场波动的影响较大，收入稳定性也较低。因此，自营部门在熊市时面临巨大的压力，且时常会遇到不可预测的"黑天鹅"事件。目前券商自营部门主要有以下几种策略：方向性投资、量化投资、套期保值等，其中方向性投资规模逐渐缩小，量化投资等规模逐渐扩大，未来权益互换、做市商等业务也将有很大的发展空间，对人才的需求也会增加。

（四）资产管理部

资产管理部是证券公司中规模庞大的部门，涵盖渠道管理、产品设计、运营管理等多个职能领域。资产管理部门的投资经理和研究员的要求与前述自营部门相似。渠道管理主要负责销售资产管理产品，通过银行和营业部等渠道进行销售，需要具备出色的沟通技巧，对自身产品以及市场上其他产品都有深入的了解。产品设计是目前较为短缺人才的领域。随着金融市场的发展和创新，需要有能够设计出符合客户需求和市场趋势产品的人才，对金融工具和交易制度要有深入的理解与掌握。运营管理部门负责资产管理业务的后台工作，包括净值计算、申购、赎回等一系列管理和支持工作，因此财务和管理类专业的人才较为适合。

（五）融资融券部

融资融券部主要承担近两年兴起的资本中介业务，包括融资融券、约定购回和股权质押融资等。该业务与客户的接口位于营业部，大部分情况下无须直接面对客户，主要负责推动和管理营业部的相关业务。其核心工作任务包括风险评估、授信管理、资券融通、两融投资策略设计和风险控制等，同时也需要拜访和维护大型机构客户。目前，转融通规模尚小，主要依赖券商自有资金和证券进行融资融券业务。然而，随着上市公司股东的股票逐渐进入证券公司的平台，该部门的规模和业务量预计会大幅扩大和提升，对市场的影响也将不断扩大。目前，融资融券部的收入约占公司总收入的10%，且持续保持稳定增长，其重要性不言而喻，将成为证券公司未来的支柱业务。

（六）固定收益部

固定收益部涵盖了固定收益产品的销售、交易、发行、撮合等职能，因此对人才的要求各有不同。销售岗位需要重视沟通和交际的能力，交易岗位需要具备敏锐的投资判断能力，而发行岗位则可参考投资银行部门的要求。然而，相较于权益部门，固定收益部门的销售和交易更受客观因素的影响，市场利率、票面利率、央行货币政策等直接影响着80%以上债券的销售和交易难度。随着中小企业私募债、资产证券化等新兴产品的不断涌现，固定收益部的发展方向也变得越发多元化。

（七）资本市场部

资本市场部主要指从事股票资本市场业务的部门,近年来逐渐兴起,此前通常属于投行或股票销售部门。通常情况下,投行在将项目材料报备后,后续工作由资本市场部门接手,包括:与证监会沟通、与潜在投资者沟通、询价、定价、发行等。未来新股发行改革的方向是自主配售和批量发行,其中自主配售环节将由资本市场部门负责,包括对客户的认定、筛选和配售。此外,随着批量发行和储架发行的推行,发行环节的灵活性大幅提升,其中的统筹安排也将由资本市场部门负责。展望未来,资本市场部门的工作任务将更加多元和繁重,因此对相关人才的需求也会显著增加。

（八）其他部门

研究所。研究所是投资银行在定价方面发挥核心作用的关键部门。该部门的主要职责涵盖对宏观策略进行判断,同时负责对各类股票和债券进行定价。许多优秀公司的股价未能充分反映其真实价值,因此需要专业人士进行深入挖掘,并通过影响市场来实现合理定价,提升资本市场的效率。由于研究所需要在市场竞争中脱颖而出,以获取排名和佣金等实实在在的收入,因此全球经济决策圈越来越看重投资银行研究部门的报告。

风险控制部门（风控部）。风险控制部门（风控部）是券商的关键部门,尽管它在日常生活中鲜少被提及,却掌握着各业务部门的重要风险把关权。风险管理是金融机构的核心职能,而在券商内部,风控部门地位尤为重要,凡是规模超过一定程度的业务都必须经过风控的审查和评估方能落地实施。风控人员需要熟悉资本市场的各项业务,能够从业务层面理解和分析风险,同时也要对公司的战略和发展方向有深刻理解,以全面评估风险。

法律合规部门。法律合规部门是券商内部非常重要的部门,其主要职责是确保公司的各项业务和运作符合法律法规与相关管理条例。法律合规部门是券商的"守门人",旨在预防和化解风险,确保公司在经营活动中遵守法律规定,维护公司声誉和客户利益。例如,投行业务和自营业务都需要建立相应的防火墙来确保其合规运作。该部门需要密切关注法律法规的更新和变化,确保公司在业务拓展中不违反相关法律规定,防范法律风险的发生。此外,法律合规部门还负责制定和推动内部合规政策,对公司内部各个业务部门进行合规培训,以确保全体员工遵守法律和规章制度。

财务部。财务部是券商中极为重要的部门,尤其对于上市的券商而言,财务部门的工作显得尤为繁忙。除了承担公司日常经营的财务管理职责外,财务部门还具有资本筹划、市场拆借、并购估值、资金分配等多项职能。在当前资本中介业务蓬勃发展、券商对资本需求旺盛的情况下,财务部门的使命和责任越发重要。

六、投资银行在金融市场中的地位

金融市场是创造和交易金融资产的市场,是以金融资产为交易对象而形成的供求关系及其交易机制的总和,根据金融资产的到期期限可以分为货币市场和资本市场。货币市场是指以期限为1年以内（含1年）的金融资产为交易标的物的短期资金融通市场。资本市场是指以期限为1年以上的金融资产为交易标的物的长期资金融通市场,主要包括债券市场、股票市场及银行中长期信贷市场。投资银行作为资金盈余者和资金短缺者之间的桥梁,是资本市场的主要中介机构,是与现代金融业相适应的促进社会主义市场经济发展的重要行业。投资银行可以快速有效地优化金融市场的资源配置,在投资者和筹资者之间进行资金转移,实现资金和资源的优化配置,推动资本市场高效运转,促进规模经济发展,是金融市场中最重要的金融中介机构之一。

在我国,投资银行的金融创新和现代市场经济的发展之间相辅相成、相互促进。一方面,现代市场经济的发展需要金融工具的创新;另一方面,投资银行提供新的金融工具也有助于优化金融市场的资源配置。投资银行的业务也同时满足了筹资者和投资者的不同需求。对于投资者来说,投资银行开展的业务能够最大限度地帮助他们规避风险并且获取较大的投资收益;对于筹资者来说,投资银行能够短时间、低成本地将投资者手中的闲置资金转移过来,提供给筹资者使用,从而快速有效地解决筹资者的资金短缺问题。投资银行在资本市场能够进行中长期融资,在国有企业的改制过程也能够对其提供融资帮助。

七、投资银行的经济功能

投资银行通过聚集投资者的资金并将其提供给资金短缺的客户,满足客户对资金的需求,并根据专业知识为投资者提供更好的投资组合,同时也能够利用金融工具分散风险,利用规模经济和范围经济来评估与监控风险,在金融市场中有着无可替代的重要作用,是现代金融体系的核心,素有"资本市场的心脏"之称。投资银行在资金盈余者和资金短缺者之间起着重要的桥梁作用,投资银行作为资本市场最重要的金融中介机构之一,在其中发挥着主导作用。投资银行在现代金融体系中发挥着其他金融机构所无法替代的职能作用,有着多种经济功能。

(一)资金供需的媒介

投资银行在筹资者和投资者之间架起一座沟通的桥梁,也是双方能够产生联系的纽带。对于资金供给方来说,投资银行能够为资金盈余者的闲置资金提供更好的投资方向,寻找投资机会,有效帮助其规避风险,获取更大收益;对于资金需求方来说,投资银行能够快速、高效地为资金短缺者提供筹资渠道,寻找资金来源,降低筹资成本,以较短的时间获取资金,使金融市场资金和资源都能够得到合理、有效的配置。投资银行和商业银行各司其职,以不同的方式和侧重点在资金媒介方面发挥着重要作用,在国民经济中是不可缺少的一部分。

投资银行在发挥媒介资金供需功能时并不直接与投资方和筹资方发生契约关系,即不会介入两者之间,而是联系双方之后,投资方和筹资方直接进行接触。

(二)构造证券市场

证券市场综合反映了国民经济运行的各个维度,被称为国民经济的"晴雨表"。证券市场是资产价值、财产权利和风险进行直接交换的场所,是金融市场的重要组成部分之一。证券市场由证券发行者、证券投资者、证券中介机构、自律性组织、投资者保护机构、证券监管机构和证券中介机构构成。

证券发行者是为筹集资金而发行债券、股票等证券的主体,是资金的需求者和证券的供应者,包括政府和政府机构、公司和金融机构。证券投资者是为了获取利息、股息或资本收益而买入证券、承担证券投资风险并行使证券权利的主体,是资金的供应者和证券的需求者。证券中介机构是在证券市场中起到中间人作用的金融机构,它们连接证券发行者和投资者,提供各种服务和交易便利,促进证券市场的运作和发展。自律性组织包括证券交易所和证券业协会。部分国家或地区的证券登记结算机构也具有自律性质。投资者保护机构是专门负责保护投资者权益的机构,其主要目标是确保投资者在参与证券市场时享有公平、透明和安全的权益,防范和化解潜在的欺诈行为和不当行为。这些机构在不同国家和地区可能有不同的名称与职能,但它们共同致力于维护市场秩序,增强投资者信心,促进证券市场的稳健发展。在中国,投资者保护机构主要指中国证券投资者保护基金有限责任公司(简称"投资者保护基金"),它是由中国证券监督管理委员会(中国证监会)设立的独立法人机构。证券监管机构是对证券市场进行集中、统一的监督管理的机构,负责有关法律法规的监督执行,保护投资者利益,维护证券市场的公平、效率和透明,降低系统性风险。证券中介机构则是为证券的发行和交易提供服务的专业性中介服务组织,包括投资银行、会计师事务所、律师事务所、资产评估机构、证券登记结算公司、证券投资咨询公司和证券信用评级机构等,其中,投资银行是最重要的,它在证券发行者和证券投资者之间架起一座桥梁,对于构建证券市场发挥着重要的作用。

(三) 优化资源配置

投资银行通过证券发行、企业并购、投资基金管理和风险投资等业务使社会经济资源得到合理、有效的配置,并且使其能够在相应的部门发挥出最佳效益,帮助整个社会达到帕累托最优状态。

第一,在现代社会经济活动中,只有货币资金实现了优化配置,整个社会经济资源才有可能实现优化配置。投资银行在证券一级市场中会更倾向于帮助那些产业发展前景好、效益高和具有发展潜力的企业,通过发行股票和债券进行证券融资,从资本市场上筹集到所需要的资金,投资者也更愿意将资金投到这些企业中,有利于证券交易顺利进行。投资银行的做法推动了市场价格机制的运行,使资金向经济效益更高的产业和企业流动,实现社会资源的优化配置。

第二,投资银行便利了政府债券的发行,使政府可以获得足够的资金用于提供公共产品、加强基础建设,从而为经济的长远发展奠定基础。同时,政府能够通过买卖政府债券等方式,调节货币供应量,从而进行经济资源的宏观调控,维护经济的稳定发展。

第三,投资银行在为产业发展前景好以及经济效益高的企业进行融资的同时,也通过其资金媒介作用,为那些资信较低的企业通过发行股票和债券等方式提供筹资渠道与融资来源,从而使国家整体的经济效益和福利得到提高,实现了资源的合理配置。投资银行充分告知了投资者关于企业的相关信息和需要承担的风险,起到了风险投资宣传的"播种机"的作用,不仅为他们提供了获得更高收益的渠道,也能够推动企业向更好的方向发展,提高筹集资金利用效率,有利于建立科学的激励机制与约束机制,以及产权明晰的企业制度,从而提高了经济效益、促进了资源合理配置。

第四,投资银行对于企业的生存和发展起着非常重要的作用,能够为这些企业解决资金需求问题,同时帮助企业优化升级、迅速发展。投资银行的兼并和收购业务促进了企业的发展与产业结构升级,有助于实现规模经济,从而促进产业结构的调整和生产的社会化。而且投资银行为企业发行股票和债券,也就意味着,企业的经营管理受到广大股东和债权人的监督,为企业的良好发展提供了动力。

第五,投资银行开展风险投资业务能够解决融资问题,促进高新技术产业化发展。许多尚处于新生阶段、经营风险很大的朝阳产业的企业难以从商业银行获取贷款,往往只能通过投资银行发行股票或债券以筹集资金求得发展。以信息产业、生物工程、新能源、新材料为代表的高新技术产业在当代经济社会中日新月异。高科技产业的发展,除了要拥有创造精神和高素质人员外,资金支持也是一个非常重要的因素,而许多高科技产业在初创阶段风险很大,很难从商业银行获取贷款。投资银行的风险投资业务,成为高科技企业融资、促进高新技术产业化发展的重要参与者。投资银行通过为这些企业发行股票或债券,或直接以股本投资的方式筹集资金,并且利用专业技术优势,从事组织制度化的风险投资运作。投资银行通过业务运作与宣传,向投资者传播现代投资理念和投资技巧。此外,投资银行不仅提供财务顾问或咨询服务,也提供金融工具的创新,为高科技产业的迅速发展提供了巨大的动力,促进了产业的升级换代和经济结构的进步。[①]

(四) 促进产业整合

随着经济社会的发展,企业之间由于竞争日益激烈而产生的优胜劣汰符合市场经济的一般规律。但是,企业想要发展壮大,只靠自己内部扩张是远远不够的,还要通过兼并、收购、重组等方式来快速成长,从而加快产业集中的进程。生产的高度社会化必然会导致产业的集中和整合,而产业的集中也会促进生产社会化向更高层次发展,进一步推动经济的发展。资本市场在企业并购过程中发挥了非常重要的作用,投资银行作为资本市场最重要的中介机构之一,也发挥了重要的经济作用,有效地推动了产业集中和整合。

投资银行根据资本市场中投资者的需求和标准,通过投资方向、投资组合以及并购方案的设计,引导资金流向效率较高的企业,提高企业的价值。越来越多的企业进入该领域,最终会使生产能力过剩,企业竞争导致优胜劣汰而进入产业集中和整合阶段,发展壮大的企业会并购那些经营不善而没有竞争力的企业,使得产业集中并提高整个行业的经济效率。

由于企业兼并与收购是一项专业技术性很强的较为复杂的工作,选择合适的并购对象、合适的收购时机、合适的并购价格以及进行针对并购而组织策划的合理财务安排等都需要大量的资料、专业的人才和先进的技术,这些对于一般企业来说都具有一定的难度。在全球发生了几次并购浪潮之后,投资银行在企业并购过程中发挥着越来越关键的作用。投资银行根据自身的专业优势和融资能力,依赖其发达的信息网络、周密翔实的战略策划、熟练的财务技能以及对法律知识的精通,帮助企业并购获取相关信息,从而降低信息

---

① 马晓军.投资银行学:理论与案例[M].2版.北京:机械工业出版社,2014:33-34.

搜寻成本、合同成本以及各种风险。从这一角度来说,投资银行促进了企业实力的提升、社会资本的集中、生产的社会化和产业结构的优化升级,有效推动企业兼并和收购,在产业集中和整合过程中发挥了重要的作用,并最终推动了经济社会的发展。

第二节　投资银行的产生及其发展趋势

投资银行产生于欧洲,其雏形可追溯到 15 世纪欧洲的商人银行。早期商人银行的主要业务是通过承兑贸易商人的汇票提供融资,18 世纪开始销售政府债券和贴现企业票据,19 世纪开始随着公司的发展而进行股权融资,20 世纪以后证券二级市场业务迅速发展,投资银行业务开始越发偏向于证券交易。

一、美国投资银行的产生与发展

美国投资银行的发展历史大致可以分为四个阶段,分别是在第一次世界大战后到 1929 年经济大危机前的早期发展阶段、1929 年经济大危机爆发后美国投资银行在金融管制下的阶段、1975 年以后开始放松管制的阶段和 20 世纪 80 年代以来投资银行从分业经营到混业经营的阶段。

19 世纪末 20 世纪初,美国的银行都处于自然的混业经营阶段,商业银行既经营存贷款业务,也经营投资业务。此时,投资银行的业务从汇票承兑、贸易融资发展到发行和销售政府债券与铁路债券,在此过程中产生了一些具有影响的投资银行,如摩根财团、美林、高盛、雷曼兄弟等。到了 1929 年危机前,投资银行的控制范围已经扩大到整个经济领域。

1929 年 10 月,美国发生了世界性的经济大恐慌。经济大危机之后,人们认为银行之所以会大量倒闭,是因为银行进入风险较大的证券市场。为了防止危机的再度出现以及恢复投资者对银行体系的信心,多项重要法律相继出台。

1933 年,美国国会通过《银行法》(Banking Act of 1933)[或称《格拉斯-斯蒂格尔法》(Glass-Steagall Act)],规定银行只能选择从事储蓄业务(商业银行)或者是承销投资业务(投资银行)。这也意味着商业银行被证券发行承销拒之门外,而投资银行不再被允许吸收储户存款。根据法案,J. P. 摩根被迫将自己的投资业务部门分离出来,成立了摩根士丹利公司。紧接着,第一波士顿公司正式成立,雷曼兄弟、高盛都选择了它们擅长的投资银行业务。投资银行这个名字正式进入金融行业的辞典中。现代投资银行业的历史之门从此开启。

1999 年,在克林顿政府主导下,《金融服务现代化法案》通过,长达半个世纪的分业经营终于落下帷幕。银行控股公司可以不受限制地从事证券承销、买卖以及共同基金业务、保险业务,大幅提高了美国银行、证券业、保险业的竞争效率。"投资银行"独占证券市场的时光结束了,金融业正式进入"春秋战国"时代。

现代企业的一切投融资活动都源自投资银行的推动和设计:企业上市融资、组建股份公司,企业分拆、并购、债务重组及企业证券的交易。美国企业史,从某种意义上说,也是一部投资银行的发展史。

二、英国商人银行的产生与发展

商业银行的鼻祖是 18 世纪中叶一些大贸易商开办的票据承兑所。由于其信用良好，许多商人要求它们承兑汇票以便出售或贴现。随着伦敦逐渐成为早期的国际金融中心，大量的商业银行在继续从事中长期信贷业务的基础上，将证券承销、交易等纳入其业务范围。商人银行是投资银行在欧洲的叫法，它是指那些从事公司并购、资产管理、保险、外汇以及参与风险投资的金融机构。

商人银行一开始并不是做投资银行业务的，早期只是做票据承兑业务。之后，其就从贸易中分离出来，改而专门从事票据承兑，称为承兑行（discount house）。由于英国的银行实力较雄厚，而且专业化制度严格，所以，这些承兑行起初只做一些商业银行涉足较少的业务，之后逐步开始做债券和股票的发行。随着股票和债券的发行规模的扩大以及证券交易的日益活跃，英国的商人银行逐步壮大起来。

第一次世界大战后，英国贸易中心地位不断下降，商人银行发展缓慢。直到 20 世纪 70 年代，商人银行发展才有所改观，并且逐步开始重振雄风。这一改观主要由于 20 世纪 70 年代以后英国国民经济中发生的一系列重大变化，主要有民营化、企业并购浪潮和证券市场变革。

三、欧洲大陆全能银行

欧洲大陆投资银行业采取商业银行业务与投资银行业务相结合的模式，即全能银行。

首先，银行与企业之间关系密切是决定欧洲的投资银行发展成为"全能银行"的主要原因。

其次，欧洲大陆各国国内股票市场的相对不发达和欧洲债券市场的规模庞大，决定了欧洲大陆投资银行的发展模式。

再次，法规提供的便利也是欧洲大陆全能银行形成的重要原因。

最后，银行自身发展的需要是欧洲大陆投资银行成为全能银行的内在动力。

欧洲大陆全能银行以商业银行业务为基础，更易于集聚雄厚的资金做后盾，其投行业务具有明显的资金优势。

四、日本证券公司的产生与发展

日本早在明治维新时期就出现了证券公司，有着较为悠久的历史。在日本的金融体系中，间接融资始终占有极其重要的地位，大财阀雄厚的资金实力也为经济的发展提供了充足的物质基础。这也是长期以来日本证券市场处在发展非常缓慢状态之中的重要原因。直到第二次世界大战以后，日本证券市场才活跃起来，证券公司也随之发展壮大起来。

对比英国商人银行和美国投资银行，日本则纯粹依赖证券市场的发展。其他西方国家由于当年海外扩张积累了巨额资本，市场资本充裕，而日本大量资本则集中于财阀手中，融资要求不迫切，证券规模很小，交易量也十分有限，证券市场上的交易方式大部分是投机色彩极浓的清算交易。日本的投资银行业始终缺乏充分竞争的市场机制，垄断相当严重。四大券商(野村证券、大和证券、日兴证券和山一证券)在很大程度上操纵和控制着日本证券市场,它们包揽了一级市场上80%的承销业务,二级市场上的大宗买卖也多由它们代理。

基于互利的原则,证券公司秉承"追随客户"的原则,倾其所能为大客户服务,从而使得证券公司的业务发展和风险管理都相对缺乏独立性。

五、我国投资银行的产生与发展

我国投资银行业的发展趋势和演变历程与我国经济社会发展、金融体制改革、证券市场发展及证券业的监管体制变革等紧密相关。与西方发达国家相比,我国的投资银行业出现得比较晚,但也经历了混业经营和分业经营的阶段,呈现出高速发展的格局。

我国最早的证券交易所是1905年设立的"上海众业公所"。改革开放以来,随着经济体制的改革,20世纪80年代中期,我国恢复发行国债,一批中小企业开始进行多种形式的股份制、企业债券的尝试。国家和企业开始试行以发行国债、企业债券和股票的方式从社会筹集资金。由于国债发行和兑付的需要,全国各地区都相继建立了国债服务部。20世纪80年代末期国债二级市场开放后,国债服务部的业务范围开始扩大到发行、流通转让和兑付三方面。同时,银行系统也开始建立直接从事国债认购的证券公司,这是我国最早的国债中介机构。1987年成立的深圳经济特区证券公司是我国第一家专业性证券公司。我国证券公司在短短的十几年时间里,就经历了一个从无到有、从初步建立到发展壮大、从盲目扩张到规范化运作的高速发展过程。我国于1990年和1991年先后在上海、深圳设立证券交易所,各证券经营机构的业务开始转入集中交易市场。

在这几十年中,我国证券公司呈现出持续高速发展的格局。中国经济社会的高速发展为金融机制改革、资本市场及证券公司的发展创造了巨大的机会和广阔的背景。同时,中国资本市场和证券公司的发展也为中国经济金融的发展作出了巨大的贡献,对经济发展也发挥了关键作用,两者相互影响、相互作用。回顾我国证券公司这几十年的发展历程,大致可以分为四个阶段。①

(一)证券公司的萌芽起步阶段:1987—1995年

这一阶段是证券公司发展的萌芽起步期,还可以根据上海证券交易所和深圳证券交易所的设立来细分成两个发展子阶段,分别是1987—1990年的萌芽阶段和1990—1995年的快速起步阶段。

1. 萌芽阶段

1987年,深圳经济特区证券公司正式成立,开始进行深圳股票的柜台交易。到1989年底,全国共有证券公司30余家,总资产仅50多亿元人民币。从1981年到1987年,全国累计发行各类有价证券的总额超过1 000亿元。② 这一阶段的特点是证券公司性质类

---

① 吴晓求,等.中国证券公司:现状与未来[M].北京:中国人民大学出版社,2012:79-80.
② 牛冠兴.中国证券行业的回顾及思考[EB/OL].(2019-01-15). https://www.cs.com.cn/xwzx/zt2017/20190115/01/201901/t20190115_5915146.html.

别多、公司规模小、业务单一,但数目增加快。1990年11月26日,经国务院批准,我国第一家证券交易所——上海证券交易所成立,这标志着我国证券公司的基本框架开始形成。

2. 快速起步阶段

随着股票和债券发行增加,有价证券的柜台交易数量也在增加,但柜台交易市场存在诸多局限性。与此同时,投资者对于股票的需求也在日益增加,交易方式的不规范给投资者带来很多不便,因此,1990年和1991年我国先后在上海、深圳设立了证券交易所,这标志着中国证券市场正式形成。这一阶段的特点是股票市场规模不断扩大、公司数量迅速增加、资产规模急剧扩大以及证券行业分业监管模式初步形成。我国证券公司在1990年有44家,资产规模达到72.2亿元,到了1991年,证券公司数量增加至97家,资产规模也扩大至831亿元。信托投资公司的数量也从1990年的339家增加至392家,资产由1 224亿元扩大至5 708亿元,我国证券经营机构在这一阶段的数量和资产规模都在急剧扩张。[①] 1995年7月1日,《中华人民共和国商业银行法》开始实行,确立了我国金融业分业经营的格局。

(二) 证券公司的快速发展阶段:1996—2001年

这一阶段是证券公司的快速增长期,1996年初开始恢复性价值回归行情以及1999年"5·19"井喷式行情出现,标志着我国证券市场的发展过程中的拐点形成。随后,我国股市进入持续的大牛市时期。这一阶段的特点是证券公司的整体盈利能力普遍增强、证券公司数目整体增长平稳、行业竞争力显著增强以及证券行业监管体制逐步理顺。我国监管部门对证券公司的经营范围、内控制度建设、网点分布、风险防范等进行了清理和规范,有力推动了我国证券市场和证券经营机构的发展。1997年底,国务院进一步强调了分业经营、分业管理的原则。银行业和证券业进一步明确了各自的监管主体:中国人民银行和中国证券监督管理委员会。1998年12月29日,《中华人民共和国证券法》颁布,对证券、银行、保险、信托的分业经营及证券公司业务等方面作出了明确规定,进一步为证券公司的发展创造了必要的条件。1999年7月1日,《中华人民共和国证券法》正式实施,并引发了我国证券公司的又一次增资扩股浪潮。

(三) 证券公司的治理整顿阶段:2001—2005年

我国证券公司的治理整顿在1995年就已经开始进行,但是在2001年开始正式全面建立中国证券监管体系,并对证券公司进行全面治理整顿。2001年12月11日,中国正式加入世界贸易组织(WTO),我国资本市场开始加快了对外开放步伐,证券业的开放也是经济发展的必然趋势,是我国深化改革、扩大开放和建立社会主义市场经济体制的内在要求,是我国经济发展的需要。

从2001年6月24日开始,中国证券市场的结构性调整导致了连续4年的股市下跌。中国证券公司的经营情况也受此影响而变得日益艰难,证券公司出现了一系列问题,如资

---

① 牛冠兴.中国证券行业的回顾及思考[EB/OL].(2019-01-15). https://www.cs.com.cn/xwzx/zt2017/20190115/01/201901/t20190115_5915146.html.

不抵债,存在较大的资金黑洞和巨大的社会风险,导致被托管、行政接管和责令关闭等。我国采取了政府救助、停业整顿、责令关闭和撤销、并购重组、行政接管、破产等模式对证券公司的风险进行处置。此外,为了有效遏制证券公司风险的发生,中国证监会随后又从市场进入、公司治理、分类管理、资金第三方存管、信息披露等方面,陆续调整优化相关制度,形成了证券公司综合管理的全新架构。2002年6月1日,中国证监会颁布《外资参股证券公司设立规则》和《外资参股基金管理公司设立规则》,这标志着外资可以依法进入我国证券业。2002年12月,中国证监会颁布并实施《合格境外机构投资者境内证券投资管理暂行办法》,标志着我国QFII(合格外国机构投资者)制度启动就绪。2003年10月28日,国家颁布《中华人民共和国证券投资基金法》,投资基金管理业务飞速发展。

(四)证券公司的规范发展阶段:2005年至今

2005年4月,我国正式启动上市公司股权分置改革试点工作。股权分置改革是中国资本市场完善市场基础制度和运行机制的重要变革,不仅能够解决历史遗留问题,还为资本市场其他各项改革和制度创新创造了条件。2005年8月,中国证券投资者保护基金有限责任公司成立。2007年7月,中国证监会以证券公司风险管理能力为基础,结合公司市场影响力对证券公司进行了重新分类。中国证监会支持优质证券公司做大、做强。2007年8月底,证券公司综合治理工作成功结束,实现了各项主要治理目标。

经过综合治理,证券公司长期积累的风险和历史遗留问题平稳化解,曾严重困扰证券行业健康发展的财务信息虚假、账外经营、挪用客户资产、股东及关联方占用等问题基本解决,初步建立了风险防范的长效机制,各项基础制度得到了改革和完善。证券公司风险控制、合规经营意识及财务信息的真实性普遍增强,创新活动有序启动,行业格局开始优化。2008年4月,我国明确了证券监督管理机构对证券公司的严格监管框架。在此期间,证券公司的资本实力不断增强,资产规模不断扩张,业务范围不断拓展,产品种类不断丰富,风险管控能力不断提升,经营业绩稳步提升,表现出良好的发展势头。

2014—2021年,我国证券公司和证券公司营业部数量呈现增长趋势,截至2021年3月底,我国共有证券公司139家、营业部11 735家,相较2014年分别增长了19家总部、4 536家营业部。① 我国证券行业相关机构数量的增加,尤其是营业部数量的大幅增加,代表着我国证券行业欣欣向荣的发展局面。从我国证券行业2010—2020年营业收入来看,其整体呈现波动性变化,2015年的营业收入是10年内最大值,达到5 752亿元,同比增长120.97%。① 2016—2018年,证券行业营业收入呈现出较大的下降趋势。2019年起开始回升。2020年,面对严峻复杂的国内外形势,在党中央坚强领导下,资本市场持续推进疫情防控、深化改革、防范风险等各项工作,证券行业抓住机遇加快业务转型、加强能力建设,积极服务实体经济和居民财富管理,经营情况整体向好。2020年全年证券行业实现营业收入4 484.79亿元,同比增长24.41%。① 从2010—2020年我国证券行业资产规模来看,2010—2020年,中国证券公司资产规模呈现震荡形势并不断扩大。2019年,全国

---

① 中国证券行业发展现状及发展战略规划报告.[EB/OL].(2022-07-17). https://www.sohu.com/a/568359289_121025301.

证券行业总资产为 7.26 万亿元,净资产为 2.02 万亿元。截至 2020 年底,证券行业总资产为 8.90 万亿元,净资产为 2.31 万亿元,分别同比增长 22.59%、14.36%。①

危机过后——投行新世界

经过 20 世纪 90 年代以来金融业的兼并收购潮,华尔街专业型投资银行失去在传统业务(承销、并购和经纪业务等)上的垄断性优势。由于不能开展储蓄业务,为了获得和商业银行转型的全能银行一样的净资产收益率,投行只能借助两大法宝:一是没有监管、没有上限的杠杆率,二是实施高杠杆率的自营业务。这种趋势使得投行从金融顾问中介机构渐渐地转型为实际上的对冲基金和私募股权基金。贝尔斯登正是这种趋势下激进策略的牺牲品。不幸的是,其他的投资银行也面临着和贝尔斯登相似的困境。市场高涨的时候,杠杆率是天使;市场崩溃的时候,杠杆率却成为魔鬼。和贝尔斯登一样,过高的杠杆率和庞大的次贷业务拖垮了另一家大型的投资银行——有着 150 年历史的雷曼兄弟。更为沮丧的是,公众开始厌倦和质疑政府对华尔街的救助,雷曼兄弟无法从美联储那里获得更大的帮助。2008 年 9 月 7 日,美国历史上最大的企业破产发生了。市值高达 450 亿美元、拥有 2.8 万员工的雷曼兄弟正式宣布破产保护。全美第四大的独立投资银行成为历史名词。

至此,美国最大的 5 家独立投资银行还剩下美林证券、高盛和摩根士丹利,由次贷开始的市场波动已经演化成惨烈的噩梦。次贷产品成为垃圾。过去 5 年的次贷狂热的后果是金融市场变成了一个巨大的次贷垃圾场。到 2008 年的夏天,华尔街第一家公开上市的投资银行,以零售业务著称的美林证券累计资产减值已经达到 520 亿美元。美林证券到了生死关头。鉴于贝尔斯登和雷曼兄弟的教训,美林证券速战速决,6 个小时之内和美国银行(全美最大的零售银行)达成紧急收购协议。美国银行同意以 500 亿美元的价格收购美林证券。

独立投行最后的血脉只剩下高盛和摩根士丹利。高盛是唯一一家在住房抵押贷款类证券上没有过度风险暴露的投行。然而倾巢之下,岂有完卵?大环境的恶化不可避免地伤害到了以稳健著称的高盛,2008 年的高盛出现了历史第一次亏损。摩根士丹利则一直在积极地向外国主权基金寻找资金来源,2007 年底,中国投资有限责任公司以 50 亿美元的价格购买了摩根士丹利 9.9% 的股权。随着形势的日渐恶化,最后的两家大型独立投行向美联储递交了申请,要求改组为银行控股公司。

这不是一个容易做的决定。从 1933 年以来,投资银行一直独立于美联储和其他银行监管机构之外,它们不需要披露资产负债表,杠杆率不受任何监管和控制,这一直是投行最神秘也最犀利的武器。其一旦改组成银行控股公司,就像是自由自在的单身汉踏进婚

---

① 中国证券行业发展现状及发展战略规划报告.[EB/OL].(2022-07-17). https://www.sohu.com/a/568359289_121025301.

姻的约束。控股公司获得吸收存款的权利,有了稳定的资本金来源,但同时要开始接受美联储、联邦存款保险公司及各级银行监管机构的监管,符合资本充足率要求,以及详细地披露自己的资产负债表。

2008年9月21日,美联储正式批准高盛和摩根士丹利改组。为期75年的独立投行史画上了句号。历史是个轮回,全能银行时代来临了,交易为王的时代仍然没有过去。高盛、摩根士丹利和它们曾经的对手——摩根大通、美国银行、瑞银、德意志银行——又站在了同一起跑线上。

资料来源:"金钱永不眠"三百年华尔街投行简史[EB/OL].(2016-11-13). https://www.sohu.com/a/118835553_481765.

请思考:
1. 如何理解投资银行?
2. 投资银行的主要业务有哪些?

【本章小结】

库恩将投资银行学划分为四个层次:①投资银行业务包括所有的金融市场业务。②投资银行业务包括所有资本市场的业务。③投资银行业务只限于证券承销、交易业务和企业兼并收购业务。④投资银行业务仅指证券承销和交易业务。目前被普遍接受的是第二种定义,投资银行业务包括所有资本市场的业务,能够比较准确地描述目前投资银行的业务范围并且体现投资银行的功能,即投资银行是指主营业务为资本市场业务的金融机构。

投资银行主要有四种:独立的专业性投资银行、商人银行、全能银行直接经营投资银行业务、大型跨国财务公司或金融公司。

投资银行与其他金融市场的关系主要表现在投资银行与货币市场、债券市场、股票市场、基金市场、期货市场、期权市场、抵押市场和借贷市场的关系。在我国,投资银行的金融创新和现代市场经济的发展之间相辅相成、相互促进。一方面,现代市场经济的发展需要金融工具的创新;另一方面,投资银行提供新的金融工具也有助于优化金融市场的资源配置。

投资银行与其他金融机构的关系主要表现在投资银行与储蓄机构、保险公司、共同基金和养老基金的关系。其中投资银行与储蓄机构存在既相互竞争又相互联系的关系。投资银行作为财务顾问或代理帮助其他金融机构买卖证券或者推荐合理的资产组合,利用金融工具帮助其规避风险,获取收益。

投资银行的经济功能体现在资金供需的媒介、构造证券市场、优化资源配置和促进产业整合四个方面。

【复习思考题】

1. 库恩对于投资银行学的定义有哪几个层次?
2. 投资银行的分类有哪些?
3. 投资银行有哪些基本的经济功能?
4. 我国投资银行的发展经历了哪几个阶段?

【进一步阅读书目】

1. 库恩.投资银行学[M].李申,等译.北京:北京师范大学出版社,1996:2-8.
2. 斯托厄尔.投资银行、对冲基金和私募股权投资[M].黄嵩,赵鹏,等译.北京:机械工业出版社,2013:3-10.
3. 栾华.投资银行理论与实务[M].上海:立信会计出版社,2006:2-3.
4. 马晓军.投资银行学:理论与案例[M].2版.北京:机械工业出版社,2014:325-335.
5. 吴晓求,等.中国证券公司:现状与未来[M].北京:中国人民大学出版社,2012:79-80.

【即测即练】

第二章
企业与资产价值评估方法

本章学习目标

1. 掌握货币的时间价值：单期模型；
2. 掌握货币的时间价值：多期模型；
3. 了解相对估值常用方法；
4. 掌握二项式期权定价模型；
5. 掌握期权平价定理。

调味品和白酒行业的估值

调味品和白酒的高估值主要反映了龙头品牌的竞争优势与"护城河"在不断加强，中长期高成长具有持续性和确定性。由于两者的需求特点存在差异，调味品着眼刚需，而白酒尤其是高端白酒具有一定的文化属性和社交属性，所以相对而言，调味品的刚需属性叠加口味黏性带来的溢价空间，使得调味品企业增长的持续性、稳定性、确定性更强，而白酒的需求仍然具有一定的周期性和波动性。在宏观经济承压的背景下，调味品企业的业绩增长波动小、确定性高、具备强防御性，市场通常会给予估值的溢价。为什么调味品的PE（price to earning ratio，市盈率）估值比白酒还要高？DCF（现金流折现）模型会给你提供一种思考的模式。其核心就在于，调味品的现金流稳定性非常强，从产品属性来看，它是必选消费品，其经营周期可以长达20年以上，且周期性比白酒还弱，所以绝对估值的预测性很强，其PE的估值水平高于白酒，也就在情理之中了。

资料来源：调味品龙头为何比白酒龙头估值更贵，"谁"更值得追逐？[EB/OL].(2020-11-22). https://baijiahao.baidu.com/s?id=1681247002503791603&wfr=spider&for=pc.

请思考：
资产价值评估的方法有哪些？

案例分析思路：
一般来讲，估值方法可以分为两种：一种是绝对估值法，另一种是相对估值法。
首先，绝对估值法，最著名的绝对估值法是现金流折现法，就是考虑现金的时间价值

(time value),将企业未来若干年可能创造的净现金流,按一定的利率折算到当前,再与当前的价格进行比较。

其次,相对估值法,最重要的有三类:PE估值、PB(市净率)估值、PS(市销率)估值。

PE估值,其计算公式是PE=股价/每股净利润,其应用场景是经营业绩相对稳定、行业稳步发展、竞争格局逐步清晰的板块或行业。

PB估值,其计算公式是PB=股价/每股净资产,其应用场景多为周期股,盈利能力较差或者是业绩不稳定的企业,比如说银行地产、钢铁煤炭等纯周期品种,PB估值单纯是从公司清算的角度出发,计算以现在的价格买下这家公司到底划不划算。

PS估值,其计算公式是PS=股价/每股营收,这个指标是"成长股投资之父"菲利普·费雪(Philip Fisher)提出的,其应用的场景是互联网和科技属性的行业,以及处于快速成长阶段的企业,其在发展阶段及盈利模式相对成熟阶段宜用PS估值。

第一节 现金流折现法及其运用

一、现金流折现法的基本原理

价值是一种对财富衡量的标准。投资者将一种证券的价格与其价值放在一起进行比较,以决定它的估价是偏低还是偏高。投资者每次做决策时,价值评估都是必要的。图 2-1 为账面价值(book value, BV)、内在价值(intrinsic value, IV)与市场价格(market value, MV)之间的关系。沃伦·巴菲特(Warren Buffett)认为投资成功的关键,是在一家好公司的市场价格相对于它的内在商业价值大打折扣时,买入其股份。内在价值是一个非常重要的概念,它为评估投资和企业的相对吸引力提供了唯一的逻辑手段。内在价值的定义很简单:它是一家企业在其余下的寿命中可以产生的现金的折现值。

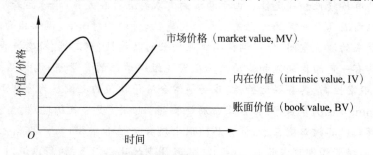

图 2-1 账面价值、内在价值与市场价格之间的关系

确定了一项投资的价值之后,我们就可以比较价值与价格,作出理性的买卖决策。买进原则:如果证券价格低于其价值,那么它就估价过低(underpriced)。投资者应该买进和持有该证券,从预期的价格收益中获益。不交易原则:如果证券 i 在 t 时刻价格等于其价值,那么该证券就是定价正确的——它的价格和价值不会发生变化,直到有新的信息出现。买卖一项估价正确(correctly priced)的资产不能获得任何利润。卖出原则:如果证券 i 在 t 时刻价格高于其价值,那么该证券估价过高(overpriced)。为了避免当证券价格下降至其价值时预期损失的发生,投资者就应该考虑卖出这些定价过高的证券。如果自

己不持有证券,那么就可以利用"卖空"来从预期的价格下降中获利。

(一) 货币的时间价值:单期模型

利息是所借货币的租金。利息的存在使得货币在将来的终值与现值不同。举例来说,现在你以年利率5%投资1美元1年,1年之后你将得到1.05美元。

$$(现值)(1+r)=终值,或现值=\frac{终值}{1+r} \tag{2-1}$$

$(1.00\text{ 美元})\times(1+5\%)=1.05\text{ 美元},或 1.00\text{ 美元}=1.05\text{ 美元}/(1+0.05)$

这说明了货币如何具有时间价值。

寻求收益率或者财富最大化的投资者应该只进行期望收益超过"资本成本"的投资。资本成本(cost of capital)可以是借款的利息支出、付给股东的现金股息,或者是机会成本(opportunity cost)。资本成本记为 k,有时也称为必要收益率(required rate of return),它是使一项投资能增加投资者的财富所必须具备的最低收益率,只有投资收益率超过它,投资者才会把他的资金用来投资。

$$(由市场决定的价值,或价格)现值=\frac{终值}{1+k} \tag{2-2}$$

如果 $k=r$,则式(2-1)等价于式(2-2)。

资产定价过高,如果 $k>r$,则资产的现值低于价格;

资产定价过低,如果 $k<r$,则资产的现值高于价格。

例如,吉姆用每股54美元的价格买入可口可乐股票。1年后他以每股64美元的价格卖出,每股获得10美元的资本利得和80美分的现金股息,即吉姆从该股票获得的总收入为10.8美元。则吉姆的单期收益率为

$$r=\frac{(价格变动,10\text{ 美元})+(现金股利,0.80\text{ 美元})}{(购买价格,54\text{ 美元})}=20\%$$

也可做如下分析:

$$r=\frac{(终值,64.80\text{ 美元})-(现值,54\text{ 美元})}{(现值,54\text{ 美元})}=\frac{(终值,64.80\text{ 美元})}{(现值,54\text{ 美元})}-1=20\%$$

吉姆对他的必要收益率(机会成本、贴现率、资本成本)作出不同的假设,并在这些不同的假设下分析这项对可口可乐股票的投资。

估价过低,如果吉姆的必要收益率 $k=19\%$,他就认为股票价格54美元偏低,因而他会乐于购买该股票(价值=54.45美元>54美元=价格)。

$$(现值,54.45\text{ 美元})=\frac{(终值,64.80\text{ 美元})}{1+k}=\frac{(终值,64.80\text{ 美元})}{1.19}$$

估价正确,如果吉姆的必要收益率和股票的收益率相等,即 $k=20\%=r$,他就认为这只股票定价为54美元是正确的,因此他买这只股票无利可图(价值=54美元=价格)。

$$(现值,54\text{ 美元})=\frac{(终值,64.80\text{ 美元})}{1+k}=\frac{(终值,64.80\text{ 美元})}{1.20}$$

估价过高,如果吉姆的必要收益率是 $k=21\%$,他就认为该股票定价在54美元是偏

高的。他将建议持有股票的人立即将股票变现(价值＝53.55美元＜54美元＝价格)。

$$(\text{现值}, 53.55 \text{ 美元}) = \frac{(\text{终值}, 64.80 \text{ 美元})}{1+k} = \frac{(\text{终值}, 64.80 \text{ 美元})}{1.21}$$

由上述分析可知,投资者的收益率是投资者行为的一个重要决定因素。

(二) 货币的时间价值：多期模型

对于一家持续经营的公司,假定 $T=\infty$,则有

$$\text{PV} = \sum_{t=1}^{\infty} \frac{\text{现金流}_t}{(1+k)^t} = \frac{\text{CF}_1}{(1+k)^1} + \frac{\text{CF}_2}{(1+k)^2} + \frac{\text{CF}_3}{(1+k)^3} + \cdots \qquad (2\text{-}3)$$

CF 代表现金流——流入或流出,k 代表适用于这项投资的必要收益率。由于所估价资产的不同,现金流则有所不同。对于股票而言,现金流是红利；对于债券来说,现金流是利息和本金；对于一个企业或实际项目而言,现金流是税后净利润。折现率取决于所预测的现金流的风险程度：资产风险越高,折现率就越高；相反,资产风险越低,折现率就越低。

1. 债券的现值

$$\text{债券价值} = \text{息票的现值} + \text{面值的现值}$$

如果我们将到期日定义为 T,贴现率定义为 r,债券的价值公式可以表达为

$$\text{债券价值} = \sum_{t=1}^{T} \frac{\text{息票}}{(1+r)^t} + \frac{\text{面值}}{(1+r)^T} \qquad (2\text{-}4)$$

一般而言,债券投资者获得两类现金流：①定期的息票利息支付；②债券到期的本金偿还。乔治正在购买一张 3 年期的每年付息一次的美国财政部债券。他将式(2-4)的现值公式重新表述为可以评估这张债券价值的形式。

$$\text{PV} = \frac{\text{息票利息}_1}{(1+\text{YTM})^1} + \frac{\text{息票利息}_2}{(1+\text{YTM})^2} + \frac{\text{息票利息}_3 + \text{面值}}{(1+\text{YTM})^3} \qquad (2\text{-}5)$$

贴现率：评估债券价值时所用的贴现率是一种浮动的市场利率,称为到期收益率(yield to maturity,YTM)。债券的 YTM 就是使债券所有未来现金流的总现值等于当前市场(购买)价格的贴现率。YTM 是债券投资者期望从持有债券到期末获得的复合收益率。假设此债券的贴现率(必要收益率)为 5.5%。

票面价值：一张债券的平价也就是所谓的面值或本金。票面价值和约定偿还的日期(到期日)都被印在债券上,而且在债券的有效期内不能变动。如果一张票面价值为 1 000 美元的债券将在 3 年内偿还本金,那么它的末期现金流将发生在 $T=3$ 年时刻。

息票：息票支付(或者简单地称为息票)是息票率和面值共同的结果。如果息票率为 6%,这张债券在其 3 年期内,每年的最后一天支付(1 000 美元)×(0.06)＝60 美元。将这些值代入式(2-5),乔治就可以得出这张债券的现值为 1 013.489 美元。

$$\text{PV} = \frac{60 \text{ 美元}}{(1+0.055)^1} + \frac{60 \text{ 美元}}{(1+0.055)^2} + \frac{60 \text{ 美元} + 1\,000 \text{ 美元}}{(1+0.055)^3}$$

$$= 56.872 \text{ 美元} + 53.907 \text{ 美元} + 902.710 \text{ 美元} = 1\,013.489(\text{美元})$$

如果乔治可以以低于 1 013.489 美元的价格购买这张债券,这就是一项很好的投资,

因为他买得物超所值。

2. 永久性证券的现值

永久性股票和债券通常无限期地支付固定现金流,但是它们永远不偿还本金。购买永久性证券就像买入永久年金,它也可以转卖给其他人。永久性证券一般用如下公式计算其价值:

$$PV = \sum_{t=1}^{\infty} \frac{现金流_t}{(1+k)^t} = \frac{CF_1}{(1+k)^1} + \frac{CF_2}{(1+k)^2} + \frac{CF_3}{(1+k)^3} + \frac{CF_4}{(1+k)^4} + \cdots$$
$$= \frac{CF}{k} \quad (2\text{-}6)$$

式(2-6)可以用来计算一种永久地支付现金股息的优先股的价值。到期收益率是用来评估永久地支付息票利息且从不偿还本金的债券价值的贴现率。

$$PV = \frac{年息票利率}{YTM} \quad (2\text{-}7)$$

3. 股票的现值

假定一位投资者购买了某公司的股票,计划持有 1 年。股票的内在价值等于第 1 年末的股利 D_1 与预期出售价格 P_1 之和的现值。我们可以建立如下公式:

$$V_0 = \frac{D_1 + P_1}{1+k} \quad (2\text{-}8)$$

给出公司历史资料的情况下,我们可以合理地预测出今年的股利。根据式(2-8),V_1(年末价值)将为

$$V_1 = \frac{D_2 + P_2}{1+k}$$

如果我们假定股票下一年将会以内在价值出售,则 $V_1 = P_1$,我们将 P_1 值代入式(2-8),可得 $V_0 = \frac{D_1}{1+k} + \frac{D_2 + P_2}{(1+k)^2}$,即为持有期为 2 年的股利现值加上售出价格的现值之和。当然,现在我们需要给出 P_2 的预测值。继续用相同的方法,我们可以用 P_2 代替 $\frac{(D_3 + P_3)}{(1+k)}$,从而将 P_0 和持有期为 3 年的股利现值与预期售出价格的现值之和联系在一起。假设持有期为 H 年的情况下,我们可以将股票价值写成 H 年中股利现值加上最终售出价格 P_H 的现值之和。

$$V_0 = \frac{D_1}{1+k} + \frac{D_2}{(1+k)^2} + \cdots + \frac{D_H + P_H}{(1+k)^H} \quad (2\text{-}9)$$

式(2-9)与式(2-5)有相似之处。两者都是将价格与支付流(债券的利息与股票的股利)的现值和最终支付流(债券的面值与股票的出售价格)的现值联系在一起。股票与债券的关键区别在于股利的不确定性、没有确定的到期日以及最终的售出价格是不确定的。事实上,由于价格不确定,我们可以将式(2-9)不断进行代换,从而可得

$$V_0 = \frac{D_1}{1+k} + \frac{D_2}{(1+k)^2} + \frac{D_3}{(1+k)^3} + \cdots \quad (2\text{-}10)$$

式(2-10)表明股票价格应等于所有永续股利的现值之和。这个公式被称为股票价格

的股利贴现模型(Dividend Discount Model,DDM)。

4. 固定增长的股利贴现模型

固定增长的股利贴现模型(constant growth DDM),即假设股利会按一个固定比率增长的一种股利贴现模型。

假设某公司的股利以固定增长率 $g=0.05$ 增长,最近一期支付的股利为 $D_0=3.81$,未来股利预测值为 $D_1=D_0(1+g)=3.81\times 1.05\approx 4.00$;$D_2=D_0(1+g)^2=3.81\times(1.05)^2\approx 4.20$;$D_3=D_0(1+g)^3=3.81\times(1.05)^3\approx 4.41$ 等。

将这些股利预测值代入式(2-10),我们可以计算出内价值为

$$P_0=\frac{D_0(1+g)}{1+k}+\frac{D_0(1+g)^2}{(1+k)^2}+\frac{D_0(1+g)^3}{(1+k)^3}+\cdots$$

这个公式可以被简化为

$$P_0=\frac{D_0(1+g)}{k-g}=\frac{D_1}{k-g} \qquad (2\text{-}11)$$

如果该公司的市场资本化率为 0.12[①],则 $P_0=\frac{D_1}{k-g}=\frac{4}{0.12-0.05}\approx 57.14$。

式(2-11)被称为固定增长的股利贴现模型或者以普及该模型的迈伦·J.戈登(Myron J. Gordon)的名字命名的戈登模型。

5. 对股利增长率的估算

运用固定增长的股利贴现模型评估股票内在价值,最重要且最困难的是确定股利增长率 g。估算股利增长率的方法一是用历史股利增长率的平均值;方法二是利用分析人员对未来增长率的预测,取估计值的平均值;方法三是根据收益留存比率。下面我们以方法三为例进行分析。

假定股利增长率与企业留存收益密切相关,并且企业发展符合如下假设:

(1) 企业收益的增长完全来自其新增的净投资;
(2) 新增的净投资只来源于股东的留存收益;
(3) 企业每年利润中用于现金股利分配的比率保持不变。

则下一年的每股收益 EPS_1 与本年度的每股收益 EPS_0 之间有如下关系:

$$EPS_1=EPS_0+EPS_0\times 收益留存比率[②]\times 净资产收益率(ROE)$$

设收益留存比率为 b,将上式两边同时除以 EPS_0,得到

$$\frac{EPS_1}{EPS_0}=\frac{EPS_0}{EPS_0}+\frac{EPS_0}{EPS_0}\times b\times ROE$$

$$=1+b\times ROE$$

因为

$$\frac{D_1}{D_0}=\frac{EPS_1\times 股利发放率}{EPS_0\times 股利发放率}=\frac{EPS_1}{EPS_0}$$

---

① 市场对适当的公司现金流贴现率估计的共识。
② 再投资率或收益留存比率:再投资资金(不用于发放股利)占公司盈利的百分比。

以及
$$D_1 = D_0 \times (1+g),$$
由此可得
$$1+g = \frac{D_1}{D_0} = \frac{\text{EPS}_1}{\text{EPS}_0} = 1 + b \times \text{ROE}$$
所以,
$$g = b \times \text{ROE} \tag{2-12}$$
这说明股利增长率 g 的大小由收益留存比率 b 与净资产收益率 ROE 决定。

6. 为什么资本利得收益率＝股价增长率＝股利增长率

根据固定增长股利模型可知：

当前股价 $P_0 = D_1/(k-g) = D_0 \times (1+g)/(k-g)$

1 年后股价 $P_1 = D_2/(k-g) = D_1 \times (1+g)/(k-g)$

所以,股价增长率 $= (P_1 - P_0)/P_0 = [D_1 \times (1+g)/(k-g) - D_0 \times (1+g)/(k-g)]/[D_0 \times (1+g)/(k-g)] = (D_1 - D_0)/D_0 = [D_0 \times (1+g) - D_0]/D_0 = g$。

由此可知,固定股利增长率 g ＝股价增长率。

而资本利得收益率＝(售价－买价)/买价＝股价增长率,所以,固定股利增长率 g ＝股价增长率＝资本利得收益率。

7. 增长机会的现值

假设 A 公司和 B 公司预期未来 1 年的每股盈利 $E_1 = 5$ 美元,$k = 12.5\%$。如果 A 公司和 B 公司均把盈利全部用于派息,则 $D_1 = ?$

$$D_1 = E_1 = 5 (\text{美元})$$

如果是一个永续现金流(即派息不增长),两家公司的价值将是多少？
两家公司的价值：

$$\frac{D_1}{k} = \frac{5}{12.5\%} = 40(\text{美元 / 股}) \qquad [\text{参见式}(2\text{-}6)]$$

如果 A 公司把盈利的 40% 用于派息,另外 60% 用于再投资,股权收益率(或净资产收益率)为 15%(ROE＝15%),则 $D_1 = ?$

$D_1 = E_1 \times 40\% = 2$ 美元,股利的减少会导致公司股价下跌吗？

A 公司的价值：

$$V_0 = \frac{D_1}{k-g}$$
$$g = b \times \text{ROE} = 60\% \times 15\% = 9\% \qquad [\text{参见式}(2\text{-}12)]$$

所以 $P_0 = \dfrac{D_1}{k-g} = \dfrac{2}{12.5\% - 9\%} \approx 57.14 (\text{美元/股})$。

股利零增长政策的 B 公司,将所有盈利当作红利分配,估价＝40 美元。A 公司比 B 公司股价高出 57.14－40＝17.14(美元)。这一净现值(17.14 美元)被称为增长机会的现值(present value of growth opportunities,PVGO),即公司未来投资的净现值。股票价格＝零增长情况下的价值＋增长机会的现值。

$$P_0 = \frac{E_1}{k} + \text{PVGO}$$
$$57.14 = 40 + 17.14$$
(2-13)

8. 两阶段股利增长模型

两阶段股利增长模型(two-stage DDM)：假设股利增长率从未来某日开始稳定不变的股利增长模型。我们举一个现实的例子来说明两阶段股利增长模型。

假定某公司的股利增长率预计第 1 年为 20%，第 2 年为 15%，以后将稳定在 5% 的水平。如果公司一次发放的股利为每股 1 元，投资者要求的报酬率为 20%，则该股票的价值应为多少？

计算出股利发放率稳定前股利额：

$$D_1 = 1 \times (1 + 20\%) = 1.20(元)$$
$$D_2 = 1.20 \times (1 + 15\%) = 1.38(元)$$
$$D_3 = 1.38 \times (1 + 5\%) = 1.449(元)$$
$$P_2 = \frac{D_3}{k - g} = \frac{1.449}{20\% - 5\%} = 9.66(元)$$

运用式(2-9)可得股票当前的价值，$P_0 = \frac{D_1}{1+k} + \frac{D_2 + P_2}{(1+k)^2} = \frac{1.2}{1+20\%} + \frac{1.38 + 9.66}{(1+15\%)^2} \approx$ 9.35(元)，即以低于 9.35 元的价格购买这张股票，则决策能实现财富最大化。

二、股权自由现金流

企业的股权投资者拥有的是该企业产生的现金流的剩余要求权，即他们拥有企业在履行了包括偿还债务在内的所有财务义务和满足了再投资需要之后的全部剩余现金流。所以，股权自由现金流(free cash flow to equity，FCFE)就是在除去经营费用、本息偿还和为保持预定现金流增长率所需的全部资本性支出后的现金流。

(一)无财务杠杆企业的股权自由现金流

无财务杠杆的企业没有任何债务，因此无须支付利息和偿还本金，并且企业的资本性支出和营运资本也全部来源于股权资本。无财务杠杆企业的股权自由现金流可按如下方法计算：

销售收入－经营费用＝利息、税收、折旧摊销前收益(earnings before interest, taxes, depreciation and amortization，EBITDA)－折旧和摊销

＝税息前收益(earnings before interest and tax，EBIT)－所得税

＝净收益＋折旧和摊销

＝经营现金流－资本性支出－营运资本增加额

＝股权自由现金流

其中，资本性支出指在企业的经营活动中，供长期使用的、其经济寿命将经历许多会计期间的资产，如固定资产、无形资产、递延资产等；营运资本也称营运资金，是指一个企业投放在流动资产上的资金，具体包括应收账款、存货、其他应收款、应付票据、预收票据、

预提费用、其他应付款等占用的资金。

值得注意的是,折旧和摊销本身并不产生现金流,但是在计算实际现金流量时,使用了税后经营利润,税后经营利润扣除了折旧与摊销,为了正确反映现金流,在计算现金流时,需要加上折旧和摊销。

(二) 有财务杠杆企业的股权自由现金流

有财务杠杆企业除了要支付无财务杠杆企业的全部费用之外,还要使用现金支付利息费用和偿还本金。但是,有财务杠杆企业还可以通过新的债务来为资本性支出和营运资本需求进行融资,从而减少所需的股权资本投资。有财务杠杆企业的股权自由现金流可按如下方法计算:

销售收入－经营费用＝利息、税收、折旧摊销前收益－折旧和摊销
＝税息前收益－利息费用
＝税前收益－所得税
＝净收益＋折旧和摊销
＝经营现金流－资本性支出－优先股股利①－营运资本增加额－偿还本金＋新发行债务收入
＝股权自由现金

三、企业自由现金流的估值方法

(一) 企业自由现金流

企业自由现金流(free cash flow for the firm,FCFF)是企业在支付了各种经营性支出,并且满足了企业投资需要之后,可供全体资本提供者支配的剩余现金流。企业的全部价值属于企业各种权利要求者,这些权利要求者包括股权资本投资者、债权人和优先股股东,因此,企业自由现金流也就是这些权利要求者现金流的总和。一般而言,企业自由现金流就是在支付了经营费用和所得税之后,向企业权利要求者支付现金之前的全部现金流。其计算方法有以下两种。

一是把企业不同的权利要求者的现金流加总在一起,见表 2-1。

表 2-1 企业自由现金流的加总计算法

权利要求者	权利要求者的现金流	折现率
普通股股东	股权资本自由现金流	股权资本成本
债权人	利息费用(1－税率)＋偿还本金－新发行债务	税后债务成本
优先股股东	优先股股利	优先股资本成本
企业整体	企业自由现金流＝股权资本自由现金流＋利息费用(1－税率)＋偿还本金－新发行债务＋优先股股利	加权平均资本成本

二是从税息前收益开始计算,但得到的结果与第一种方法相同。

---

① 此项只有企业发行了优先股时才存在。优先股股利没有节税作用,所以必须使用税后现金流支付。

EBIT(1 − 税率) + 折旧 − 资本性支出 − 营运资本追加额 = 全部资本现金流

加权平均资本成本由若干个融资成本加权平均而成,以每个资本来源在全部资本中所占的百分比为权数。因此,企业的加权平均资本成本是以下两项因素的函数:第一,单个资本成本;第二,资本结构——债务、优先股和股票以及混合证券提供的资金在全部资本中所占的百分比。

(二) 加权平均资本成本

加权平均资本成本是企业为了筹集资金而发行的各种有价证券——包括债券、股票、混合证券以及取得的银行贷款——不同融资成本的加权平均值。其计算公式如下:

$$WACC = k_e \frac{E}{E+D+PS} + k_d \frac{D}{E+D+PS} + k_{ps} \frac{PS}{E+D+PS}$$

其中,WACC 代表加权平均资本成本;k_e 代表股权资本成本;k_d 代表债务资本成本;k_{ps} 代表优先股资本成本;$E/(E+D+PS)$ 代表股权资本的市场价值在总资产市价中所占的比例;$D/(E+D+PS)$ 代表债务资本的市场价值在总资产市价中所占的比例;$PS/(E+D+PS)$ 代表优先股资本的市场价值在总资产市价中所占的比例。

四、现金流折现法的适用性和局限性

现金流折现法要求被估价资产当前的现金流为正,并且可以比较可靠地估计未来现金流的发生时间,同时根据现金流的风险特性又能够确定出恰当的折现率。如果上述条件都能实现,那么就适合采用现金流折现法。在运用自由现金流折现法时,不管是年增长率、快速增长的年数、是否可永续经营,还是折现率等参数,都难以预测,而且其中一个参数有一点变化,结果就会完全不同,"失之毫厘,谬以千里"。一般来讲,陷入财务拮据状态的企业、收益呈周期性的企业、拥有未被利用资产的企业、有专利或产品选择权的企业及正在进行重组的企业,若使用现金流折现法进行估价,将会遇到比较大的困难,此时就需要进行相应调整或选择其他估价方法。

例如,如果一家公司处于成长的初期或衰退期,也很难用现金流折现法进行估值,这样的公司会面临戴维斯双击或戴维斯双杀[①],成长型初期的公司享受着高估值、高溢价,用现金流折现法就会没有买入的机会;而衰退型的公司死亡往往悄无声息,比如诺基亚、长虹等。

第二节 相对估值法及其运用

一、基本方法

相对估值法,也称市场法或市场比较法。中国资产评估协会 2018 年修订的《资产评

---

① 戴维斯双击是指在低市盈率买入股票,待成长潜力显现后,以高市盈率卖出,这样可以获取每股收益(EPS)和市盈率同时增长的倍乘效益。戴维斯双杀是由美国著名的投资人戴维斯(Davis)总结出来的,也就是估值和每股净利润的下滑导致的股价暴跌。

估执业准则——企业价值》阐述了企业价值评估的基本方法和基本要求,其中关于市场法的概括如下:企业价值评估中的市场法,是指将评估对象与可比上市公司或者可比交易案例进行比较,确定评估对象价值的评估方法。资产评估专业人员应当根据所获取可比企业经营和财务数据的充分性与可靠性、可收集到的可比企业数量,考虑市场法的适用性。

相对估值法的两个基本步骤如下。

第一步:确定可比公司。对于散户投资者而言,他们可以参考炒股软件中的分类并且查阅年报来确定这些公司是否是可比的。可比公司的选取实际上是比较困难的事情,可比公司与标的公司应该越相似越好,无论多么精益求精都不过分。在实践中,一般应选取在行业、主营业务或主导产品、资本结构、企业规模、市场环境以及风险度等方面相同或相近的公司。

第二步:理论上,应该找出与所选取样本可比公司股票价格最密切相关的因素,即对样本公司股价最具解释力的因素,通常是样本公司的基本财务指标。确定估值使用的参数,最常见的参数有每股收益、每股净资产以及每股销售额,其对应的估值分别叫作 P/E、P/B、P/S。

二、市盈率法

市盈率,也称本益比、"股价收益比率"或"市价盈利比率(简称市盈率)"。市盈率法是目前应用广泛的评估投资企业价值的方法。市盈率是股票价格相对公司每股收益的比值。市盈率经济学上的意义为购买公司一元税后利润所支付的价格,又或是按市场价格购买公司股票回收投资需要的年份。市盈率的有效性取决于对公司未来每股收益的正确预期和选择合理的市盈率倍数。

其公式表示为 PE=P/EPS。其中 P 为股票价格,EPS 为公司每股收益。如果公式的右边分子、分母同时乘以股本,就可以得到一个简版公式,即 PE=公司市值/归母净利润,这也是最常用的估算方式,省略了计算股本的麻烦,直接看净利润就能估算市值空间了。这个公式充分说明了股价是由市场先生(PE)和公司业绩(净利润)共同决定的,投资者行为决定短期股价,公司业绩决定长期股价。

我们对式(2-13)重新组合可得

$$\frac{P_0}{E_1}=\frac{1}{k}\left[1+\frac{\text{PVGO}}{E_1/k}\right] \tag{2-14}$$

当 PVGO=0 时,从式(2-14)可知,$P_0=E_1/k$,股票估值就像每股收益零增长的永久年金。市盈率刚好等于 $1/k$。然而,当增长机会现值 PVGO 逐渐成为股价的主导因素时,市盈率可能会急剧上升。

PVGO 对 E_1/k 的比率的一个简单解释为:它是公司价值中由增长机会贡献的部分与现有资产贡献部分(也就是零增长模型下公司的价值,E_1/k)的比率。当未来增长机会主导了对全部价值的估值时,公司应具有相对当前收益更高的价格。因此,高市盈率看上去表示公司拥有更广阔的增长空间。

因为 $D_1=E_1(1-b)$,即股利就是那些未用于公司再投资的盈余,又由固定增长股利

贴现模型式(2-11)可得

$$\frac{P_0}{E_1} = \frac{(1-b)}{k-g} \quad (2\text{-}15)$$

例如,某公司本年的现金股息 D_0 为 2.00 美元,增长率 g 为 2%。如果公司的权益资本成本 k 等于 10%,每股公司股票的初始价值为 15.50 美元。假设此公司的每股预期收益 E_1 为 3 美元,则此公司的市盈率是多少?

$$\frac{P_0}{E_1} = \frac{D_1/E_1}{k-g} = \frac{2\times(1+2\%)/3}{0.10-0.02} = \frac{0.68}{0.08} = 8.5$$

回顾上文 $g = b \times \text{ROE}$,代入式(2-15)可得

$$\frac{P_0}{E_1} = \frac{(1-b)}{k-(\text{ROE}\times b)} \quad (2\text{-}16)$$

市盈率又分为静态市盈率、滚动市盈率和动态市盈率,三者的公式具体如下。

静态市盈率,PE(LYR)=当前总市值/上一年度净利润。

滚动市盈率,PE(TTM)=当前总市值/最近四个季度的净利润总额,最近四个季度的净利润总额即从现在来看往前推 12 个月的净利润总和。

动态市盈率=当前总市值/当年预测净利润。

为了得到准确的市盈率值,在运用市盈率方法估计股价时要注意以下几个方面。

(1) 市盈率在某种程度上会受会计准则的影响。市盈率的分母是会计收益,而会计收益在某种程度上受会计准则的影响,例如,在折旧与存货估价中要用历史成本。在高通货膨胀时期,用历史成本计算的折旧与存货的价值常常会被低估,因为它们的重置成本已随一般物价水平上升。因此,收益减折旧时会减得比较少,净收益会虚高,计算出的市盈率会偏低。

(2) 周期公司误用。周期行业,由于产品大多同质化,公司盈利状况取决于产品的供求关系。在行业波峰时周期公司盈利状况很好,市盈率分母较大,市盈率较低,给了投资人估值看上去很便宜的错觉,但正是因为丰厚的利润吸引了产品供给的增加,很可能发生行业反转、公司盈利下降的情况,股价下降,市盈率反倒上升。而在行业低谷时,公司普遍亏损或者微利,市盈率高,股票估值看上去很贵,但其真实价值却可能很便宜,一旦走出低谷,盈利上升,反倒出现现股价越涨市盈率越低的情况。因而周期公司除了关注市盈率指标的变动,更需要结合后面我们所说的市净率指标判断。

(3) 每股收益为负数,也就是面对处于亏损期的公司时,PE 估值法直接失效。因为 PE 估值法要跟历史数据和同行业数据比,历史越长越具有参考性,所以 PE 对于新型行业并不是很适用。

三、市盈率相对盈利增长比率法

"若可口可乐的市盈率是 15,那么你会预期公司将以每年 15% 的速度增长,等等。但若市盈率低于增长率,你可能发现了一个很好的投资机会。"(《彼得·林奇的成功投资》)PEG 指标(市盈率相对盈利增长比率)是用公司的市盈率除以公司的盈利增长速度。PEG 是在 PE 估值的基础上发展起来的,它弥补了 PE 对企业动态成长性估计的不足。

其公式表示为 PEG＝PE/(企业年盈利增长率×100)。其中 PE 为市盈率，G 为收益增长率，收益增长率是指公司未来净利润的复合增长率，一般取未来 3 年的(超过 3 年的预测会有很大的误差)。

PEG 的出现弥补了如何判断市盈率高低的空白。一般而言，PEG 数值在 1 以下，说明公司价值被相对低估；PEG 在 1～2 之间相对合理；PEG 大于 2 属于相对高估。但由于不同风格的投资者对 PEG 容忍度不同，上述"合理区间"的范围也并不绝对。

四、市净率法

市净率法，也称价格/账面价值比率法。市净率的计算公式为：市净率＝股票市价/每股净资产(权益账面价值)。净资产为公司资本金、资本公积金、资本公益金、法定公积金、任意公积金、未分配盈余等项目的合计，代表全体股东共同享有的权益，称为股票净值。净资产受公司经营状况影响，经营业绩越好，资产增值越快，股票净值就越高，股东所拥有的权益也越多。

(一) 运用 P/BV 比率的一般问题

1. 度量

权益的账面价值是资产账面价值与负债账面价值的差额，即企业的净资产价值。资产账面价值的度量在很大程度上取决于会计制度。账面价值和盈利一样会受到折旧方法与其他会计政策的影响，当企业之间采用不同的会计制度时，我们就不能使用 P/BV 比率对不同企业进行比较。同样，我们也不能使用 P/BV 比率来比较在不同会计制度国家经营的企业；GAAP(Generally Accepted Accounting Principle，一般公认会计原则)资产的账面价值是最初的购买价格减去任何允许的资产折旧后的部分。因此，资产账面价值是随着其资产使用年限的增加而减少的。同样，负债的账面价值则反映了负债在发行时的价值。

2. 账面价值和市场价值

资产的市场价值反映了该资产的盈利能力和预期未来现金流，而账面价值反映的则是它的初始成本，因此如果在获得一项资产后，其盈利能力显著提升或降低，那么其市场价值就会与账面价值产生显著差异。账面价值对于没有太多固定资产的服务行业来说意义不大。如果企业盈利持续多年为负，那么企业权益的账面价值可能为负，相应地，P/BV 比率也会变成负值。

(二) P/BV 比率分析

由式(2-11)固定增长的股利贴现模型可得

$$P_0 = \frac{D_0(1+g)}{k-g} = \frac{D_1}{k-g}$$

下一期每股现金股息 D_1，可用本期股息 D_0、股利增长率 g、本期的每股收益 E_0(EPS$_0$)及股票的收益留存率为 b 重新计算，如下所示：

$D_1 = D_0(1+g) = E_0 \times (1-b) \times (1+g) = E_0 \times$ 红利支付比率 $\times (1+g)$，将此式代入

式(2-11)可得

$$P_0 = \frac{D_0(1+g)}{k-g} = \frac{D_1}{k-g} = \frac{E_0 \times 红利支付比率 \times (1+g)}{k-g} \qquad (2\text{-}17)$$

若定义 $ROE = E_0/BV_0$，即为每股收益与每股账面价值的比值，则 $E_0 = BV_0 \times ROE$，那么式(2-17)可写为

$$P_0 = \frac{BV_0 \times ROE \times 红利支付比率 \times (1+g)}{k-g} \qquad (2\text{-}18)$$

将式(2-18)两边同时除以 BV_0 可得

$$\frac{P_0}{BV_0} = \frac{ROE \times 红利支付比率 \times (1+g)}{k-g} \qquad (2\text{-}19)$$

式(2-19)的分子表明，如果其他因素不变，ROE增大时股票的 P/BV 比率也会增大；分母表明，ROE值增加还会间接地使 P/BV 比率增大，因为 $g = b \times ROE$。

如果 ROE 是基于下一期的预期每股收益，即 $ROE = E_1/BV_0$，则式(2-17)还可以简化如下：

$$P_0 = \frac{D_1}{k-g} = \frac{E_1 \times 红利支付比率}{k-g} = \frac{BV_0 \times ROE \times 红利支付比率}{k-g} \qquad (2\text{-}20)$$

将式(2-20)两边同时除以 BV_0 可得

$$\frac{P_0}{BV_0} = \frac{ROE \times 红利支付比率}{k-g} \qquad (2\text{-}21)$$

因为 $g = b \times ROE = (1 - 红利支付比率) \times ROE$，将其代入式(2-21)，可得

$$\frac{P_0}{BV_0} = \frac{ROE - g}{k - g} \qquad (2\text{-}22)$$

(三) 托宾 Q 值

詹姆斯·托宾(James Tobin)提出了 Q 值用以代替 P/BV 比率，该方法将企业的市场价值和资产的重置成本联系了起来。Q 比率 = 资产的市场价值/资产重置成本。托宾 Q 比率在两个方面与 P/BV 比率存在差异：第一，Q 比率的分子包括了公司所有权益和所有负债的市场价值，而不仅仅包括权益。第二，Q 比率并不像 P/BV 比率那样与会计惯例紧密地联系在一起。托宾 Q 比率有助于识别出在资产价格猛涨的高通货膨胀时期和在因技术进步已大大降低了现有资产重置成本的领域里被错误估价的证券。

当 $Q > 1$ 时，购买新生产的资本产品更有利，这会增加投资的需求；

当 $Q < 1$ 时，购买现成的资本产品比新生产的资本产品更便宜，这样就会减少资本需求。

五、价格/销售收入比率法

价格/销售收入比率法，也称市销率法，公式表示为：$PS = P/S$。其中 P 为股票价格，S 为每股销售收入。由于销售额×净利润率=净利润，这意味着市盈率×净利润率=

市销率。市销率是公司股票市价与每股销售收入的比值(或总市值与主营业务收入之比)。与同行业公司相比,市销率越小表明公司估值越有优势。每股销售收入的计算是将公司主营业务收入除以公司总股本。使用市销率的主要原因是销售收入相比净利润而言更加稳定,如果公司由于财务杠杆或者其他因素而净利润发生特别的变化,市销率指标能够克服相应的问题。

(一) 运用 P/S 比率的一般问题

(1) 与每股收益相比,销售收入指标较少受到会计政策与操作的影响,此外销售收入数据通常比收益数据稳定,很少受到一次性收益或摊销影响。它不会出现负值,对于亏损企业和资不抵债的企业,也可以计算出一个有意义的价值乘数;它比较稳定、可靠,不容易被操纵;收入乘数对价格政策和企业战略变化敏感,可以反映这种变化的后果。

(2) 用销售收入来代替利润或账面值的好处之一是它的稳定性,然而这种稳定性在企业的成本控制出现问题时也可以成为一种缺点。在这种情况下,尽管利润和账面值会有显著的下降,但是销售收入却可能不会大幅下降,因此,当使用 P/S 来对一个有着负利润和负账面值的处境艰难的企业进行估价时,就有可能会因为无法识别各个企业的成本、毛利润方面的差别而得出极其错误的评价。

(3) 不能反映成本的变化,而成本是影响企业现金流量和价值的重要因素之一;只能用于同行业对比,不同行业的市销率对比没有意义;如果上市公司关联销售较多,该指标也不能剔除关联销售的影响。

(二) P/S 比率分析

由式(2-11)固定增长的股利贴现模型可得

$$P_0 = \frac{D_0(1+g)}{k-g} = \frac{D_1}{k-g}$$

下一期每股现金股息 D_1,可用本期股息 D_0、股利增长率 g、本期的每股收益 $E_0(\text{EPS}_0)$ 及股票的收益留存率为 b 重新计算,如下所示:

$$D_1 = D_0(1+g) = E_0 \times (1-b) \times (1+g) = E_0 \times 红利支付比率 \times (1+g)$$,将此式代入式(2-11)可得

$$P_0 = \frac{D_0(1+g)}{k-g} = \frac{D_1}{k-g} = \frac{E_0 \times 红利支付比率 \times (1+g)}{k-g}$$

若定义边际利润率(PM)$= E_0/S$,即为每股收益与每股销售收入的比值,则 $E_0 = \text{PM} \times S$,那么上述公式可写为

$$P_0 = \frac{\text{PM} \times S \times 红利支付比率 \times (1+g)}{k-g} \tag{2-23}$$

将式(2-23)两边同时除以 S 可得

$$\frac{P_0}{S} = \frac{\text{PM} \times 红利支付比率 \times (1+g)}{k-g} \tag{2-24}$$

若定义边际利润率(PM)是基于下一期的预期每股收益,即 $PM = E_1/S$,则上式还可以简化如下:

$$P_0 = \frac{D_1}{k-g} = \frac{E_1 \times 红利支付比率}{k-g} = \frac{PM \times S \times 红利支付比率}{k-g} \quad (2-25)$$

将式(2-25)两边同时除以 S 可得

$$\frac{P_0}{S} = \frac{PM \times 红利支付比率}{k-g} \quad (2-26)$$

由此可见,价格/销售收入比率(P/S)是企业边际利润率(PM)、红利支付比率和增长率(g)的增函数,是企业风险(折现率 k)的减函数。

六、倍数法

(一)测度

企业价值倍数(EV/EBITDA)公式表示为:企业价值倍数=EV/EBITDA=(公司市值+净负债)/(公司净利润+利息+所得税+折旧费用+摊销费用)。企业价值倍数是企业价值(EV)与息税折旧前收益(EBITDA)的比值。企业价值为公司股票总市值与有息债务价值之和减去现金及短期投资。其中,公司股票总市值=股价×股本,息税折旧前收益是 EBIT 加上折旧和摊销。企业价值反映了股东、债权人的全部投入,EBITDA 则反映了股东和债权人在交税前的所有收益。该指标越低反映公司价值被低估得越明显。EV/EBITDA 低,表明公司股权和债权的价值被低估,由于债权市价相对平稳,主要体现的还是股权价值被低估。

(二)企业价值倍数估值的优点和缺点

1. 优点

(1) 相比市盈率,企业价值倍数是考虑了公司负债后的估值。比如做相同一个业务的两家公司,同样是盈利4万元,市值20万元。A 公司是加杠杆(借钱)10 万元赚 4 万元,B 公司是用自有现金10万元赚4万元。市盈率估值(PE):A、B 两家公司的市盈率都是 20/4=5 倍,估值相同。企业价值倍数估值:假设两个公司的 EBITDA 指标值都是 5 万元,则 A 公司的企业价值倍数=(20+10)/5=6;B 公司的企业价值倍数=20/5=4。显然 B 公司的企业价值倍数更低,所以 B 公司更被低估。

(2) EBITDA 指标中不包括投资收益、营业外收支等其他收益项目,仅代表了企业主营业务的运营绩效,这也使企业间的比较更加纯粹,真正体现了企业主业运营的经营效果以及由此而应该具有的价值。

(3) 企业单一年度的 EBITDA 指标与企业未来收益和风险的相关性更高,换句话说,影响企业单一年度 EBITDA 水平的因素和影响企业未来所有年度 EBITDA 水平的因素更为一致,而影响企业单一年度净利润的因素则相对复杂和多变。所以,EV/EBITDA 倍数法的合理性相对于 PE 也就更强。

(4) 由于不受所得税率不同的影响,不同国家和市场的上市公司估值更具可比性。

它排除了折旧、摊销这些非现金成本的影响（现金比账面利润重要），可以更准确地反映公司价值。

2．缺点

（1）计算方法比市盈率稍微复杂，至少还要对债权的价值以及长期投资的价值进行单独估计。

（2）EBITDA没有考虑到税收因素，如果两个公司之间的税收政策差异很大，指标的估值结果就会失真。

（3）EV/EBITDA更适用于单一业务或子公司较少的公司估值，如果业务或合并子公司数量众多，需要做复杂调整，有可能会降低其准确性。

七、相对估值法的适用性和局限性

相对估值法的优点在于简单且易于使用，该方法可以迅速获得被估价资产的价值，尤其是当金融市场上有大量"可比"资产进行交易，并且市场在平均水平上对这些资产的定价是正确的时候。但相对估值法也容易被误用和操纵，这一点在利用"可比"资产来确定比率数值时尤为突出：世界上绝对没有在风险和成长性方面完全相同的两家企业或两种资产，"可比"企业或资产的定义是一个主观概念。因此，有偏见的分析人员往往会选择一组"可比"企业来印证他对企业价值的偏见。尽管这种潜在的偏见也存在于现金流折现法中，但在现金流折现法中，分析人员必须明确决定最终价值的假设前提。基于"可比"资产确定比率数值的另一个问题是它会将市场对"可比"资产定价的错误（高估或低估）引入估价之中。而现金流折现法由于是基于企业自身的增长率和预期未来现金流，所以它不会为市场的错误所影响。

相对估值法的适用范围见表2-2。

表2-2 相对估值法的适用范围

方　　法	适　　用	不　适　用	注　　意
市盈率法 $P = \text{EPS} \times \text{PE}$	盈利相对稳定、周期性较弱的公司，如公共服务业	①周期性较强企业，如一般制造业、服务业；②每股收益为负的公司，房地产等项目性较强的公司；③银行、保险和其他流动资产比例高的公司；④（大陆上市公司）多元化经营比较普遍、产业转型频繁	①其他条件不变时，EPS预估成长率越高，合理本益比可能就越高，绝对合理估价就可以上调；②高成长股可享有高PE，低成长股可享有低PE；③当EPS预估成长率低于预期，合理本益比调低，双重打击，股价重挫
市盈率相对盈利增长比率法	适用IT（信息技术）等成长性较高企业	①成熟行业；②过度投机市场评价提供合理借口；③亏损或盈余正在衰退的行业	出于稳健性的考虑，净利润的成长率可用税前利润的成长率/营业利益的成长率/营收的成长率替代

续表

方　法	适　用	不　适　用	注　意
市净率法	① 周期性较强行业（拥有大量固定资产且账面价值相对稳定）；② 银行、保险和其他流动资产比例高的公司；③ ST、PT 绩差及重组型公司	①账面价值的重置成本变动较快公司；②固定资产较少的，商誉或智慧财产权较多的服务行业	PB法的合理修正：① 将少数股东权益和商誉排除；②每年对土地、上市/未上市投资项目资产价值进行重估。PB法的悖论：①股价/相对资产价值相关性弱；②股价/相对资产价值＜盈余（资产报酬率）/相对资产价值
价格/销售收入比率法＝总市值/营收＝（股价×总股数）/营收	①营收不受公司折旧、存货、非经常性收支的影响，不易操控；②营收最稳定，波动性小，避免（周期性行业）PE波动较大；③不会出现负值，不会出现没有意义的情况,净利润为负亦可用	①不适合负利润和负账面值的处境艰难的企业；②只能用于同行业对比,不同行业的市销率对比没有意义	价格/销售收入比率法悖论：公司成本控制能力无法反映（利润下降/营收不变）；PS会随着公司营收规模扩大而下降；营收规模较大的公司PS较低
倍数法	①充分竞争行业的公司；②没有巨额商誉的公司；③净利润亏损，但毛利、营业利益并不亏损的公司	①固定资产更新变化较快公司；②净利润亏损、毛利、营业利益均亏损的公司；③资本密集、准垄断或者具有巨额商誉的收购型公司（大量折旧、摊销压低了账面利润）；④有高负债或大量现金的公司	① 企业价值（EV）＝市值＋（总负债－总现金）＝市值＋净负债。② EBITDA＝营业利益＋折旧费用＋摊销费用。营业利益＝毛利－营业费用－管理费用

第三节　期权估价法及其运用

一、期权的内在价值与时间价值

期权的价值＝内在价值＋时间价值，其中，期权的内在价值是指多方立即行使期权时可以获得的收益，为股票价格减去执行价格，或者是立即执行实值看涨期权所能获得的现金流。看涨期权的内在价值等于 $S-K$；看跌期权的内在价值为 $K-S$。当标的资产市价低于协议价格时，期权多方是不会行使期权的，因此期权的内在价值应大于等于 0。

"时间价值"这个术语用于期权时，其含义不同于货币的时间价值。期权的时间价值是指在期权有效期内标的资产价格波动为期权持有者带来收益的可能性所隐含的价值。显然，标的资产价格的波动率越高，期权的时间价值就越大。期权的时间价值大多是典型的"波动价值"。

二、二项式期权定价模型[①]

对于具有固定现金流的金融产品,如债券等金融工具,其价格都是通过净现值法来确定的。对于期权来说,风险多大、如何计算出相应的风险溢价及现金流?

1979 年,斯蒂芬·罗斯(Stephen Ross)、约翰·考克斯(John Cox)和马克·鲁宾斯坦(Mork Rubinstein)在《金融经济学杂志》上发表论文《期权定价:一种简单的方法》,该文提出了一种简单的对离散时间的期权的定价方法,被称为二项式期权定价模型。该模型建立在一个基本假设基础上,即在给定的时间间隔内,资产的价格都可能向两种可能的方向变动:上涨或者下跌。

(一) 一期二项式模型

二项式模型是在每一期将出现两种可能性的假设下构筑的现金流量或某种价格波动的模型,如图 2-2 所示,其中,F 是标的资产的价格,"u""d"分别代表标的资产价值一次上升后为原来的倍数和一次下降后为原来的倍数。处于中间的结果,例如 F_{uud},可以通过不止一条途径达到;任何两次价格上升和一次价格下跌的结合都会产生 F_{uud} 的股票价格。

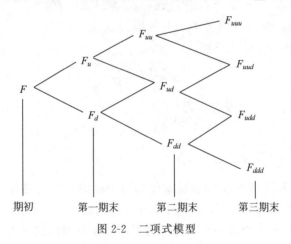

图 2-2 二项式模型

二项式模型的假设主要有以下几种。

(1) 金融资产价格每次向上或向下波动,且波动的概率和幅度不变,波动次数达到一定量时,其行为服从正态分布模式。

(2) 无风险利率和收益波动率是常数。

(3) 不存在税收和交易成本,所有金融资产完全可分割。

(4) 金融资产在期权有效期内除红利(期末发放)外无其他所得。

(5) 该期权是欧式期权,即在期权到期前不可实施。

(6) 不存在无风险套利机会。

(7) 金融资产交易是持续的。

[①] 栾华. 投资银行理论与实务[M]. 上海:立信会计出版社,2006:112-115.

(8) 红利率是常数,且红利以金融资产现价为基础。

以 F 代表标的资产的当前价格, f 代表买方期权或者卖方期权的价值, Δ 代表购买的标的资产数, F_u 代表标的资产的价格上升后的价格, F_d 代表标的资产价格下降后的价格, T 代表一期的时间。f_u 表示标的资产增值一次后的期权价值, f_d 表示标的资产减值一次后的期权价值。一期二项式模型如图2-3所示。

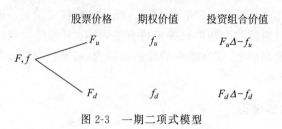

图2-3 一期二项式模型

根据套利原理,在市场机制有效的情况下,要获得相同的回报必须冒同样大的风险。如果不冒风险,就只能按无风险利率获得回报。上述投资组合既然是无风险的,那么在不存在套利机会的情况下,其回报率也就一定等于无风险利率,即

$$F_u\Delta - f_u = F_d\Delta - f_d = (F\Delta - f)e^{rT} \tag{2-27}$$

其中,r 表示无风险利率,T 代表期权行权期限。

由式(2-27)的前一个等式可得

$$\Delta = \frac{f_u - f_d}{F_u - F_d} \tag{2-28}$$

将式(2-28)代入式(2-27),并整理可得

$$f = e^{(-rT)}[pf_u + (1-p)f_d] \tag{2-29}$$

其中,$p = \dfrac{e^{rT} - d}{u - d}, u = \dfrac{F_u}{F}, d = \dfrac{F_d}{F}, 0 < p < 1$,即 $d < e^{rT} < u$。

p 被称为假概率,在模型中的数学地位相当于标的资产价格在一期中上升的概率;相应地,$(1-p)$ 相当于标的资产价格在一期中下降的概率。

实例:假设有这样一个以某股票为标的资产的3月期欧式买入期权,股票现行的市场价格为30元,期权确定的执行价格为31元。设已知3个月后股票价格要么上升10%,要么下降10%,市场的无风险利率为10%(年利率),试确定该期权的价格。

图2-4所示为股票价格树、期权价值树与无风险收益树的模型。

图2-4 股票价格树、期权价值树与无风险收益树的模型

股票价格树:给出股票在不同阶段不同状态确定的价格。

期权价值树:根据股票在不同阶段、不同状态确定的价格以及期权确定的执行价格,

给出期权在相应状态的价值,其在初始状态的价值就是要确定的期权价值。

无风险收益树:无风险资产在不同阶段、不同状态的价格,这是进行无套利定价的标准。①

无风险资产在每个阶段的收益率应该根据无风险资产的年收益率及每个阶段的时间长度来确定。在本例中,每阶段无风险资产的收益率为 10%/4=0.025 确定期权的价格。

无套利定价:考虑组合。

其由买入 Δ 股该股票和卖出一份该股票的买入期权组成。

要求组合在期权到期日的收益无论股票价格是升还是降,都应同无风险投资的收益相等。

买权未来价值是不确定的,有风险。买权和股票组合可以消除这种风险。同时来考虑是否能从中找到期权的价值。

如果按比例持有股票和卖出相应的期权,股票上涨的收益可被期权的损失弥补。

首先确定应买入的股票数 Δ 使得组合在期末的收益在两种状态(价升或价降)下都相同。如果股票价格上升至 33 元,组合在到期日的价值为 33Δ−2,其中,2 是期权被执行后投资者的付出;如果股票价格下降至 27 元,期权不被执行,组合的价值为 27Δ。

在到期日这两个值应相等,且应等于无风险投资的收益。

令 33Δ−2=27Δ,解得 Δ=1/3。

故该组合应由买入 1/3 股该股票和卖出一份该股票的买入期权组成。无论股票的价格是升还是降,组合在期末的价值为

$$33\times 1/3-2=27\times 1/3$$

根据无套利原理,这就要求无风险投资在期末的收益同为 9 元,因而期初用于无风险投资的资金应为

$$9\times e^{-0.1\times 0.25}=8.78(元)$$

这也应该是期初用于投资组合的资金,由此得

$$30\times 1/3-C=8.78(元),\quad C=10-8.78=1.22(元)$$

故买入期权的价格应该定为 1.22 元。

(二) 二期二项式模型

图 2-5 所示为二期二项式模型。

根据式(2-29)可得

$$f_u = e^{(-rT)}[pf_{uu}+(1-p)f_{ud}]$$
$$f_d = e^{(-rT)}[pf_{ud}+(1-p)f_{dd}]$$
$$f = e^{(-rT)}[pf_u+(1-p)f_d] = e^{(-2rT)}[p^2 f_{uu}+2p(1-p)f_{ud}+(1-p)^2 f_{dd}]$$

(2-30)

---

① 金融市场上实施套利行为非常的方便和快速,这种套利的便捷性也使得金融市场的套利机会的存在总是暂时的,因为一旦有套利机会,投资者就会很快实施套利而使得市场又回到无套利机会的均衡中,因此,无套利均衡被用于对金融产品进行定价。金融产品在市场的合理价格使得市场不存在无风险套利机会,这就是无风险套利定价原则。

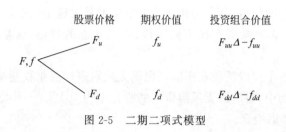

图 2-5 二期二项式模型

(三) n 期二项式模型

上文一期模型和二期模型的推导已经暗示任意多期模型建立的可能性。在风险中性的假设下,期权的价值等于其到期期望内在价值按无风险利率折现的现值。按无风险利率折现是一件容易理解和处理的事情,乘上恰当的折现率即可。其难点在于到期期望内在价值的表示。

我们知道,到期期望内在价值等于到期各种可能的内在价值与相应概率乘积之和,于是,现在的问题就变成如何表示各种可能的内在价值及其相应的概率。假定一种资产每隔一定的短期价格便会上升为原来的 u 倍,或下降为原来的 d 倍。以该资产为标的资产的欧式买权执行价格为 X,其到期期限将跨越 n 个这样的短期。

首先,在一期模型中,期权到期内在价值有 2 个;在二期模型中,期权到期可能的内在价值有 3 个。故在 n 期模型中,可能的内在价值将有 $n+1$ 个。

其次,在跨越的 n 期中,股票价格不是上升就是下降,没有其他情况。因此,如果只有 1 次上升,则必然有 $n-1$ 次下降。以 j 表示上升的次数,则下降的次数为 $n-j$。以 F 代表股票当前的价格,则任意一个到期可能价格就表示为

$$F_T = F_0 u^j d^{n-j} \tag{2-31}$$

从而任一买权到期可能的内在价值也就可以表示为

$$\max(F_0 u^j d^{n-j} - X, 0)$$

再次,以 p 表示一次上升的概率,则 $1-p$ 表示一次下降的概率,所以,上升 j 次下降 $n-j$ 的概率为

$$p^j(1-p)^{n-j}$$

除了 n 次为全部上升和 n 次全部为下降的情况,其他情况发生的路径不止一条。其路径的条数等于 n 次中选取 j 次上升的排列数,即

$$\frac{n!}{j!(n-j)!}$$

所以,上述买权到期价值出现的概率,即上升 j 次下降 $n-j$ 次的总概率为

$$\frac{n!}{j!(n-j)!}p^j(1-p)^{n-j}$$

综上所述,买权到期期望价值为

$$\sum_{j=0}^{n}\left[\frac{n!}{j!(n-j)!}p^j(1-p)^{n-j}\max(F_0 u^j d^{n-j} - X, 0)\right] \tag{2-32}$$

至此,可以写出买权估价的 n 期模型:

$$C_0 = e^{(-rT)} \sum_{j=0}^{n} \left[\frac{n!}{j!(n-j)!} p^j (1-p)^{n-j} \max(F_0 u^j d^{n-j} - X, 0) \right] \quad (2\text{-}33)$$

同理,可以推导出卖权估价的 n 期模型。

$$P_0 = e^{(-rT)} \sum_{j=0}^{n} \left[\frac{n!}{j!(n-j)!} p^j (1-p)^{n-j} \max(X - F_0 u^j d^{n-j}, 0) \right] \quad (2\text{-}34)$$

由此,我们就推导出了二项式期权定价模型的公式。

$$P_0 = e^{(-rT)} \sum_{j=0}^{n} \left[\frac{n!}{j!(n-j)!} p^j (1-p)^{n-j} \max(X - F_0 u^j d^{n-j}, 0) \right] \quad (2\text{-}35)$$

三、布莱克-斯科尔斯模型

(一) 布莱克-斯科尔斯定价公式

布莱克和斯科尔斯(Black and Scholes,1973)以及默顿(Merton,1973)创造出看涨期权的定价公式之前,很多金融经济学家为了找出一个实用的期权定价模型进行了多年的研究。

这个定价公式用于对欧式看涨期权估值时,可表达为

$$C_0 = S_0 e^{-\delta T} N(d_1) - X e^{-rT} N(d_2) \quad (2\text{-}36)$$

其中,$d_1 = \dfrac{\ln\left(\dfrac{F_0}{X}\right) + \left(r - \delta + \dfrac{\sigma^2}{2}\right)T}{\sigma \sqrt{T}}$,$d_2 = d_1 - \sigma \sqrt{T}$;$C_0$ 代表当前的看涨期权价值;S_0 代表当前的股票的价格;X 代表看涨期权的执行价格;T 代表期权到期前的时间(以年为单位);r 代表连续无风险收益率(与期权的到期期限相同,根据连续复利计算出的年收益率,不同于根据离散时间计算出的收益率);ln 代表自然对数函数,在 Excel 中,可以使用 $\text{LN}(x)$ 计算 $\ln(x)$;$e = 2.71828$,自然对数的底数,在 Excel 中,可以使用 $\text{EXP}(x)$ 估计 e 的 x 次方;$N(d)$ 表示标准正态分布随机变量将小于或等于 d 的概率;σ 代表股票连续复利年收益率的标准差,表示为一个小数而非百分比;δ 代表标的股票的年收益率(为了简化,我们假设股票支付连续的收入流,而不是离散地按期支付)。

这个模型在应用前有八个假设:第一,金融资产价格行为服从对数正态分布模式;第二,无风险利率和收益波动率是常数;第三,不存在税收和交易成本,所有金融资产完全可分割;第四,金融资产在期权有效期内除红利外无其他所得;第五,该期权是欧式期权,即在期权到期前不可实施;第六,不存在无风险套利机会;第七,金融资产交易是持续的;第八,红利率是常数,且红利以金融资产现价为基础。

(二) 与二项式模型的关系

二项式模型是一个资产价格运动的离散时间模型,它认为资产价格变动的时间间隔为 T。随着时间间隔的缩短,即 T 趋于 0,有限分布可能会变为两种形式之一。如果随着 T 趋于 0,资产价格变动幅度逐步缩小,则有限分布成为正态分布,且价格运动是一个连续过程;如果随着 T 趋于 0,资产价格变动幅度仍然较大,则有限分布成为泊松分布,即

一个允许价格发生跳跃的分布。

布莱克-斯科尔斯模型应用于有限分布为正态分布的情况,它假定标的资产的价格运动是连续的,不发生跳跃性的变化。

四、看涨期权价格与看跌期权价格的平价关系

(一) 期权平价关系的一般表述

利用看涨期权价格与看跌期权价格的平价关系(put-call parity relationship),只要计算出一种期权(如看涨期权)的价格,就可以推出另一种期权(如看跌期权)的价格,当然,要求这两种期权具有同样的有效期和执行价格。期权平价关系的公式如下:

$$C - P = S_0 - X e^{-rT} \tag{2-37}$$

其中,C 代表看涨期权的价格;P 代表看跌期权的价格。

式(2-37)可以从套利关系中相对容易地得出并考虑构造如下的资产组合:出售一个看涨期权,购买一个看跌期权,执行价格为 X,同时以当前价格 S_0 购买标的资产。如果违反了这个平价关系,就会产生套利机会。

(二) 期权平价定理的证明

精确一点地说,作为两个未来的收入现金流,只要在任何可能发生的场合,所发生的现金流量相等,则两个现金流所代表的两项金融产品就是完全等价的。

自然,要找出一对一的两种金融产品,未来的现金流完全等同,从而两者可以视为全然等价,几乎是不可能的。但只要引进资产组合,这种显得苛刻的要求则可以实现。那就是,在金融市场中选取一项金融产品,如果可以找到另一些金融产品,按适当的比重把它们组合起来,得到的组合在未来任何情况下所产生的现金流都与选取的这项金融产品未来的现金流完全相同,则选取的这项金融产品与这组金融产品的组合就是完全等价的。也可以说,这组金融产品的组合成为选取这项金融产品的复制品,而选取的这项金融产品就是这个组合的复制品。

根据上述分析,构造两个分别包含看涨期权和看跌期权的投资组合,如果这两个投资组合的到期日现金流量相同,则构造这两个投资组合的成本相同。现构造投资组合 A 和 B,见表 2-3,组合 A 和 B 在 T 时刻的价值见表 2-4。

表 2-3 无收益资产的欧式期权

组合 A	组合 B
一份欧式看涨期权(C)	一份欧式看跌期权(P)
金额为 $X e^{-rT}$ 的现金(等价于在 T 时刻收益为 X 的零息债券)①	一份标的资产 S(即一股股票)

---

① 零息债券(贴现债券)是指带有票面价格,但没有票面利率,不另外支付利息,到期偿还票面金额的债券。其往往采用折价发行,折价与票面的差额就是投资者的收益。

表 2-4　组合 A 和 B 在 T 时刻的价值

组合	类型	$S_T > X$	$S_T < X$
组合 A	看涨期权	$S_T - X$	0
	零息债券	X	X
	总和	S_T	X
组合 B	看跌期权	0	$X - S_T$
	股票	S_T	S_T
	总和	S_T	X

在 T 时刻当期权到期时，两个组合的价值均为 $\max(S_T, X)$。由于两个组合的期权均为欧式期权，在到期日前都不能行使，因此两组合在 T 时刻有相同的收益，从而组合 A 和 B 在今天必须有相同的价值。

因为 A 的现值为 $C + Xe^{-rT}$，B 的现值为 $P + S$。故

$$C + Xe^{-rT} = P + S, \quad 即\ P = C + Xe^{-rT} - S \tag{2-38}$$

由式(2-38)可知，如果知道看涨期权价格、标的资产价格、执行价格、期限和利率，就可以求出看跌期权价格。另外，数学等式可以用于构造回报相同的投资组合。由上面式子可知，一个看跌期权意味着一个看涨期权，一个股票和一个票面价值等于该看涨、看跌期权执行价格的债券的组合。

数据资源到数据资产的转型

IDC(互联网数据中心)《数据时代 2025》白皮书指出：到 2025 年，中国整体数据量将达 48.6 ZB(泽字节，1 泽字节约等于 10 万亿亿字节)，占全球数据规模 27.8%，成为世界最大数据生产国。

2020 年 3 月，《中共中央 国务院关于构建更加完善的要素市场化配置体制机制的意见》发布，明确把数据作为新型生产要素与土地、劳动力、资本、技术等传统要素并列。在国家没有出台相关数据资产评估标准的情况下，数据资产交易定价难的问题制约了数据资产交易的发展。

数据在今天的社会中无处不在，随着数据规模的扩大，数据应用的加深，人们开始越发重视数据的经济学特征。数据的虚拟特性，使其可重复使用，且转移成本为零；数据有高昂的固定成本，且复制成本几乎为零；数据可以共享，即具有非竞争性和非排他性。这三个特征，在经济学意义上为数据创造了很大的想象空间。

数据资产的概念是由信息资源和数据资源两个概念衍生而来的。数据资产一词诞生于 20 世纪 70 年代，最初被认为是可持有的政府债券、公司债券和实物债券等资产。

2011 年的世界经济论坛，首次提出了数据成为新的经济(资产类别)。

数据的基本特征是质量参差不齐、收集目的不同、非标准化、非结构化和相互隔离。数据有很强的外部依赖性，时效性，应用场景、应用算法、网络效应，这些都会决定数据的

结构、数据的存量和数据的价值。数据的生成性是数据资产化的重要特征,数据本身并无价值,只有在被使用时,数据才产生价值。

作为"资产"的数据有着一系列独有的特征,包括可交易的资产特点;资源丰富、更新频繁、类别多样等信息价值;准公共物品的有限非排他性和非竞争性;可以流通使用的外部性;数据持续产生原始和衍生数据,不断创造新价值的自然增值属性;数据从产生开始就具备多方面满足人类生存和发展需求的多维性;零成本无限共享,且集合使用价值高。

数据资产化要面临诸多挑战。首先是数据的产权模糊,数据具有可复制性,在今天的互联网中普遍奉行"谁采集谁拥有"的潜规则。由此,侵犯隐私、数据泄露等问题比比皆是。当消费者进行网购时,消费者的数据要流经支付平台、银行、购物平台、商家等多个渠道,那么谁是数据最后的拥有者,这是一个很值得讨论的法律问题。

由数据产权问题也引申出了数据的隐私和安全问题,需要从社会与行业层面、企业层面、管理层面、技术层面等多方面共同解决。而针对所有权、隐私与安全方面的考虑也导致了数据的开放与流通困难,数据不流通就会形成孤岛,孤岛无法达到数据需求的规模和密度,数据的有效性就会大打折扣。

此外,数据的定价和估值相对困难,数据的非竞争性和无限共享特性,使数据的潜在应用价值很大,数据具有很长的长尾价值链,价值链的各个环节需求不同,可以从数据中挖掘的价值也各有不同,这就使得数据价值具有很大的不确定性。因此数据资产需要建立动态的定价机制。

数据资产化需要从多个维度实现。

第一,解决隐私安全计算方面的技术问题。通过多方安全计算(MPC)/同态加密、联邦学习/FDL(联合深度学习)和安全筛箱计算/TEE(可信执行环境)等技术手段保护数据的隐私安全。

第二,建立交易机制。数据交易过程中最大的问题在于数据权属难以界定。今天的法律对数据所有权的界定是模糊的,这直接导致了数据交易困难,而数据的可复制性又使得数据所有权无须交易。

在这种情况下,要完成数据交易,并满足多方利益需求,就要对数据的所有权、使用权、经营权和分配权进行分离。

在权属分配方面,中国过去的土地所有制改革经验十分值得借鉴,土地承包制度把土地的所有权、使用权、经营权和分配权一步步分离开,在随后的生产中产生了重大社会效益和经济效益。

如果数据也能够在分离的基础上,明确使用权的归属、经营权的归属和分配权的归属,并由此建立生态,则可以有效加速数据资产化,提高数据应用的效率。

第三,数据资产金融化,即为数据赋予价值。数据在应用之前,需要先进行场景拆分、清洗、标注等一系列工作,因此数据的生产成本很高。而数据的价值链非常长,且随着数据被反复使用,不断集成,其本身的价值也会持续增大,数据的价值是一个动态发展的过程。由此,数据资产的起点是高成本,终点是长期回报。

数据价值很难用成本法来计算,而以收益法计算则要考虑权利金的节约、超额收益和增量收益等多重因素。以市场法估算数据价值需要每一个所有者、经营者、使用者和分配者都在其中公平地分享一个权重，共同投资数据，共同分享长期收益。

第四，建立数据资产等商业模式。目前来看，数据资产有三种可行的商业模式：数据平台交易、数据银行和数据信托。

目前，数据平台交易模式在贵阳、上海等数据生态活跃地区，已经由政府主导建立了一些平台，数据平台通过第三方和政府资质完成监管与加密，较好地解决了数据互信、数据保护和数据供需的主要矛盾，且有助于大量行业通过平台沉淀形成数据标签与数据产品。

数据银行的理念则是将数据存储在像银行一样的机构中，并由"银行"对数据进行加工、隐私安全处理，以保护用户个人数据的所有权、知情权、隐私权和收益权为核心，建立个人大数据资产的管理与运营综合服务系统，包括数据确权、汇聚、管理、交易与增值服务等功能。

数据信托是业内热议的全新数据商业理念，数据资产的所有、使用、收益等权属的分离与信托财产权属的复合式安排具有充分的契合性，数据资产成为信托财产，在权利内容与制度安排上具有合理性和可操作性，各项权能安排可以通过信托财产制度得以有效设计和落实，数据资产成为信托财产后，可以满足数据资产的商业和业务逻辑需要。

资料来源：朱民：数据资产时代[EB/OL].（2021-10-14）. https://www.thepaper.cn/newsDetail_forward_14889555.

请思考：

1. 数据的特征有哪些？
2. 数据资产的估值方法有哪些？

【本章小结】

内在价值是一家企业在其余下的寿命中可以产生的现金的折现值。

资本成本可以是借款的利息支出、付给股东的现金股息，或者是机会成本。资本成本有时也称为必要收益率，它是使一项投资能增加投资者的财富所必须具备的最低收益率。

企业与资产的价值评估方法有很多，投资银行普遍采用的主要有如下三种：第一，现金流折现法，它将现金流用一个根据风险调整的折现率来折现，从而得到资产或企业的价值；第二，相对估值法，它依据"可比"资产或企业的价值与收益、现金流、账面价值或销售收入等变量的比率来进行估价；第三，期权估价法，对有期权特性的资产可用期权定价模型来进行估价。

根据所参考的变量不同，相对估值法主要有市盈率法、市盈率相对盈利增长比率法、市净率法、价格/销售收入比率法和倍数法。

在风险中性的假设下，期权的价值等于其到期期望内在价值按无风险利率折现的现值。到期期望内在价值等于到期各种可能的内在价值与相应概率乘积之和。

期权平价关系表明，一个看跌期权意味着一个看涨期权、一个股票和一个票面价值等于该看涨、看跌期权执行价格的债券的组合，即 $P = C + Xe^{-rT} - S$。

【复习思考题】

1. 相对估值法的基本步骤是什么？
2. 在运用市盈率方法估计股价时要注意哪些方面？
3. 对比估价法的主要优点和缺点分别是什么？
4. 甲、乙公司进入稳定增长状态，股票信息见表 2-5。

表 2-5　甲、乙股票信息

项　　目	甲	乙
最近一期每股股利/元	0.75	0.55
股利稳定增长率/%	6	8
股票价格/元	15	18

关于甲、乙股票投资的说法中，正确的是（　　）。
A. 甲、乙股票股利收益率相同
B. 甲、乙股票期望报酬率相同
C. 甲、乙股票估价增长率相同
D. 甲、乙股票资本利得收益率相同

【进一步阅读书目】

1. 黄达.金融学[M].北京：中国人民大学出版社,2003：570-580.
2. 弗朗西斯,伊博森.投资学：全球视角[M].胡坚,高飞,钱宥妮,译.北京：中国人民大学出版社,2016：48-56.
3. 栾华.投资银行理论与实务[M].上海：立信会计出版社,2006：91-100.

【即测即练】

第三章

风险与收益理论

本章学习目标

1. 了解有效市场假说的三种形式；
2. 掌握资产组合理论；
3. 掌握资本资产定价模型；
4. 掌握套利定价理论。

承认错误才能在市场中取胜

保罗·萨缪尔森(Paul Samuelson)这人很有意思，他虽然是有效市场理论的坚定核心人物，但自己的钱在巴菲特入主伯克希尔后不久，就买成伯克希尔的股票，一直持有到 2009 年去世并发了大财。

查理·芒格(Charlie Munger)曾评论萨缪尔森：萨缪尔森的教科书里写的是有效市场理论，说股票的价值就是它的交易价格，没有人能打败股市，对所有号称可以打败股市的投资专家都持怀疑态度，自己却早早地把钱交给巴菲特。通过成为伯克希尔的股东，萨缪尔森对冲了他的有效市场理论，顺便还发了大财。

有效市场理论，最终由尤金·法玛(Eugene Fama)发扬光大，法玛因此而获得 2013 年的诺贝尔经济学奖。当然也有很多投资大师反对有效市场理论：爱德华·索普(Edward Thorp)对华尔街"赌场"的深度研究，成果就是认股权证和可转债定价的模型，并以《战胜市场》为名出版，该书主要挖掘的是市场的无效定价。

巴菲特鄙视地说："如果市场总是有效的，我只能沿街乞讨。"乔治·索罗斯(George Soros)嘲笑说："现行的有效市场假说理论——所谓的理性选择理论，实际上已经破产。"

本杰明·格雷厄姆(Benjamin Graham)告诉过我们：股市的短期运作像是一个投票机，股市从长期看就像是一个称重器。投资者在获得及时、充分、准确、有价值的信息后进行了投票，但是投票这件事容易受到个人认知和情绪的影响。

类似于美国的选举，北爱尔兰、苏格兰的脱英公投，英国的脱欧公投，投资者都容易受到上市公司的虚假消息、本身的认知水平的影响，同时还可能有本身"锚定效应""损失厌恶""归因谬误"等缺点,"群体智慧"最后可能会变成"羊群效应"的踩踏事故。

资料来源：金融百词斩|有效市场理论告诉你的获利秘诀![EB/OL].(2018-09-14). https://www.sohu.com/a/253796871_723431.

请思考：

市场是有效的吗？

案例分析思路：

长期来看,市场是有效的,价格会围绕股票的价值进行波动,短期会经常偏离价值,上下波动,但是最终还是会回归价值,这就是我们投资时候利用波动低估买入、高估卖出的原理。市场有效程度,主要受到市场机制的完善程度、投资者的理性程度和分析能力、信息能否被及时广泛地披露和正确解读等因素的影响。

第一节　有效市场理论及其假定

一、弱式有效市场假说

美国学者法玛1965年写文章提出了有效市场假定,对理论界和实务界产生了巨大的影响。他称股票价格已反映所有已知信息的这种观点为有效市场假说(Efficient Market Hypothesis,EMH)。只要市场充分反映了现有的全部信息,市场价格代表着证券的真实价值,这样的市场就称为有效市场。有效市场假说是数量化资本市场理论的核心,同时也是现代金融经济学的理论基石之一。

弱式有效市场假说(weak-form EMH)认为证券价格已经反映了所有历史交易信息。如果某一资本市场上的资产价格充分地包含和反映其历史价格的信息,这些信息包括过去的证券价格、交易的数量等数据,那么该资本市场就达到了"弱式有效"。

由于坚决否认资产价格的历史信息可被用来预测其未来的变动规律,因此我们也坚决否认使用"技术分析"①(technical analysis)能够带来利润。

推论一：如果弱式有效市场假说成立,则股票价格的技术分析失去作用,基本面分析②[宏观经济分析、行业分析、公司分析(上市公司行业地位、市场前景、财务状况)]还可能帮助投资者获得超额利润。

弱式有效市场假说检验原理：技术分析是否能用于价格(收益)预测,若有用,则弱式有效不能成立。

弱式有效市场假说检验方法：自相关检验(若股票收益率存在时间上的自相关,即以前的收益率能影响现在的收益率,则技术分析有用,弱式有效不能成立)。

二、半强式有效市场假说

半强式有效市场假说(semi-strong form EMH)认为证券价格已经反映了所有公开可用的信息。这些信息包括如企业公布的财务数据和历史上的价格信息,那么该资本市

---

① 技术分析：对周期性的和可预测性的证券价格走势的研究,并判断市场上买卖压力的位置。
② 基本面分析：研究证券价值的决定因素,如收益和红利前景,对未来利率和公司风险的预期。

场就被称为半强式有效市场假定。

公开信息除了历史交易数据外,还有与公司生产有关的基本数据、管理质量、资产负债表、专利、收益预测、会计处理等经营信息和宏观方面信息。如果任何投资者都可以通过公开途径获取这些信息,那么股票价格中就会包含这些信息。

推论二:如果半强式有效假说成立,则在市场中利用技术分析和基本面分析都失去作用,通过内幕消息可能获得超额利润。

半强式有效市场假说检验原理:基本面分析是否能用于价格(收益)预测,若有用,则半强式有效不能成立。

半强式有效市场假说检验方法:事件研究法[①](Event Studies),即检验和公司基本面有关的事件发生时,股价变化有无快速反应。若能快速反应,则投资者不能通过新信息获得超额利润,基本面分析失灵,半强式有效成立。

三、强式有效市场假说

强式有效市场假说(strong-form EMH)认为证券价格反映了所有相关信息,包括内幕信息。如果某一资本市场上的资产价格充分地反映了所有的信息,包括公开和内幕的信息,那么该资本市场就被称为强式有效假定。在完全有效市场上,价格和价值总是同时随机变动,对新到的信息共同作出反应,从而在完全有效市场上证券的价格和价值总是相等的。

推论三:在强式有效市场中,任何方法都不能帮助投资者获得超额利润,即使基金和有内幕消息者也一样。

强式有效市场假说检验原理:内幕消息是否有用。

强式有效市场假说检验方法:检验基金或有可能获得内幕消息人士的投资绩效评价,若被评估者的投资绩效确实优于市场平均,则强式有效不能成立。

四、有效市场假说对于投资策略的意义

在美国,大多数共同基金在一个具有代表性的样本期间内的表现都不比股票市场指数(如标准普尔500指数)的表现好这一事实有非常重要的启示。它暗示着数千个权益共同基金的专业投资人员只能发现非常小的一部分还没反映到市场价格中的信息。

市场上存在着数百万这样的投资者,他们认为这些有效市场假说的偏离是很小的,因此采取消极的管理投资的方法。同时,市场上也存在数百万认为这些偏离可以带来获利机会的投资者,他们的交易非常积极。此外,市场上还存在另一类较为折中的投资者,他们认为前面提到的这两种方法都各有优点,因而这类投资者的部分投资组合采取消极的管理方式,部分投资组合采取积极的管理方式。

有效市场假说的支持者认为,积极型的投资管理既耗费了大量的精力,又对成本问题关注不够。因此,他们更支持消极型投资策略(passive investment strategy),即购买并支持多样化的投资组合,而不必寻找被高估或低估的资产。这一策略并不探讨股票价格被

---

① 事件(新信息)一般是指新股票的上市、财务报表的公布、市盈率的高低、股票的分割及巨额交易等。

高估或低估的问题,只需要建立高度分散化的证券组合即可,它也因此被称为"购买然后持有"策略。有效市场假说认为,在现有有用信息的基础上,股票价格位于公平价格水平上。因此频繁的证券买卖行为既引发了大量的交易成本,又无益于提高投资业绩。

消极型管理经常采用的一个策略就是建立指数基金(indexfund),这实际上是对以广泛的市场为基础的证券指数业绩的复制。例如,A集团引入一种新的基金,即按照标准普尔500指数的成分股及其权重构建指数500组合。指数500组合实际上就是对标准普尔500指数的复制。投资于该基金的投资者在管理成本相对较低的前提下,实现了较广泛的多样化投资。管理费用较低是因为A集团不必支付分析师评估股票前景的费用,并且由于组合的周转率较小,因此交易成本也不大。

五、有效市场是有效的吗

有一个广为流传的笑话:两位经济学家一起散步,他们发现地上有一张20美元的钞票,其中一人要捡起它,另一个人说:"不要捡,如果不是假钞,早就有人捡起来了。"

其中的寓意是十分明显的。对有效市场的教条主义信仰会麻痹投资者,使大家普遍认为研究工作是没有必要的。这种极端的观点是缺乏理论与现实依据的。毕竟在实际生活中,存在着许多市场异常状况,因此,对定价错误的证券的研究还要继续。

无数的经验事实都说明,绝对优越的投资策略是不存在的。市场是竞争性的,只有发达的信息与深入的洞察力才可能带来利润。的确,与大部分投资者相比,个别投资者具备较强的优越性,但数量很少,在统计上可以忽略。

市场是非常有效的,但是勤奋、智慧与创造力仍然值得期待。

第二节 资产组合理论及其运用

一、基本假定

哈里·马柯维茨(Harry Markowitz)于1952年发表的经典之作 *Portfolio Selection* 一文,使投资组合理论发生了质的飞跃,他以资产组合为基础,配合投资者对风险的态度,建立了风险与收益的定量分析模型,由此便产生了现代投资组合理论。他的主要贡献是,发展了一个概念明确的、可操作的在不确定条件下选择投资组合的理论,该理论包含两个重要内容:均值-方差分析方法和投资组合有效边界模型。他的研究在今天被认为是金融经济学理论前驱工作,被誉为"华尔街的第一次革命"。他因在金融经济学方面做出了开创性工作,从而获得1990年诺贝尔经济学奖。其基本假定有以下四条。

第一,投资者事先知道投资收益率的概率分布。
第二,投资风险用投资收益率的方差或标准差来表示。
第三,影响投资决策的主要因素是期望收益率和风险两项。
第四,投资者都遵守占优原则:在同风险水平下,选择收益率较高的资产组合;在同样收益率下,选择风险较低的资产。

二、资产组合的风险与收益

(一) 资产组合的含义

资产组合是几种资产构成的组合,特别是几种在金融市场上可以交易的金融工具构成的组合。资产组合一般是指投资者在金融市场的投资活动中,根据自己的风险收益偏好所选择的适合自己的几种金融工具的集合。但是,有时资产组合也可以仅包括一种资产。投资者在选择不同金融资产时,所选中的每种资产占全部组合的比例称作权重,它反映了投资者将投资资金的多大部分投资于该种资产。假设投资者选择投在 n 种资产上权重为 $W_1, W_2, \cdots, W_n$,则有如下限制条件:

$$W_1 + W_2 + \cdots + W_n = \sum_{i=1}^{n} W_i = 1$$
$$\text{s.t. } W_i \geqslant 0, 1 = 1, 2, \cdots, n \tag{3-1}$$

其中,n 代表资产组合所包括的资产种类的数量($n=1,2\cdots$);i 代表投资者选定的某种特定的资产;W_i 代表投资者分配给第 i 种资产的资金的权重。

需要指出的是:式(3-1)表明了投资者分配给投资于各种资产的资金权重之和一定为 1,同时,尽管式中有 n 项资产,但是投资者并不一定要同时投资于所有种类的资产。

(二) 资产组合的风险

与投资单一资产不同,当持有资产的种类超过一种时,对投资风险的衡量就不能停留在把各种单一资产的风险简单相加。因为多种资产的收益率之间可能存在不同的相关关系;可能是正相关,可能是负相关,也可能是不相关。正相关关系越强,通过组合投资降低风险的程度就越低;负相关关系越强,通过组合投资降低风险的程度就越高。表达变量之间关系,在统计中采用协方差与相关系数。

只包含 A、B 两种资产的投资组合的期望方差:

$$\sigma_P^2 = W_A^2 \sigma_A^2 + (1-W_A)^2 \sigma_B^2 + 2W_A(1-W_A)\rho_{AB}\sigma_A\sigma_B \tag{3-2}$$

证明:

$$\begin{aligned}
\text{Var}(P) &= E[R_p - E(R_p)]^2 \\
&= E\{W_A R_A + W_B R_B - [W_A E(R_A) + W_B E(R_B)]\}^2 \\
&= E\{[W_A R_A - W_A E(R_A)] + [W_B R_B - W_B E(R_B)]\}^2 \\
&= E\{[W_A R_A - W_A E(R_A)]^2 + [W_B R_B - W_B E(R_B)]^2 + \\
&\quad 2[W_A R_A - W_A E(R_A)][W_B R_B - W_B E(R_B)]\} \\
&= E[W_A R_A - W_A E(R_A)]^2 + E[W_B R_B - W_B E(R_B)]^2 + \\
&\quad 2E[W_A R_A - W_A E(R_A)][W_B R_B - W_B E(R_B)] \\
&= W_A^2 \times \sigma_A^2 + W_B^2 \sigma_B^2 + 2W_A W_B \sigma_{AB} \\
&= W_A^2 \times \sigma_A^2 + W_B^2 \sigma_B^2 + 2W_A W_B \rho_{AB} \sigma_A \sigma_B
\end{aligned} \tag{3-3}$$

如果两种资产收益率之间完全正相关,即相关系数为 $+1$ 时,资产组合的风险就是

$$\sigma_p = W_A \times \sigma_A + W_B \times \sigma_B$$

如果两种资产收益率之间完全负相关,即相关系数为-1时,资产组合的风险就是

$$\sigma_p = W_A \times \sigma_A - W_B \times \sigma_B$$

如果两种资产收益率完全不相关,资产组合的风险就是

$$\sigma_p = (W_A^2 \times \sigma_A^2 + W_B^2 \sigma_B^2)^{\frac{1}{2}}$$

其中,$\rho_{AB} = \dfrac{\sigma_{AB}}{\sigma_A \times \sigma_B}$。由两证券构成的组合将位于连接两证券的连线上,连线的弯曲程度由两证券的相关系数 ρ 决定,在连线上的位置由投资比例决定。

投资组合的标准差小于投资组合中各只证券标准差的加权平均数,这是投资组合多元化效应的缘故。只要两只证券的收益率之间的相关系数不等于1,投资组合多元化的效应就会发生作用。当 $\rho_{AB} = 1$ 时,投资组合收益率的标准差正好等于投资组合中各只证券的收益率的标准差的加权平均数。

n 种资产构成的投资组合方差:

$$\begin{aligned}\sigma_P^2 &= W_1^2 \sigma_1^2 + W_2^2 \sigma_2^2 + \cdots + W_n^2 \sigma_n^2 + 2W_1 W_2 \sigma_{12} + 2W_1 W_3 \sigma_{13} + \cdots + \\ &\quad 2W_1 W_n \sigma_{1n} + 2W_2 W_3 \sigma_{23} + \cdots + 2W_2 W_n \sigma_{2n} + \cdots \\ &= \sum_{i=1}^n W_i^2 \sigma_i^2 + \sum_{i=1}^n \sum_{j=1, i \neq j}^n W_i W_j \sigma_{ij}\end{aligned} \qquad (3\text{-}4)$$

式中,σ^2 的个数为 n,协方差的个数为:$n(n-1)/2$。

各证券收益率之间的方差-协方差的矩阵为

$$Q = \begin{bmatrix} \sigma_{11} & \sigma_{12} & \cdots & \sigma_{1n} \\ \sigma_{21} & \sigma_{22} & \cdots & \sigma_{2n} \\ \vdots & \vdots & & \vdots \\ \sigma_{n1} & \sigma_{n2} & \cdots & \sigma_{nn} \end{bmatrix}$$

(三) 资产组合的收益

只包含 A、B 两种资产的投资组合的期望收益率:

$$E(r_p) = W_A \times E(r_A) + W_B \times E(r_B) = W_A \times E(r_A) + (1 - W_A) \times E(r_B) \qquad (3\text{-}5)$$

资产组合的收益率等于组合中各类资产期望收益率的加权平均值。权数是各资产价值在资产组合总价值中所占的比重,其计算公式是

$$E(r_p) = W_1 \times E(r_1) + W_2 \times E(r_2) + \cdots + W_n \times E(r_n) \qquad (3\text{-}6)$$

其中,$E(r_p)$ 是资产组合的期望收益率;W_n 是第 n 种资产所占的比重;$E(r_i)$ 是第 i 种资产的期望收益率。

三、投资分散化与风险

资产组合的风险分为两类:系统性风险(systematic risk)和非系统性风险(nonsystematic risk)。所谓非系统性风险[又称可分散风险(diversifiable risk)],是指那种通过增加持有资产的种类数量就可以相互抵消的风险。可以相互抵消的风险是分别由

各资产自身的原因引起的。如某上市公司更换总经理,可能使股票价格下降,而更换经理这种事件不会同时在许多公司发生;如某一家公司推出一个新型产品,可能导致该公司股票价格上升,而新型产品也不会同时普遍推出。假如这两个事件恰好同时发生而一个人碰巧持有这样两只股票,那么,这个人的总投资收益可能不升也不降,利好、利空相互抵消,收益率不变。系统性风险是无法通过增加有资产的种类数量而消除的风险。比如,经济衰退的预期可能使所有股票的价格下跌。这时,整个资产组合的价值会贬值,投资收益率必然下降。

资产组合中的系统性风险与非系统性风险可以用图 3-1 表示。从图 3-1 可以看出,随着资产种类在组合中数量的增加,非系统性风险被全部抵消掉,剩下的只有系统性风险。

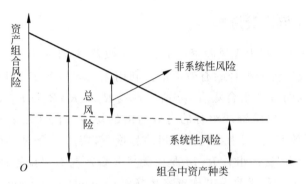

图 3-1　资产组合中的系统性风险与非系统性风险

既然如此,人们总是希望在不影响投资收益的情况下,通过适当地分散投资,消除非系统性风险,从而降低整体风险。

四、有效资产组合与均值-方差资产组合模型

在所有的投资组合中,对应同一个方差,可以有多种期望收益出现,当然投资者希望能够在同一个方差下最大化期望收益,即 $\max E(s)$,s.t. $\mathrm{Var}(s)=k$,其中 k 是常数,这里 s 表示一个投资组合;同样,在所有投资组合中,对应一个期望收益,投资者总是希望能最小化他所面临的风险:$\min \mathrm{Var}(s)$,s.t. $E(s)=k$,其中 k 是常数。以上这两者并没有本质上的区别。在上述两种形式中,前式的含义是在一定的风险下,投资者追求收益最大;后式的含义是在给定收益率的前提下,投资者追求风险最小,即均值-方差资产组合模型。由其中任何一种情况,针对所有投资组合,我们都可以在二维平面上得出一组数据,这组数据是最优的投资组合,即有效集。对应可以达到的期望收益,有效集上的组合有最小的方差;而对应同一个方差,有效集上的投资组合有最大的期望收益。

如图 3-2 中的 S 点与 B 点相比,两者的期

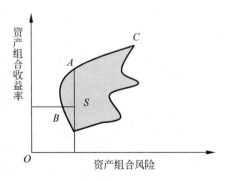

图 3-2　资产组合中曲线与有效边界

望收益率相同,但 S 点的风险程度要高于 B 点;S 点与 A 点相比,两者的风险程度相同,但 S 点的期望收益率小于 A 点。如果投资者可以承受 S 点的风险,则他会选取 A 点所代表的资产组合,因为这样可以在同样风险条件下获得更高的期望收益率;如果投资者认为 S 点的投资收益较为理想,他将选取 B 点的资产组合,因为这样可以在同等收益水平下求得较低的风险。因此,不论投资者做何种选择,他都不会选取 S 点的资产组合作为投资对象。由此可见,在众多资产组合中,只有一部分资产组合可以成为投资者的投资对象,这一部分资产组合就被称为资产组合的有效前沿(efficient frontier)。资产组合的有效前沿由那些在同样风险条件下具有最高的期望收益,或在同样期望收益条件下具有最低风险程度的资产组合构成。在图 3-2 中,有效前沿为曲线 CAB。

五、资本市场线与投资选择

在图 3-3 中,R_f 点代表无风险资产 F 的期望收益,标准差为 $\delta_f=0$。曲线 CME 代表由风险资产构成的资产组合的有效前沿。利用无风险资产 F 可以与风险资产组合 A、B、M 组成不同的资产组合集合,分别由直线 R_fA、R_fB 和 R_fM 表示,其中直线 R_fM 是过 R_f 点与有风险资产组合的有效前沿的切线。在这几个资产组合中,R_fA 和 R_fB 显然是无效率的,因为在同样的风险程度下,资产组合 R_fM 可以提供更高的期望收益。不难看出,资产组合 R_fM 是由无风险资产与有风险资产共同构成的资产组合的有效前沿,这一有效前沿又称资本市场线(capital market line,CML),即资本配置线(capital allocation line,CAL)自无风险资产收益率(通常由短期国库券收益率代表)通过市场资产组合(market portfolio)M 的延伸线。从几何图形上可以清楚地看出,处于有效边界同资本市场线切点的市场资产组合 M 为最优的风险资产组合,它可以用下述公式来表示:

$$E(R_p)=R_f+\frac{E(R_M)-R_f}{\delta_M}\delta_p \tag{3-7}$$

其中,$E(R_p)$ 代表资产组合的期望收益;$E(R_M)$ 代表市场资产组合的期望收益;R_f 代表无风险资产收益率或无风险利率;δ_p 代表资产组合的标准差;δ_M 代表市场资产组合的标准差。

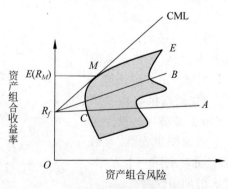

图 3-3 有效边界与资本市场线

所有的投资者都会选择持有包括证券领域中所有资产的市场组合为简单起见,我们将所有的资产都看作证券。每种证券在市场组合中所占的比例等于其市值(每股的价格与市场上流通的股份数的乘积)在总市值中所占的比例。

因为所有的投资者都选择持有相同的风险组合,某种股票在总体风险组合中所占的比例就等于它在单个投资者的风险组合中所占的比例。假定我们的投资者的最优组合中不包括某些公司的股票,比如,A 公司的股票。如果没有投资者愿意持有该公司的股票,这一股票的需求就为 0,股票价格就会无限制地下跌。当 A 公司的股票价格跌到一定程度时,它对投资者的吸引力可能会超过其他一些股票,此时投资者就愿意持有该股票。A 公司的股票就会被包括进最优风险组合中。

一个具有合理风险厌恶程度的投资者可能选择直线 R_f 至 M 的某一点。但是风险厌恶程度较低的投资者很可能选择接近于点 M 的点,甚至超过点 M 的点。例如,投资者通过借钱增加对点 M 的投资。

当以无风险利率借入和贷出资金成为资产组合分析的一部分时,一条新的有效边界,资本市场线就占优于原来的有效边界(曲线 CME)。

六、分离定理

图 3-3 表明处于有效边界同资本市场线切点的市场资产组合 M 为最优的风险资产组合。不考虑投资者对风险的忍受程度,他决不会选择风险资产有效集(曲线 CME)点,也不会选择可行内部的任何点。实际上,如果投资者具有高的风险厌恶程度,他将选择由无风险资产和风险资产构成的投资组合;如果投资者具有较低的风险厌恶程度,他将选择按照无风险利率借钱,增加对点 M 的投资,这就是分离定理。

于是,投资者在资本市场上的投资行为就可分两步来进行。

第一步,不考虑投资者的风险偏好和风险承受能力,只根据风险资产的特性来确定市场资产组合。在估计投资组合中各种资产的期望收益率和方差,以及各对资产收益率之间的协方差之后,投资者可以计算风险资产的有效集,如图 3-3 中的曲线 CME。然后,投资者就要决定点 M,其是无风险资产收益率 R_f 与曲线 CME 这一有效集的切点。点 M 表示投资者所要持有的风险资产的投资组合,投资者只要通过估计收益率、方差和协方差就可以确定这一点。在做这一步骤时,还不需要考虑投资者个人的特征,例如投资者的风险厌恶程度。

第二步,在确定市场资产组合之后,根据自身的风险承受能力来调整资产组合中无风险资产与市场组合的比例,使之适合自己的风险偏好与风险承受能力的要求。投资者必须决定如何构造风险资产(点 M)与无风险资产之间的投资组合。他可以部分投资于无风险资产,部分投资于风险资产。在这种情况下,投资者只能在从 R_f 到点 M 的直线上选择某一点。或者,他可以通过无风险利率借钱,加上他自有的资金,增加对点 M 这个投资组合的投资。在这种情况下,投资者可以在直线 $R_f M$ 上选择超过点 M 的部分直线上的某一点。由此可见,投资者在无风险资产中所处的位置,也就是他选择的直线上的位置,是由投资者个人的内在特征决定的,例如投资者个人承受风险的能力。

第三节 资本资产定价模型及其运用

一、CAPM 的基本假定

资本资产定价模型(Capital Asset Pricing Model,CAPM)于 20 世纪 60 年代早期由杰克·特雷诺(Jack Treynor)、威廉·夏普(William Sharpe)、约翰·林特纳(John Lintner)和简·莫森(Jan Mossin)提出,并在后来被进一步改善。它可以用来预测风险资产的风险与均衡预期收益率之间的关系。该模型始于那些尽管不切实际,但对模型有效性十分必要的假设的设定。在非现实的世界中,分析这个问题要相对简单一些,我们可以逐步提升环境的复杂性来逐渐对理论进行修正。运用这种方法,我们就可以得到比较现实且易于理解的模型了。

使 CAPM 能够确保竞争性证券市场和投资者使用均值-方差准则选择相同的有效投资组合的条件如下。

(1) 证券市场为完全竞争市场,所以投资者的获利机会相同。

① 不存在哪个投资者的财富多到使其个人行为可以影响市场价格。

② 所有证券分析的相关信息完全公开且无须成本。

③ 所有证券都公开持有和交易,投资者可以交易任何一种证券,即所有的风险资产都在投资者的交易范围之内。

④ 投资收益无须缴税。也就是说,所有投资者都会从证券中获得同等的收益率。

⑤ 证券交易中不存在交易成本。

⑥ 投资者可以自由地以无风险利率进行借贷。

(2) 除了初始财富和风险厌恶程度以外,所有投资者都是相同的。因此,他们以相同的方式选择投资组合。

① 所有投资者的持有期(单期)都是相同的。

② 投资者都是理性的均值-方差最优化者。

③ 投资者能有效使用各种分析方法,并且基于假设(1)②,他们可以获得所有相关信息。因此,他们使用相同的数据和投资机会集。这个假设通常叫作同质预期(homogeneous expectations)。

显然,这些假定忽略了实际经济中的许多复杂性。然而,在这些假定的前提下,我们可以得到有关证券市场均衡的本质结论。

二、CAPM 的基本内容

(一) 证券市场线

在第二节第五部分我们介绍的资本市场线,反映的是有效的资产或资产组合的预期收益率与风险(由标准差度量)之间的关系,任何单个风险资产由于不是有效资产组合,一定位于资本市场线的下方,而市场中投资者的价格调整使得有效资产的组合落在这条直线上,因此资本市场线也被看作一条定价直线,但它并不能告诉我们单个资产的预期收益率与标准差之间存在怎样的关系,而证券市场线(security market line,SML)就是用来解决这个问题的。

CAPM 认为单个资产的合理风险溢价取决于单个资产对投资者整个资产组合风险的影响程度,其影响程度越大,相应的风险溢价会越高。对投资者来说,在确定资产组合所要求的风险溢价时,根据的是资产组合总的风险程度。从风险与收益配比的角度出发,在考察某一资产的风险程度时,重要的并不是该资产自身的风险,而是其与市场组合的协方差。自身风险高的资产并不意味着其预期收益率也相应较高,而自身风险较低的资产,其收益率也不一定就较低。单个资产的预期收益率水平应取决于其与市场组合的协方差。因此,我们可以说,单个资产与组合内其他资产的协方差决定了该资产对资产组合风险的影响程度。

根据协方差的性质,资产 i 与市场组合的协方差 δ_{iM} 等于资产 i 与市场组合中每种资产协方差的加权平均数:

$$\delta_{iM} = \sum_{j=1}^{n} X_{jM} \delta_{ij} \tag{3-8}$$

在均衡状态下,单个资产风险与收益的关系可以写为

$$E(R_i) = R_f + \frac{E(R_M) - R_f}{\delta_M^2} \delta_{iM} \tag{3-9}$$

这就是证券市场线,它反映了单个资产与市场组合的协方差和其预期收益率之间的均衡关系。证券市场线又称证券市场线的协方差版本,是 CAPM 的几何表达。

图 3-4 为证券市场线的协方差版本,曲线的横坐标为市场组合的协方差,纵坐标为资产的期望收益,曲线的起点为市场的无风险水平。

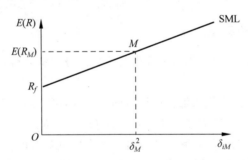

图 3-4 证券市场线的协方差版本

(二) β 系数

在第二节第三部分,我们曾介绍过系统性风险和非系统性风险,实际上 β 系数就是用来衡量某个资产或某种资产组合的系统性风险的指标。

如果我们把证券市场处于均衡状态时的所有证券按其市值比重组成一个"市场组合",这个市场组合的非系统性风险将等于零。这样我们就可以用某种证券的收益率和市场组合收益率之间的 β 系数来衡量这种证券的系统性风险。

单个资产对整个市场组合风险的影响可以用 β 系数表示。这一系数相当于资产 i 与

市场组合(包括资产 i 在内的市场组合)的协方差同市场组合方差之比:

$$\beta_i = \frac{\delta_{iM}}{\delta_m^2} \tag{3-10}$$

其中,$\delta_{iM} = \rho_{iM}\delta_i\delta_M$;$\rho_{iM}$ 为资产 i 与市场组合 M 的相关系数。

由于系统性风险无法通过多样化投资来抵消,因此一个资产组合的 β 系数 β_p 等于该组合中各种资产的 β 系数的加权平均数,权重为各种资产的市值占组合总市值的比重 X,即

$$\beta_p = \sum_{i=1}^{n} X_{iM}\beta_i \tag{3-11}$$

如果一种资产或资产组合的 β 系数等于 1,说明其系统性风险与市场的系统性风险完全一样;如果其 β 系数大于 1,说明其系统性风险大于市场的系统性风险;如果其 β 系数小于 1,说明其系统性风险小于市场的系统性风险;如果 β 系数等于 0,则不存在系统性风险。这就是资本资产定价模型,反映一个特定资产的风险与其期望收益率的关系。

用 F 和 M 分别代表一种无风险资产和一种市场组合,则新的资产组合等于 $F+M$。这个新资产组合的收益和风险可根据式(3-12)和式(3-13)展开:

$$\bar{r}_p = \omega_f r_f + \omega_m \bar{r}_m \tag{3-12}$$

$$\delta_p = (\omega_f^2 \delta_f^2 + \omega_m^2 \delta_m^2 + 2\omega_f \omega_m \delta_f \delta_m \rho_{f,m})^{\frac{1}{2}} \tag{3-13}$$

其中,r_f 与 $\bar{r}_m$ 分别为无风险资产与市场组合的期望收益率,ω_f 与 ω_m 分别代表两类资产的比重,δ_f 与 δ_m 分别代表无风险资产与市场组合的标准差。由于无风险资产的风险为零,即 $\delta_f = 0$,那么相关系数 $\rho_{f,m} = 0$。很显然,引入无风险资产以后,资产组合的风险计算公式并没有变得复杂——组合的风险相当于风险资产在组合中的比重乘以其标准差:

$$\delta_p = \omega_m \delta_m$$

(三) 资本资产定价模型

在引入 β 系数之后,我们可以对证券市场线再做进一步分析,并可进而导出资本资产定价模型。

我们把 β 值的计算公式代入证券市场线的表达式,可得到

$$E(R_i) = R_f + \beta_{iM}[E(R_M) - R_f] \tag{3-14}$$

证券的期望收益＝无风险利率＋证券贝塔×市场风险溢价

其引入 β 系数后的证券市场表达式,也就是资本资产定价模型的表达式。图 3-5 是证券市场线的 β 版本。

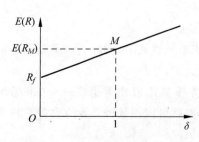

图 3-5 证券市场线的 β 版本

CAPM 还具有评价股票(包括债券)价值的能力,只要计算出具体股票的 β 值,就可以算出它的期望收益。因此,通过与该股票在市场中实际股价的比较,可以确定哪些股票具有投资价值。也就是说,它是从另一个角度来选择适合投资的股票或债券的。由于在 CAPM 中以 β 系数为度量风险的指标,这比计算期望收益和方差的工作量大大减少了,这是 CAPM 的价值所在。因为这样就使马柯维茨开始

创立的资产选择工作变成一项真正可以操作的工作。

(四) 资本市场线与证券市场线的比较

如果我们将证券市场线与资本市场线相比较,可以得出以下结论。

(1) 资本市场线反映的是有效资产组合(市场资产组合与无风险资产构成的资产组合)的风险溢价是该资产组合标准差的函数,标准差测度的是投资者总的资产组合的风险。

(2) 证券市场线反映的是单个资产的风险溢价是该资产风险的函数,测度单个资产风险的工具不再是该资产的方差或标准差,而是该资产对于资产组合方差的影响程度或贡献度,我们用市场组合的协方差来测度这一贡献度。

(3) 有了证券市场线,只要我们知道市场组合的协方差,就可以知道投资者投资该资产所要求的期望收益及货币的时间价值。进一步说,所有"公平定价"的资产一定在证券市场线上,因为只有这样,这些资产的期望收益才与它们的风险相匹配。也就是说,在均衡市场中,所有的证券均在证券市场线上,详见表 3-1。

表 3-1 资本市场线与证券市场线的内在关系

	描述对象	风险指标
CML	描述有效组合的收益与风险之间的关系	用标准差作为风险度量指标,是有效组合收益率的标准差
SML	描述的是单个证券或某个证券组合的收益与风险之间的关系,既包括有效组合又包括非有效组合	用 β 系数作为风险度量指标,是单个证券或某个证券组合的 β 系数

➢ 对于有效组合来说,可以用两种指标来度量其风险,而对于非有效组合来说,只能用 β 系数来度量其风险,标准差是一种错误度量

➢ 资本市场线表示的是无风险资产与风险资产再组合后的有效资产组合期望收益与总风险之间的关系,因此在资本市场线上的点就是有效组合

➢ 证券市场线表明的是任何一种单个资产或者组合的期望收益与其系统风险之间的关系,因此在证券市场线上的点不一定在资本市场线上

➢ 证券市场线既然表明的是单个资产或组合的期望收益与其市场风险或系统风险之间的关系,因此在均衡情况下,所有证券的期望收益都将落在证券市场线上

➢ 资本市场线实际上是证券市场线的一个特例,当一个证券或一个证券组合是有效率的,该证券或证券组合与市场组合的相关系数等于1,此时,证券市场线与资本市场线是相同的

三、CAPM 与流动性:流动性溢价理论[①]

流动性与资产定价是金融研究的热点之一(O'Hara,2003)。和其他金融资产一样,流动性对股票收益有着相当大的影响,因为任何一种金融资产取得的收益都必须通过具有较高流动性的市场来实现。制度所带来的高估值在理论上可以采用"流动性溢价"和"非流动性补偿"来解释。具体而言,资产收益率是交易成本的凸的增函数,资产的交易成

---

① 栾华.投资银行理论与实务[M].上海:立信会计出版社,2006:143-148.

本越高,流动性越差,则投资者要求的收益率就越高;相反,资产的流动性越好,则投资者要求的收益率越低(Amihud and Mendelson,1986)。

买卖价差、出售资产时标低价格、经纪人佣金、转移税,以及其他出售资产时的费用都称为交易成本或流动成本。市场资产的流动性与其流动成本反向变动。一些研究证实缺乏流动性将大大降低资产的市场出售价格水平。例如,一项研究发现股权高度集中(因此市场交易困难)的企业,其市场价值的折扣超过了30%。流动性作为股票收益的可能影响因素的观点最早出现在20世纪80年代中期,雅各布·阿米胡德和海姆·门德尔松(Amihud and Mendelson,1986)提出流动性溢价(illiquidity premium)应加入证券市场线的期望收益中去,如式(3-15)所示:

$$E(R_i) = R_f + \beta_{iM}[E(R_M) - R_f] + f(E_i) \tag{3-15}$$

阿米胡德和门德尔松认为流动性溢价会随着投资增长和流动成本增加而以递减的速度上升。有些学者批评证券市场理论没有考虑流动性成本。这里,$f(E_i)$是在i证券交易费用确定条件下,测度非流动溢价效果的交易费用的函数。可以看出,$f(E_i)$是一阶单调递增函数,其二阶导数为负。由于每个投资者的最优资产组合受流动费用与风险-收益关系两者的影响,所以通常的CAPM的一般形式要做上述调整。

假定市场上有大量的互不相关的证券,由于证券互不相关,所以充分分散化的证券资产组合的标准差接近于零,市场资产组合的安全性也就基本与无风险资产相同。加之,任一对证券的协方差为零,这意味着任一证券对市场组合的β值为零。根据CAPM,所有资产的期望收益率等于无风险的利率,这里的无风险利率采用国库券利率。

由于现在我们研究多期CAPM,需要同单期CAPM区别开来,但是法玛的研究成果表明,即便投资者作出多时期投资决策,简单CAPM的期望收益——β关系仍可以描述证券收益的均衡。为证明法玛的结论,我们假定投资者变现其资产组合的同时,有新的投资者进入市场代替刚刚离开市场的投资者,这样正如法玛所要求的,每一时期均存在对证券的不变需求。但是即便满足了上述假定,多时期投资下交易费用的存在仍然要求对CAPM作出相应的调整。

假定存在两种类型证券:L类可流动的证券与I类不可流动的证券。对于持有期为k期的投资者而言,L类(可流动)证券的流动费用是以每期$C_L/k\%$的速度递减。例如,如果一种证券的流动费用中佣金费用与买卖价差为10%,某投资者持有证券时期为5年,则每年流动费用以近似2%的速度递减。而对于一个10年期的收益$C_L/k\%$,流动费用就要以1%的速度下降。I类资产(非流动性)的流动费用高于L类,因而减少了每期的收益,而这里$C_I > C_L$。因此,如果某投资者打算持有L类证券k期的话,他的交易费用的净期望收益为$E(r_L) - C_L/k$,需要说明的是短期国库券无流动费用。

从表3-2可以看出,净收益率同均衡市场给出的收益率并不相等,这是因为在同样毛收益率的情况下,投资者更倾向于购买零交易费用的短期国库券,这样的结果必然是L类与I类股票价格下降,从而使期望收益率上升到投资者愿意持有这些股票的水平。

表 3-2　投资者从 L 类与 I 类及无风险资产组成的组合中的收益率

资　产	无风险资产	L 类股票	I 类股票
毛收益率	r	r	r
一般流动费用	0	C_L	C_I
投资者分类		净收益率	
1	r	$r-C_L$	$r-C_I$
2	r	$r-C_L/2$	$r-C_I/2$
…	…	…	…
n	r	$r-C_L/k$	$r-C_I/k$

假定表 3-3 中毛收益率一栏，特别地，假定 L 类股票的毛预期收益率为 $r+xC_L$，I 类股票的毛预期收益率为 $r+yC_I$，$x,y<1$（否则短期内分散化的股票资产组合的净收益率将高于无风险资产的净收益率）。L 类股票对于持有期为 k 的投资者而言，其净收益率为 $(r+xC_L)-C_L/k=r+C_L(x-1/k)$；$I$ 类股票对于持有期为 k 的投资者而言，其净收益率为 $(r+yC_I)-C_I/k=r+C_I(y-1/k)$。一般情况下，投资者的收益率见表 3-3。

表 3-3　投资者的收益率

资　产	无风险资产	L 类股票	I 类股票
毛收益率	r	$r+xC_L$	$r+yC_I$
一般流动费用	0	C_L	C_I
投资者分类		净收益率	
1	r	$r+C_L(x-1)$	$r+C_I(y-1)$
2	r	$r+C_L(x-1/2)$	$r+C_I(y-1/2)$
…	…	…	…
n	r	$r+C_L(x-1/n)$	$r+C_I(y-1/n)$

从表 3-3 可以看出，对于短期投资者而言，流动费用对其净收益率的影响较为明显。这是因为时期越短，流动费用在各期摊提的越多。随着时间的延长，流动费用对于每个时间段的交易费用的影响趋向于零，因而净收益率也趋向于毛收益率。图 3-6 所示为不同持有期投资者持有三种类型资产（L 类股票、I 类股票与短期国库券）随持有期变化的净收益率曲线。

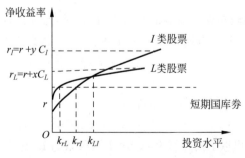

图 3-6　净收益是不同投资期的函数

持有期越短、流动性越强的股票其收益率越低（流动费用高的缘故）。而投资人往往倾向于持有收益率高的股票，这意味着这种高收益率股票的毛收益率要高于流动能力较之更强的股票的收益率。所以对于长期投资而言，I 类股票的收益率要高于 L 类股票的收益率。

由于两类股票在极短的持有期里有着较高的交易费用，因而当这段持有期短到一定程度时，两类股票的收益率低于短期国库券。随着持有期的延长，股票的毛收益率将超过短期国库券收益率 r，对于流动性较好的 L 类股票而言，只要持有期达到一定的时间长度（图 3-6 所示为 k_{rL}），其收益率将高于 r。任何投资者的持有期超过 k_{rL}，他就会选择持有 L 类股票而放弃短期国库券。当然，当持有期小于 k_{rL} 时，投资者更倾向于持有短期国库券。随着持有期的进一步延长，当 $C_I > C_L$ 时，I 类股票的净收益率将大于 L 类股票的净收益率，因而当持有期大于 k_{LI} 时，投资者将选择持有流动能力差，但毛收益率高的 I 类股票。

从上述分析中我们可以看出，所有投资者都倾向于最大限度地降低交易费用对其收益的影响。现在我们可以决定均衡的非流动溢价了。对于持有期为 k 的边际投资者而言，L 类股票与 I 类股票的净收益率相等，因此有

$$r + C_L(x - 1/k_{LI}) = r + C_I(y - 1/k_{LI})$$

为找出与短期国库券的关系，将上式变形后得到

$$y = 1/k_{LI} + C_L/C_I(x - 1/k_{LI})$$

非流动股票的期望毛收益率为

$$r_I = r + C_I y = r + C_I/k_{LI} + C_L(x - 1/k_{LI})$$
$$= r + C_L x + 1/k_{LI}(C_I - C_L)$$

已知：$r_L = r + C_L x$，得到 I 类股票与 L 类股票的非流动溢价为

$$r_I - r_L = 1/k_{LI}(C_I - C_L) \tag{3-16}$$

我们同样也可以得出 L 类股票较短期国库券的流动溢价，此时，边际投资者投资 L 类股票与投资于短期国库券的收益相同，其持有期为 k_{rL}，净收益率为 r。因此有

$$r + C_L(x - 1/k_{rL}) = r$$
$$x = 1/k_{rL}$$

得到 L 类股票与短期国库券的非流动溢价为

$$r_L - r = r + C_L x - r = C_L x = C_L/k_{rL} \tag{3-17}$$

同理得出 I 类股票较短期国库券的流动溢价，此时，边际投资者投资 I 类股票与投资短期国库券的收益相同，其持有期为 k_{rI}，净收益率为 r。因此有

$$r + C_I(y - 1/k_{rI}) = r$$
$$y = 1/k_{rI}$$

得到 I 类股票与短期国库券的非流动溢价为

$$r_I - r = r + C_I y - r = C_I y = C_I/k_{rI} \tag{3-18}$$

从以上推导我们得出以下两点结论：①由 I 类股票与 L 类股票的非流动溢价，L 类股票与短期国库券的非流动溢价及 I 类股票与短期国库券的非流动溢价，得出均衡期望收益率要足以弥补交易费用；②非流动溢价为交易费用的非线性函数，两者呈负相关关系。

第四节 套利定价理论及其运用

一、APT 的基本假设[①]

由于 CAPM 是建立在严格的假设前提条件基础上的,而这些前提条件在实际应用中往往很难得到满足,因此在 CAPM 提出以后不少学者提出了多种经过改进和发展的定价模型。套利定价理论(Arbitrage Pricing Theory,APT)就是其中最重要的一个,它是由斯蒂芬·罗斯(Stephen Ross)于 1976 年最早提出的。

CAPM 第一个核心假设条件是均值和标准差包含了资产未来收益率的所有相关信息,但是可能还有更多的因素影响资产的期望收益率。原则上,CAPM 认为一种资产的期望收益率取决于单一因素,即市场投资组合的期望收益率。但是万一有其他因素也影响必要收益率呢?

考虑 A 公司普通股的收益率。A 公司股票的收益率 R_A 可表示为

$$R_A = r_f + R \tag{3-19}$$

其中,r_f 为无风险收益率,R 为不确定部分或风险性部分,R 受多种因素影响。一些因素影响所有公司,另一些因素可能仅影响 A 公司(或是几个类似公司)。为使之更加普遍化,假设有 K 种相互独立因素影响不可分散风险。在这种情况下,股票的收益率将会是一个多因素模型,即

$$R_A = r_f + R(F_1, F_2, \cdots, F_K) + \varepsilon \tag{3-20}$$

其中,F_K 代表因素 $k(k=1,2,\cdots,K)$;$R(F_1, F_2, \cdots, F_K)$ 是这些因素的某一函数;ε 代表误差项,即非系统因素对资产收益的影响。

式(3-20)是比 CAPM 更普遍的必要收益率模型,但是 F_K 中到底包括什么?函数是什么样的?关于这些问题有相当多的争论。例如,在 CAPM 中,市场投资组合的期望收益率是否近似地代表了多因素会带来的结果,从而掩盖了必要收益率真正的决定因素?在这一点上,没有一种意见可以占优势地位。但确实有一个模型得到了相当多的关注,因为它放宽了只有一种决定因素的假设,这个模型被称为套利定价模型。

二、套利行为与套利组合

套利(arbitrage)就是指利用两种或更多证券之间相对价格上的偏差来获取无风险利润。根据"一个价格"的规律,同一种资产不可能在一个或 n 个市场中以两种不同的价格出售,不然就会出现套利机会。套利是利用相同的资产的不同价格赚取无风险利润。它是一种广泛应用的投资策略,就是以资产相对高的价格出售,同时以相对低的价格购买同一种资产。低价购买驱使资产价格上涨,高价出售驱使价格下跌,最后价格趋于相等,使获利机会消失。

套利机会(arbitrage opportunity):不增加风险就能增加收益的机会。

[①] 蒋海涛,李绍昆.证券投资学简明教程[M].3 版.北京:中国人民大学出版社,2019:222-223.

套利行为：投资者利用这个机会增加收益的行为。

如果存在一个证券组合无须外加资金、风险为零而收益率大于零，则称这个证券组合为套利证券组合。

套利组合具有以下三个条件的组合。

(1) 不需要投资者任何额外资金：

$$\sum_{i=1}^{n} x_i = 0 \tag{3-21}$$

(2) 对任何因素都没有敏感性，万无一失地获利：

$$\beta_{pj} = \sum_{i=1}^{n} w_i \beta_{ij} = 0 \tag{3-22}$$

(3) 预期收益率必须是正值：

$$\sum_{i=1}^{n} x_i E(r_i) > 0 \tag{3-23}$$

如果上面三种证券能形成套利证券组合，说明还有套利机会，市场还未达到均衡。

如果市场上存在套利机会，则称这个市场处于非均衡状态；如果市场上没有套利机会，则称市场处于均衡状态。投资者的套利行为会使得套利机会很快消失，使得市场从非均衡状态达到均衡状态。

构建套利组合后的"处境"：从一个旧证券组合变成了一个新证券组合。

(1) 新的证券组合＝旧的证券组合＋套利组合。

(2) 套利组合期望收益率＞0。

(3) 新组合的敏感性＝旧组合的敏感性。

(4) 新组合因素风险＝旧组合因素风险。

(5) 由于存在非因素风险，新组合风险不一定等于旧组合的风险。

三、多因素线性模型

如同 CAPM，套利定价模型建立在资本市场效率的原则之上。虽然套利定价模型把资本市场效率原则作为它的出发点，但它并不试图在概念讨论的基础上规定出一组特定的决定因素。相反，套利定价模型声称资产的期望收益率取决于一些因素的线性组合，这些因素必须经实验来判别。因此，在套利定价模型的实证检验中出现了各种决定普通股的实际收益率的因素。被称为因素分析法的统计方法可用来鉴别相关因素。

套利定价模型看起来极其类似扩展的资本资产定价模型。然而，它却是由一种完全不同的方式推衍出来的。这里我们并不打算推导套利定价模型，但是我们仍然会展示它的工作形式：

$$\bar{r}_j = r_f + \beta_{j1}(\bar{r}_{f1} - r_f) + \beta_{j2}(\bar{r}_{f2} - r_f) + \cdots + \beta_{jK}(\bar{r}_{fK} - r_f) \tag{3-24}$$

式(3-24)中，K 是影响资产收益率因素的数量；$\bar{r}_{f1}, \bar{r}_{f2}, \cdots, \bar{r}_{fK}$ 是因素 $1, 2, \cdots, K$ 各自的期望收益率；$\beta_{j1}, \beta_{j2}, \cdots, \beta_{jK}$ 是该资产对于因素 $1, 2, \cdots, K$ 的各自的敏感度。典型地，APT 公式把市场风险溢价这个在 CAPM 中唯一的因素作为一个解释变量。

套利定价模型是式(3-24)一般形式的多因素模型。通过假设 $k(F_1, \cdots, F_K)$ 是一个简单线性函数可以实证得出 F_K 的值。

四、Fama-French 三因子模型

1996 年,法玛与肯尼斯·弗伦奇(Kenneth French)提出了一个三因子模型,这个模型后来成为经验法研究资产收益率的标准工具。法玛与弗伦奇在市场指数的基础上,加入公司规模 SMB(size factor,也称市值因子)和账面价值-市场价格比率 HML(book-to-market factor,也称价值因子)来解释平均收益率。之所以加入这两个因素是因为小公司股票的平均收益和账面价值-市场价格比率较高的公司的股票的平均收益的历史观测数据比根据 CAPM 证券市场线估计所得的数值高。这个观察结果意味着规模或者账面价值-市场价格比率或许能够代表那些不能被 CAPM 中的 β 涵盖的系统风险的来源,并因此产生收益率的溢价。例如,法玛与弗伦奇指出,拥有较高的账面价值-市场价格比率的公司更容易遭遇金融困境,而小股票对经济环境的变化更加敏感,因此这些变量可以捕捉(capture)宏观经济风险因子的敏感性。

法玛-弗伦奇(Fama-French)三因子模型公式:

$$r_i - r_f = \alpha_i + \beta_M(r_M - r_f) + \beta_{HML} r_{HML} + \beta_{SMB} r_{SMB} + \varepsilon_i \tag{3-25}$$

尽管账面价值-市场价格比率高的公司中有许多都是处在财务困境中的公司,因为财务困境会抑制市场价格相对于账面价值的比值,但在大多数情况下,相对成熟的公司也属于这个范围。相对成熟的公司的市值很大程度上来自其资产,而不是其增长前景。这一群体通常被叫作价值型股票。相比之下,账面价值-市场价格比率低的公司通常被看作成长型企业,其市场价值主要来源于预期的未来现金流,而不是已经存在的资产。大量证据表明,价值型股票相对于成长型股票以更低的价格进行交易(也可以说提供了更高的平均收益率)。这个差异被称为价值溢价(value premium)。

从 20 世纪 60 年代到 80 年代后期,CAPM 是金融学的主导模型,而夏普也因为这个理论获得了 1990 年的诺贝尔经济学奖。从 20 世纪 90 年代初期到最近,法玛-弗伦奇三因子模型是主导模型,而法玛本人于 2013 年获得了诺贝尔经济学奖,三因子模型被诺贝尔经济学奖评选委员会肯定为金融学过去 25 年最重大的成就之一。

三因子模型对投资界有深远的影响,将股票按市值和账面市值比这样的特征进行划分,就是其中一例。股票按照市值大小划分为小盘股、中盘股和大盘股;按账面市值比划分为价值型、平衡型和成长型。而衍生的股票指数的编制方式、基金持股风格的划分也受到此模型的影响。

在 1993 年(法玛和弗伦奇)提出三因子模型之后,马克·卡哈特(Mark Carhart)在 1997 年提出了动量因子(momentum),得到四因子模型,法玛和弗伦奇 2015 年在三因子的基础上继续增加两个因子:盈利能力因子 RMW 和投资因子 CMA,得到五因子模型。三因子模型开启了人们对因子投资的研究,随着对因子的认识不断扩展,除了风格因子,还有策略因子,比如介于被动投资和主动投资之间的聪明的贝塔(Smart Beta)策略。

五、套利定价模型的应用

为了阐述 APT,让我们假设有三种相关因素:R 为市场风险溢价,$F_1 = \bar{r}_M - \bar{r}_f$;实

际国内生产总值(GDP)的增长率相对于无风险收益率,$F_2 = \bar{r}_{GDP} - \bar{r}_f$;消费者价格指数(CPI)相对于无风险收益率,$F_3 = \bar{r}_{CPI} - \bar{r}_f$。注意第二个和第三个因素各自对于市场风险溢价的影响是递增的。如果F_2影响可以完全由F_1来解释,那么$\beta_2 = 0$。在这种情形下,F_2即使确实存在,也不是该模型的必要部分。对于F_3也有相同的情形。因此再次重申,重要的因素是经实证确定的。

假设无风险收益率是6%,证券j的贝塔系数是$\beta_1 = 1.2, \beta_2 = 0.2, \beta_3 = 0.3$。市场投资组合的期望收益率是12%,实际GDP的预期增长率是3%,消费品价格的预期上涨率是4%。证券j的期望收益率是多少?

将已知条件代入式(3-24),得出必要收益率为

$$\bar{r}_j = 6\% + 1.2(r_m - 6\%) + 0.2(r_{GDP} - 6\%) + 0.3(r_{CPI} - 6\%)$$
$$= 6\% + 1.2 \times (12\% - 6\%) + 0.2 \times (3\% - 6\%) + 0.3 \times (4\% - 6\%)$$
$$= 12.0\%$$

六、APT 与 CAPM

实际上,APT仅是CAPM之外的另一个描述股票实际收益率的可选模型。套利定价理论是运用多元风险因子的资产定价模型。在套利定价理论之前,获得诺贝尔经济学奖的证券市场线理论是解释市场资产价格最突出的理论。很自然要比较这两个重要的理论。与证券市场线理论相比,套利定价理论需要的假设更少,而且分析中引入更多的不同变量。套利定价理论比证券市场线理论更具一般性。

当市场资产组合是唯一的风险因子时,套利定价理论在数学上与证券市场线理论是等价的。其他的相似点也表明这两个理论是不矛盾的。而且,这两个理论之所以相似,是因为它们都找到了市场价格和收益中形成风险溢价基础的不可分散的共同特征。

当APT与CAPM的假设条件均成立时,两模型是相通的。

例如,假定影响证券收益率的共同因子仅有一个,而且市场证券组合的收益率是r_M,于是证券收益率构成如下:

$$r_i = E(r_i) + \beta_i[r_M - E(r_M)] + e_i$$

其中,

$$\beta_i = \frac{\text{cov}(r_i, r_M)}{\delta_M^2}$$

由此推出的APT的均衡关系式为

$$E(r_i) = r_f + \lambda \beta_i$$

对于市场证券组合M而言,上式当然也成立,注意$\beta_M = 1$,从而

$$E(r_M) = r_f + \lambda \beta_M$$

于是

$$\lambda = E(r_M) - r_f$$

这样就有

$$E(r_i) = r_f + \beta_i[E(r_M) - r_f]$$

这与CAPM所描述的均衡期望收益率-风险关系完全一致。从某种意义上讲,

CAPM 是 APT 的一个特例。

基于一些实际假设的经济理论比大量假设之下的理论更容易理解。认为套利定价理论优于证券市场线理论的人强调套利定价理论用更少的简化假设得到了更具一般性的结论。

套利定价理论也与证券市场线理论一样,假设投资者偏好拥有更多的财富,两个理论都假设投资者厌恶风险。证券市场线理论和套利定价理论都假设资本市场是完备的,这在美国和其他一些证券市场上是合理的。证券市场线理论关于投资者有同质预期的假设在套利定价理论中也用到了,此外证券市场线理论还需要三个假设:①收益率符合两个参数的正态概率分布;②只存在唯一的意愿投资组合——市场资产组合;③可以以无风险利率借入或贷出资金。

一些套利定价理论的拥护者认为套利定价理论不需要这三个假设,因此优于证券市场线理论。虽然套利定价理论要求的假设少于严格定义的证券市场线,套利定价也要依赖于一个不合理的假设。套利定价理论的无本投资假设,假定套利空头者可以从他们为多头融资的空头销售中获得 100%的盈利。① 实际上,只有经纪行、证券交易所的市场做市商和投资银行可以进行这样的操作。然而,只需要几个资金雄厚的套利者就可以满足套利定价理论。而且,世界上有数十个百万美元的资产组合可以创造自融资的套利资产组合。

从丈母娘挑女婿看如何平衡资产配置中的风险与收益

丈母娘考察 3 个小伙,对每个人都问了同样一个问题:你去年收入多少?

A:100 万元。B:500 万元。C:1 000 万元。

丈母娘心花怒放,正想答应 C 的求婚,突然多了个心眼,问:你们的收入都是怎么来的?

A:我是一个著名的眼科医生,每月稳定地做 5 例眼科手术,每月工资 8 万多元。

B:我也没别的收入,只是去年买彩票中了 500 万元而已。

C:有个富豪经常找我玩左轮手枪游戏。左轮手枪里有个子弹夹,里面只放 1 发子弹,他对着我脑袋打一枪,如果我没死,就给我 200 万元。去年我和他玩了 5 把,都没死,白捡 1 000 万元。娶了你女儿后,我要和你女儿一起去玩这个游戏,挣钱太容易了!

资料来源:如何平衡资产配置中的风险与收益?[EB/OL].(2021-10-16). https://business.sohu.com/a/495353308_121123902.

请思考:

您要是那个丈母娘,会选哪个当您的女婿呢?

---

① 联邦储备委员会的保证金要求禁止业余投资者不缴纳任何资金而在其中占有一个席位。由于业余投资者不论多头还是空头都必须面对保证金要求,他们不可能让其经纪人将空头所得的现金收益支付给他们。因此,业余投资者永远不会成为有力的套利者。

【本章小结】

所谓"有效市场",是指资产的现有市场价格能够充分反映所有有关和可用信息的市场。也就是说,有效市场是一个价格可以迅速地对影响价格因素的变化作出反应的市场。有效市场可以分为弱式有效市场假定、半强式有效市场假定和强式有效市场假定。

分离定理认为,资本市场线中的市场资产组合 M 是由市场中每一风险资产的风险与收益关系及它们之间的相关关系决定的,与投资者个人的风险偏好和风险承受能力无关。

市场风险可以分为系统性风险和非系统性风险。非系统性风险可以通过有效的资产组合(或投资的分散化)得到减少或消除,而系统性风险则不能通过资产组合(或投资的分散化)以减少,β 系数就是用来衡量某个资产或某种资产组合的系统性风险的指标。

资本资产定价模型:
$$E(R_i) = R_f + \beta_{iM}[E(R_M) - R_f]$$

如果存在一个证券组合无须外加资金、风险为零而收益率大于零,则称这种证券组合为套利证券组合。

投资者套利活动是通过买入收益率偏高的证券同时卖出收益率偏低的证券来实现的,其结果是使收益率偏高的证券价格上升,其收益率将相应回落;同时使收益率偏低的证券价格下降,其收益率相应回升,最终使得市场达到均衡。套利定价模型表达式:
$$\bar{r}_j = r_f + \beta_{j1}(\bar{r}_{f1} - r_f) + \beta_{j2}(\bar{r}_{f2} - r_f) + \cdots + \beta_{jK}(\bar{r}_{fK} - r_f)$$

【复习思考题】

1. 目前无风险资产的收益率为7%,整个股票市场的平均收益率为15%,长江公司股票的预期收益率同整个股票市场的平均收益率的协方差为35%,整个股票市场的平均收益率标准差为50%,则长江公司股票的必要报酬率是多少?

2. 投资者拥有三种证券,每种证券的当前市值均为 4 000 000 元,总资金=12 000 000 元,三种证券预期回报率和敏感性见表3-4,是否可以构造套利组合?

表 3-4 三种证券预期回报率和敏感性

证券	预期回报率/%	敏感性 β_i
证券1	15	0.9
证券2	21	3.0
证券3	12	1.8

3. 假定 X 股票的 $\beta=1$,无风险利率为6%,市场组合的预期收益率为12%,该股票的股息按 $g=5\%$ 的固定比率增长,上次支付股息 $D_0=1.5$ 元,目前该股票的价格为30元,判断该股票的价格是否均衡合理。

【进一步阅读书目】

1. 蒋海涛,李绍昆. 证券投资学简明教程[M]. 3版. 北京:中国人民大学出版社,2019:222-223.

2. 博迪,默顿,克利顿.金融学[M].曹辉,曹音,译.2版.北京:中国人民大学出版社,2013:251-255.

3. 吴晓求,王广谦.金融理论与政策[M].北京:中国人民大学出版社,2013:254-259.

【即测即练】

第四章

资产证券化理论

本章学习目标

1. 掌握资产证券化的含义及类型；
2. 理解资产运营的特点；
3. 熟悉资产证券化的结构和运作流程。

蚂蚁金服如何把 30 亿元变成 3 000 亿元？

从成立之初到 2018 年，花呗、借呗的主要融资方式就是资产证券化（asset-backed securities，ABS）。它依托支付宝的海量数据，筛选出一部分优质用户，把钱借给他们，然后把贷款合同进行评估分层，变成 ABS，再卖给基金、信托、银行等资产管理机构。卖出 ABS 获得资金之后，蚂蚁科技集团股份有限公司（简称"蚂蚁集团"）会再贷款给新的用户……这就是花呗和借呗经过数轮滚动之后，由几十亿元的资产变成了几千亿元的贷款的原因。

这种通过 ABS 模式来做大贷款规模的方式，引起了央行的注意。2018 年起，监管部门出台规定：要求企业通过发行债券、资产证券化产品融入资金的余额不得超过其净资产的 4 倍，这就大大限制了蚂蚁集团通过 ABS 进行募资的规模。蚂蚁集团在近两年发行 ABS 的规模急剧下降，截至 2020 年 10 月底，花呗/借贷 ABS 共获批发行额度 5 170 亿元，存续期规模只有 1 945 亿元，占整体贷款规模的比例已经很小。

2020 年 11 月 2 日，中国人民银行、中国银保监会、中国证监会、国家外汇管理局对蚂蚁集团实际控制人马云、董事长井贤栋、总裁胡晓明进行了"监管约谈"。一家刚拿到 IPO（首次公开募股）门票的企业，在敲钟前夕被四个金融监管部门同步约谈，这在中国金融资本市场绝无仅有，蚂蚁集团领了第一单。同日，中国银保监会与中国人民银行联合发布《网络小额贷款业务管理暂行办法（征求意见稿）》（以下简称《办法》），对网络小额贷款业务提出了更为严格的监管要求，对网络小贷杠杆全方位"压降"，文件监管收紧所指的小贷业务是蚂蚁集团主营业务之一。紧接着，2020 年 11 月 3 日，上海证券交易所发布公告称，暂缓蚂蚁集团科创板上市，市场一片哗然。2020 年 11 月 10 日，中国市场监管总局发布《关于平台经济领域的反垄断指南(征求意见稿)》(简称《反垄断指南》),将矛头又对准了包括蚂蚁集团在内的居于平台经济主导地位的互联网企业巨头。2020年12月26日,中国人民银行、银保监会、证监会、国家外汇管理局等四个金融管理部门联合再次约谈了蚂蚁集团。

2021年4月10日,国家市场监管总局对阿里巴巴处以182.28亿元人民币罚款,这一罚款是《中华人民共和国反垄断法》实施以来开出的最大罚单,这次的处罚也是《中华人民共和国反垄断法》在互联网平台企业身上的一次最强执法。2021年4月12日,中国人民银行、银保监会、证监会、国家外汇管理局等金融管理部门第三次联合约谈蚂蚁集团。

资料来源:30亿滚动到3000亿!马云和他的蚂蚁,凭什么?[EB/OL].(2021-01-03). https://www.163.com/dy/article/FVEM38EE0537TSAM.html.

请思考:

对于蚂蚁集团这只预估市值高达2 300亿美元的"独角兽",为什么监管部门必须紧急按下其上市的暂停键?

案例分析思路:

首先,从直接原因上来看,《办法》中多条规定将对蚂蚁集团的经营模式产生重大影响。其中,地理条件规定"小额贷款公司不得跨省级行政区域开展网络小额贷款业务",而目前蚂蚁集团有两个在全国经营信贷业务的公司;注册资本规定"经营网络小额贷款业务的小额贷款公司的注册资本不低于人民币10亿元,且为一次性实缴货币资本。跨省级行政区域经营网络小额贷款业务的小额贷款公司的注册资本不低于人民币50亿元,且为一次性实缴货币资本",而蚂蚁集团旗下的两个子公司,还有一家尚未达到标准;股权管理规定"控股跨省级行政区域经营网络小额贷款业务的小额贷款公司的数量不得超过1家",而蚂蚁集团旗下有两家控股跨省级行政区域经营网络小额贷款业务的公司;贷款金额规定"对自然人的单户网络小额贷款余额原则上不得超过人民币30万元,不得超过其最近3年年均收入的三分之一",但蚂蚁集团目前对借款人的收入尚无明确要求;联合贷款与融资杠杆规定"在单笔联合贷款中,经营网络小额贷款业务的小额贷款公司的出资比例不得低于30%",而蚂蚁集团目前的出资比不足2%。禁止业务规定经营网络小额贷款业务的小额贷款公司不得经营"发行或者代理销售理财、信托计划等资产管理产品",而蚂蚁集团出售理财产品收入占总营收16%以上。

其次,从根本原因上来看,蚂蚁集团的总杠杆达到8倍左右,无形中提升了系统性风险发生的可能性;蚂蚁集团的个人消费贷业务借助互联网,在一定程度上诱导了部分自制力不强或缺乏还款能力的人群贷款消费,将造成不良的社会消费观念和消费风气;蚂蚁集团的小微贷业务收费标准与其普惠金融理念不符,实际上是"普而不惠",但乐此不疲的消费者们却对此浑然不知;蚂蚁集团游走在"金融"与"科技"的边缘,是否适合在科创板上市仍值得讨论;蚂蚁集团创造的信贷分工,已经超越了传统的监管理论和制度框架,导致金融科技公司和商业银行之间存在"非对称监管"。因此,若继续进行蚂蚁集团的上市进程,则可能出现破发风险,对投资者与金融市场造成巨大的伤害。

综上所述,蚂蚁集团应从以下几个方面积极进行整改:一是回归支付本源,提升交易透明度,严禁不正当竞争。二是依法持牌、合法合规经营个人征信业务,保护个人数据隐私。三是依法设立金融控股公司,严格落实监管要求,确保资本充足、关联交易合规。四是完善公司治理,按审慎监管要求严格整改违规信贷、保险、理财等金融活动。五是依法合规开展证券基金业务,强化证券类机构治理,合规开展资产证券化业务。

第一节 资产证券化概述

一、资产的定义及分类

(一) 资产的定义

关于资产的定义,国际会计准则委员会(IASC)认为:"一项资产所体现的:未来的经济利益是直接或间接带给企业现金或现金等价物的潜能。这种潜能可以是企业经营能力中的部分生产能力,也可以采取可转换为现金或现金等价物的形式,或减少现金流出的能力,诸如以良好的加工程序降低生产成本。"

资产,是指过去的交易、事项形成并由企业(所有者)拥有或者控制的资源,该资源预期会给企业(所有者)带来经济利益。——《企业财务会计报告条例》(国务院第287号令发布,自2001年1月1日起施行)第九条。

经济学家费雪认为所有可导致收入增加的东西都是资产。资产是能够给其所有者带来可预期的未来经济收益的物质(栾华)。

(二) 资产的分类

按照不同的标准,资产可以分为不同的类别。

(1) 按照耗用期限的长短,资产可分为流动资产与固定资产。流动资产是指在一个营业周期(通常为1年)中变现、出售、耗用的资产。例如,库存现金、银行存款、交易性金融资产、应收款、存货等。固定资产是指使用期限1年以上,在使用过程中保持物质形态的资产。例如,房屋及建筑物、机器设备、运输设备、工具器具等。

(2) 按照是否有实体形态,资产可分为有形资产和无形资产。有形资产是指有实物形态的资产。例如,厂房、设备、办公用品、现金等。无形资产是指长期使用而没有实物形态的资产。例如,专利权、商标权、著作权。

(3) 按照价值形态的不同,资产可分为五类:现金资产、实体资产、信贷资产、证券资产及智能资产。

现金资产是指以非消费目的存在的现金,即用于投资的现金和活期存款(M1)。实体资产是指未上市的股权,包括有形资产与直接依附其上的无形资产。信贷资产主要指银行贷款和应收账款等。证券资产包括各种有价证券。智能资产是指在资产运营过程中人的知识和能力水平,是创造新的经济利益的能力。

二、资产运营的一般模式

资产运营是以价值为中心的导向机制,它以资产价值形态的管理为基础,通过资产的优化配置和资产结构的动态调整,实现资产增值最大化的目标。简单地说,资产运营就是通过资产的五种价值形态自身以及互相之间的转换,实现价值增值最大化。

从定义可知,资产运营具有如下主要特点。

(1) 资产运营是以价值为中心的导向机制,要求在经济活动中始终以资产增值最大化为目标。

(2) 资产运营的对象是资产的五种价值形态。

(3) 资产运营注重资产的流动性,强调资产价值形态变换的便利性。

(4) 资产运营实际上是一种资产结构优化的过程。

(5) 资产运营的收益主要来自资产优化组合后效率提高所带来的经济收益的增加,即资产价值的提高。

资产运营的一般模式如图 4-1 所示。

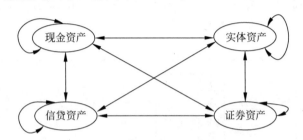

图 4-1 资产运营的一般模式

注:"→"表示资产价值形态的转换,并包含智能资产作用的运营过程,而并非现金流的方向。

需要注意的是,上述过程中的箭头并不意味着现金流方向,而只是资产在不同价值形态之间的转换。例如箭头从实体资产到证券资产,并不意味着现金流从实体资产退出从而流向证券资产,即放弃实体资产的直接投资而改为投资于证券资产,而是意味着资产的价值形态从实体资产转化为证券资产,即企业发行证券的过程。

同时,在每个转换过程中,都必须有智能资产与之相匹配,从这个角度来说,资产运营创造的收益实际上是智能资产创造的价值。资产运营转化形式见表 4-1。

表 4-1 资产运营转化形式

种 类	资产现金化	资产实体化	资产信贷化	资产证券化
现金资产	外汇交易;货币掉期(swap)	购买实物资产;投资实业(包括无形资产)	取得债权;银行放贷	投资证券
实体资产	出售资产或股权套现,典当	资产、股权的互换	经营租赁	企业现有资产转化为上市证券,创业投资基金上市,投资收益凭证上市
信贷资产	收回债权取得现金,商业票据贴现,取得债务	收取抵押物,债转股,赎回典当物	债权掉期	住房抵押贷款证券化、资产支持的证券化
证券资产	证券发行出售;开放式基金赎回	退市,证券换资产或股权	证券质押贷款;融券	债券、股票、基金互换,证券投资基金管理过程,认股权证,可转换债等

三、资产证券化的界定

资产证券化是指将缺乏流动性,但可以产生稳定的可预见未来现金流的资产(如银行的信贷资产、企业的交易或服务应收款等),按照某种共同特征分类,形成资产组合,并以这些资产为担保发行可以在二级市场上交易的固定收益证券,据以融通资金的技术和过程。资产证券化是 20 世纪 60 年代末以来世界金融领域最重大和发展最迅速的金融创新之一。

资产证券化有广义和狭义之分。

广义的资产证券化是指某一资产或资产组合采取证券资产这一价值形态的过程和技术,即资产运营方式,包括实体资产证券化、信贷资产证券化、证券资产证券化和现金资产证券化。广义资产证券化方式如图 4-2 所示。

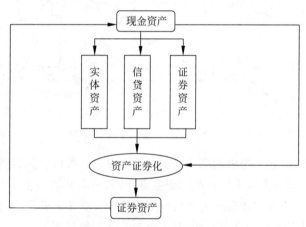

图 4-2 广义资产证券化方式

实体资产证券化即实体资产向证券资产的转换,是以实物资产和无形资产为基础发行证券并上市的过程;信贷资产证券化,就是把缺乏流动性但具有未来现金收入流的信贷资产经过重组形成资产池,并以此为基础发行证券;证券资产证券化即证券资产的再证券化过程,就是将证券或证券组合作为基础资产,再以其产生的现金流或与现金流相关的变量为基础发行证券;现金资产证券化是指现金的持有者通过证券投资将现金转换成证券的过程。

狭义的资产证券化是指信贷资产证券,它是资产证券化最初也是最基本的表现形式之一。

四、资产证券化的特征

资产证券化不同于传统的以银行为主的间接融资方式,也不同于单纯地依赖发行企业股票或债券的直接融资方式,它是有效融合了间接融资方式与直接融资方式的创新金融工具。

（一）是一种成本更低的结构型融资方式

资产证券化作为一种结构型融资方式的特征主要表现为以下两点：①发行人需要构造一个交易结构才能实现融资目的；②资产池中的现金流需要经过加工、转换和重新组合，经过必要的信用增级，才能创造出适合不同投资者需求，具有不同风险、收益和期限特征的收入凭证。

（二）是一种流动性风险管理方式

通过资产证券化，发起人能将流动性低的资产转换为流动性高的、标准化的证券工具。因此，资产证券化最重要的目的之一就是提升资产的流动性。

（三）是一种表外融资方式

在资产证券化融资过程中，资产转移而取得的现金收入，列入资产负债表的左边"资产"栏目中。而由于真实出售的资产转移实现了破产隔离，相应地，基础资产从发起人的资产负债表的左边"资产"栏目中剔除。这既不同于向银行贷款、发行债券等债权性融资，相应增加资产负债表的右上角"负债"栏目；也不同于通过发行股票等股权性融资，相应增加资产负债表的右下角"所有者权益"栏目。由此可见，资产证券化是表外融资方式，且不会扩大融资人资产负债表的规模。

（四）是一种只依赖于资产信用的融资方式

传统的融资方式（无论是贷款还是债券）是凭借借款人的资信能力进行融资活动，而资产证券化的融资方式则是凭借进行证券化的基础资产的未来收益来融资。投资者在决定是否购买资产担保证券时，主要依据的是这些资产的质量、未来现金流的可靠性和稳定性，而原始权益人本身的资信能力则居于相对次要的地位。资产证券化中的真实销售使证券化基础资产的信用状况与原始权益人的信用状况分离开来，从而使本身资信不高的证券化基础资产的债权人通过信用增级，也可能在证券市场上通过资产证券化满足新的融资需要。

（五）是一种低风险的融资方式

资产证券的投资者或持有人在证券到期时，可以获得本金和利息的偿付。偿付资金来源于证券化基础资产所创造的现金流量，即资产债务人偿还的到期本金和利息。如果证券化基础资产违约拒付，资产证券的清偿也仅限于被证券化资产的数额，而金融资产的发起人或购买人没有超过该资产限额的清偿义务。因此，资产证券化是一种与企业发行股票、债券等筹集资金不同的新型的低风险融资方式。

（六）是一种资产融资与分散借贷相结合的双重信用工具

传统的证券融资方式是企业以自身的产权为清偿基础，企业对债券本息及股票权益的偿付以企业全部法定财产为限。资产证券化虽然也采取证券形式，但证券的发行一般不是企业全部法定财产，而是企业资产负债表中的某项特定资产；证券权益的偿付也不是以企业产权为基础,而仅仅以被证券化的资产为限。通过资产证券化,发起人持有的金融资产转化为证券在证券市场上交易,实际是发起人最初贷出去的款项在证券市场上交易,这样就把原来由发起人独家承担的资产风险分散给众多投资者承担,从而起到了降低借贷风险的作用。因此,资产证券化的主要功能还不单纯是为了融资,它是一种有别于产权融资的资产融资与分散借贷相结合的双重信用工具。

五、资产证券化的业务类型

(一) 按基础资产分类

资产证券化按基础资产的不同可分为两大类:抵押支持证券(mortgage-backed security,MBS)和资产支持证券。它们的区别在于:前者的基础资产是住房抵押贷款,而后者的基础资产则是除住房抵押贷款以外的其他资产。

MBS是最早的资产证券化品种。简单来说,MBS就是以房地产的抵押贷款为基础来发行的一种资产证券化商品。依据房产属性,抵押支持证券又可分为居民住房抵押贷款证券(residential mortgage-backed security,RMBS)和商业用房抵押贷款证券(commercial mortgage-backed security,CMBS)。

资产支持证券具体可以细分为以下品种:①汽车消费贷款、学生贷款证券化;②商用、农用、医用房产抵押贷款证券化;③信用卡应收款证券化;④贸易应收款证券化;⑤设备租赁费证券化;⑥基础设施收费证券化;⑦门票收入证券化;⑧俱乐部会费收入证券化;⑨保费收入证券化;⑩中小企业贷款支持证券化;⑪知识产权证券化等。

(二) 按照现金流支付方式分类

1. 过手证券

过手证券(pass-through security)是指基础资产产生的现金流不需经过重新组合直接支付给投资者,偿付具有较大的不确定性,如图4-3所示。对住宅抵押贷款(组合)及其还款现金流拥有直接所有权。银行和特殊目的载体(special purpose vehicle,SPV)将抵押贷款及其产生的还款现金流在扣除了有关费用(如担保费、服务费等)之后"过手"给投资者。当然银行和SPV有义务提供相应的服务(如按月收取借款人的偿还本金和利息并进行"过手")。由于是直接所有权的过手,过手证券一般不再出现在银行和SPV的资产负债表上。

过手证券的不足:一方面,抵押贷款各种风险几乎会"原封不动"地过手给投资者,中间没有任何"减震"机制。另一方面,直接过手妨碍了对抵押贷款的细化组合,从而难以满足投资者对收益与风险不同组合的多样化需求。

2. 转付证券

转付证券(pay-through security)又称转递证券,是指根据投资者对收益风险和期限等的不同偏好,对抵押贷款所产生的现金流重新进行组合,使本金和利息的偿付机制发生了变化。转付证券并不意味着将抵押贷款的所有权转移给了投资者,它是作为发行人的负债,所对应的资产只是抵押品,保证现金流的偿付,所以资产池所产生的现金流也就不

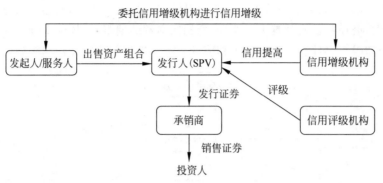

图 4-3 过手证券的交易结构

必一定与投资者的所得相一致,投资者的当期所得可以高于资产池所产生的当期现金流,也可以低于资产池所产生的当期现金流。为了保障投资者稳定的收益,往往是发起人自己持有一部分支付不稳定的证券,这样的安排显然可以为投资者创造出稳定的现金流从而完成证券的偿付。

转付证券和过手证券之间的表面区别在于现金流是否经过技术处理,而内在区别在于所有权归属不同。通过过手证券形式所进行的证券化所产生的证券是支持资产的所有权凭证,投资者拥有资产的所有权;而在转付证券形式下所进行的证券化,支持资产只是证券偿付的抵押保证,所有权并不归投资者所有。因而,两者的最终剩余现金流的归属不同,过手证券的最终剩余现金流归投资者所有,而转付证券最终剩余现金流仍归 SPV,最终还是属于发起人。

3. 担保抵押债券

担保抵押债券(collateralized mortgage obligation,CMO)是一种多层次的转付证券,其核心技术在于利用长期的、每月支付的抵押现金流去创造短、中、长期不同级别的证券担保债券。CMO 将本息支付设为五档:A 档、B 档、C 档、Z 档和剩余级。其中前四个是"正规级"债券,第五个是"剩余级"债券。CMO 的现金流首先用于支付 A 档债券的本金,当完全偿付后,转而支付 B 档债券的本金,同理再行支付 C 档债券本金。A、B、C 档债券在发行日开始即按票面利率支付利息,当前三类债券本息都被偿付后,从资产池中产生的剩余现金流方可用于支付 Z 档(第四个正规级)债券的本息。而"Z 档"债券利息只计不付,累计复利,只有在前几档"正规档"债券支付完毕后,"Z 档"债券才开始清本息。因此,"Z 档"债券又被称为应计利息档债券,实质上是一种附有本息禁偿期的债券。在所有"正规级"债券都得到本息偿付后,剩余的支持资产的收入将全部支付给"剩余级"债券所有人。Z 债券存在的效应是,前 N 档债券的本金支付因 Z 债券利息的延迟支付而加速。

实践中,"剩余级"债券一般不对外发行而由发起人持有,一方面可以减少发行费用,另一方面也对"正规级"债券起到了超额抵押和信用增档的作用。这也是发起人为证券化融资所必须承担的风险,但同时发起人也可借此获得未来可能的额外收益。

任何一档债券的投资者在其本金得到偿付之前都可定期获得利息,而本金的支付则逐档依次进行。因此,各档债券的偿付期限是不同的。现金流的波动由相对的低档次债券吸收,以此保证了高档次债券本金的支付,期限越短,风险越小,收益也就越小;期限越长,风险越大,潜在收益也就越大。所以,低档次债券的期限长、风险大、收益率也高,而高档次债券的期限短、风险小、收益率也相应低。担保抵押债券的交易结构如图 4-4 所示。

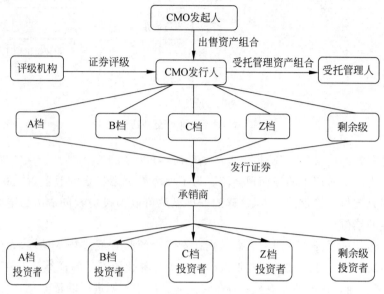

图 4-4 担保抵押债券的交易结构

4. 担保债务凭证

由于公司债券、MBS、资产支持证券等债务工具与不同期限的资产债权一样,具有未来稳定的现金流,所以同样可以用来构造资产池,再次进行证券化,发行不同次序的债务凭证。这些证券化资产均来自债务,因此统称为担保债务凭证(collateralized debt obligation,CDO),CDO 虽由资产支持证券发展而来,但是与传统的资产支持证券有着非常明显的区别。首先是标的资产不同。证券化的标的资产是不能在市场中交易的现金资产,而 CDO 的标的资产是可以在资本市场上交易的现金或合成资产,是对已有债券、MBS、资产支持证券的再次包装。其次,资产池的要求不同。CDO 的资产池构成中,资产的相关性越低越好,可以起到分散风险的作用。而 ABS 的资产池中的资产来源比较一致,分散性差,风险相关度高。再次,发行的目的不同。CDO 的发行更多是为了风险管理和套利,而资产支持证券主要是为了实现资产流动性,资产证券化几种主要形式比较见表 4-2。

表 4-2 资产证券化几种主要形式比较

项　　目	过手证券	资产支持证券	转付证券	担保抵押债券
所有权	所有权随证券的出售而转移,被证券化信贷资产从发起人的资产负债表中移出	所有权仍属于发起人,被证券化信贷资产留在发起人的资产负债表中	同资产支持证券	所有权随证券的出售而转移,被证券化信贷资产从发起人资产负债表中移出,成为受托管理人的资产

续表

项　目	过手证券	资产支持证券	转付证券	担保抵押债券
证券性质	发行的证券不作为发起人的债务出现在其资产负债表上	发行的证券作为发起人的债务出现在其资产负债表上	同过手证券	发行的证券作为受托管理人的负债,不作为发起人的债务
抵押物的利用	最有效地利用抵押物,但是对于私募者,需要进行信用增级	低效	相对有效	相对有效
现金流的确定性	相对不确定	可预测的稳定的现金流	相对确定	可预测的稳定的现金流
现金来源	支付本金的资金来源于被证券化的信贷资产	支付本息的资金不完全来源于被证券化的资产,发起人的收入也可用于支付本息	支付本金的资金来源于重新安排的信贷资产的组合	支付本息的资金来源于被证券化的信贷资产
本息支付	每月支付本金和利息	按季度或半年支付利息,到期支付本金	同过手证券	"正规级"每半年或每年支付利息,本金分期偿付;"Z档"计复利,本息待"正规级"债券偿清后一次支付;"剩余级"债券获取剩余现金收益
投资者范围	主要是传统的抵押市场的参与者和有限的资本市场投资者	过手证券市场的投资者和中长期资本市场的投资者	同过手证券	普通投资大众居民和法人投资"正规级"债券,银行、保险公司等金融机构投资"Z档"债券,金融资产管理公司持有"剩余级"债券

第二节　资产证券化的运作

一、参与主体

一般而言,资产证券化的参与主体主要包括发起人(原始权益人)、特殊目的载体、信用增级机构、信用评级机构、承销商、服务机构、受托管理人和投资者等。

(一)发起人(原始权益人)

资产证券化的发起人是资产证券化的起点,它是基础资产的原始权益人,也是基础资产的卖方。发起人的作用首先是发起贷款等基础资产,这是资产证券化的基础和来源。发起人的作用其次在于组建资产池,然后将其转移给SPV。发起人可以从两个层面上来理解：一是发起贷款等基础资产的发起人，二是证券化交易的发起人。一般情况下，基础资产的发起人会自己发起证券化交易，那么这两个层面上的发起人是重合的，但是有时候资产的发起人会将资产出售给专门从事资产证券化的载体，这时两个层面上的发起人就是分离的。

（二）特殊目的载体

特殊目的载体是以资产证券化为目的而特别组建的独立法律主体，其负债主要是发行的资产支持债券，资产则是向发起人购买的基础资产。SPV 是介于发起人和投资者之间的中介机构，是资产支持证券的真正发行人。SPV 是一个法律上的实体，可以采取信托、公司或者有限合伙的形式。

设立 SPV 的目的在于使它从法律角度完全独立于基础资产的原始权益人，最大限度地降低发行人的破产风险对证券化的影响，即实现被证券化资产与原始权益人（发起人）其他资产之间的"破产隔离"（bankruptcy-remote）。SPV 被称为没有破产风险的实体，对这一点可以从两个方面来理解：一是指 SPV 本身的不易破产性；二是指将证券化信贷资产从原始权益人那里真实出售给 SPV，从而实现了破产隔离。

SPV 设立的形式共有三种，即特殊目的信托（special purpose trust，SPT）、特殊目的公司（special purpose company，SPC）以及合伙型。

1. 特殊目的信托

信托形式之所以能起到特别目的载体的作用，关键依托于信托的特殊作用。从《中华人民共和国信托法》看，信托主要有以下特征：①信托是为他人管理、处分财产的一种法律安排；②信托模式下委托人向受托人转移财产权或财产处分权，受托人成为名义上的所有人；③受托人是对外唯一有权管理、处分信托财产权的人；④受托人任务的执行、权利的行使需要接受受托目的的约束，必须为了收益人的利益行事（而不是受委托人和受益人的控制）。从其运行机制来看，应当遵循两个最基本的法律原则：一是信托财产的所有权和收益权分离。信托一旦成立，委托人转移给受托人的财产就成为信托财产，所有权由受托人取得，但信托财产本身及其产生的任何收益不能由受托人取得而只能由收益人享有。二是信托财产的独立性。在法律上，信托财产与委托人、受托人及受益人三方自有财产相分离，运作上必须独立加以管理，而且免于委托人、受托人及受益人三方债权人的追索。

在资产证券化操作中的信托关系表现为：发起人是委托人，SPT 是受托人，通常是经核准有资格经营信托业务的银行、信托机构等营业组织；信托财产为证券化资产组合；受益人则为受益证书的持有人。

2. 特殊目的公司

SPC 不同于一般的实体公司，而是由发起人注册设立的壳公司，它拥有相应的权利并履行相应的义务，但是一般没有专门的雇员和业务部门，SPC 只从事证券的发行等与证券化有关的业务，不进行其他任何与证券化无关的业务；再者，让特别目的载体成为一个独立的壳公司不会增加证券化的成本。

SPC 必须在法律上和财务上保持严格的独立性。

在税务方面，因为特殊目的载体的收入全部来自资产池产生的资金，并转而用于证券的偿付，如果对特殊目的载体征收公司所得税，同时证券偿付时还要投资者缴纳个人所得税的话就会形成双重征税，从而增加资产证券化的成本。在实际运作中，考虑到税收因素，特殊目的公司往往会选择税收优惠或减免的地区，例如许多特殊目的公司都选择在开曼群岛注册，因为按照开曼群岛的法律规定，在开曼群岛设立的公司只需一次性缴纳一定的印花税，可以在50年内免交一切税收与政府收费。

在我国现行法律体系下，采取SPC作为载体发行证券，存在多种障碍。目前《中华人民共和国公司法》中有关注册资本、发行证券的资格和规模、治理结构和信息披露等方面的规定都是建立在传统公司运营理念之上的，而对于仅设立用于购买基础资产、收入仅来自基础资产现金流的载体型公司(SPC)则不适用。

3. 合伙型

合伙型实体SPV有三个特点：其一是合伙人要承担无限连带责任，"无限"是当合伙企业财产不足以清偿企业债务时，合伙人有义务用个人财产来清偿。"连带"是合伙人在以个人财产清偿企业债务时，债权人可以要求任一个合伙人首先以其个人财产清偿全部债务。其二是合伙制企业本身不缴纳所得税，可以避免双重征税。其三是在资产证券化的过程中，合伙型特殊目的载体通常也为合伙人的资产证券化提供服务，但是不如公司型特殊目的载体的灵活度大。

合伙型特殊目的载体还有一种变形的形式，就是将有限合伙制的机制引入进来，即有限合伙的特殊目的载体。该载体由普通合伙人和有限合伙人组成：普通合伙人实施经营权，并负有无限连带责任；有限合伙人没有经营权，但不承担无限连带责任，只承担有限责任。在这种机制下，有限合伙人提供资金，普通合伙人提供管理，各司其职，各尽其责。

（三）信用增级机构

信用增级(credit enhancement)是指在资产证券化中所运用的各种提高信用等级的技术。信用增级可以通过内部增级和外部增级两种方式实现。对应这两种方式，信用增级机构分别是发起人和独立的第三方。

内部信用增级的特点是通过证券化资产本身的现金流，经过一定的处理，为资产证券化提供信用增级。一般来讲，内部信用增级的好处在于充分利用自身资源，可以提高资金使用效率，降低信用增级成本。

内部信用增级方式主要有：优先与次级结构(senior-subordinate structure)、超额抵押、储备金制度、出售者追索权(seller recourse)、原始权益人回购等。

优先与次级结构是比较常用的一种内部信用增级方式。这种方式就是将证券分为不同的档级，对不同档级的证券可以按照比例进行偿付，也可以按照优先支付优先档级证券的方式进行偿付，因而不同档级的风险和信用评级不同，收益率也不同。优先与次级结构通常优先支付优先档级证券的本息，在优先档级证券的本息付清之前只能付给次档级利息，在优先档级证券的本息付清之后才能偿付次档级证券的本金。

超额抵押是指在发行时保证资产池的总价值量高于证券发行的总价值量，这样资产池中的超额价值部分就可以为所发行的证券提供超额抵押。例如，在美国发行价值1亿美元的 MBS，其资产池的规模一般不能低于 1.02 亿美元。这种安排可以提高抵御风险的能力，从而使证券偿付具有更好的保障。但是，这种信用增级方式显然降低了资产的使用效率，与资产证券化的本意不符，所以使用过程中一般较为谨慎。

储备金制度是指将一部分从资产池中产生的现金流或发起人的资金转到一个特定的储备金账户上，并且保持一定的规模，如果资产池产生的现金流异常，不能按期支付证券的本息，则将资金从储备金账户划转到支付账户进行支付。储备金制度保证了证券支付的平稳性，但是与超额抵押相类似，储备金制度也会降低资金的使用效率。一般来说，储备金的数量与资产池的规模相关，它会随着资产池规模的减小而减少。

出售者追索权是指如果证券投资者没有按事先约定得到证券本金或利息的支付，那么他们就可以从资产出售人（发起人）那里得到某种补偿。这种追索权的提供分为完全追索权和部分追索权，投资者没有按计划得到偿付时可以由完全追索权得到完全的支付，或者由部分追索权得到一定比例的但不是全额的支付。不过，出售者追索权会给资产证券化带来两个方面的不良影响：一是真实出售的认定，二是对资产证券化结构特点的影响。在出售人提供追索权的情况下，实际是由发起人来提供担保，如果发起人的信用状况发生变化，整个资产证券化证券的级别就会因为担保机构信用级别的变化而变化。因此，在一个典型的资产证券化结构中，应该尽量不采用出售者追索权，但有时为了提高证券发行的吸引力，减少投资者的疑虑，发起人往往还是会选择采用出售者追索权。

原始权益人回购指当发生违约事件或加速清偿事件时，原始权益人应按照约定回购剩余基础资产。

外部信用增级是由独立的第三方提供的信用支持，也就是由卖方购买第三方提供的信用增级。第三方信用增级机构包括政府机构、保险公司、金融担保公司、金融机构、大型企业的财务公司等。国外资产证券化发展初期政府机构的担保占据主要地位，后来非政府机构担保逐渐发展起来，包括银行信用证、保险公司保函等，以后又产生了金融担保公司。

第三方担保是一种较为传统的信用增级方式，由第三方机构对 SPV 发行的证券进行担保，信用增级效果明显且容易衡量，为资产证券化提供担保的担保人通常包括企业、担保公司、城投公司或其他信用较好的金融机构。

抵押投资账户（collateral investment account，CIA）是指担保机构购买次档级的证券来消化证券的信用风险（credit risk）。理论上任何投资者都可以购买次档级的证券，但是通常次档级证券的风险也相应比较大，所以购买次档级证券的多是担保机构，它们拥有信息和技术上的优势。

保险公司的保函或者提供信用保险也是一种第三方提供的信用增级，通过 SPV 向保险公司投保，保险公司出具保函或者保单，承诺在出现本息偿付困难时，由保险公司代替 SPV 向投资者偿付。

银行出具的备用信用证（standby letter of credit）则是银行保证的承诺书，当证券的本息偿付不能按期进行时，银行按照信用证的约定承担一定的还款责任。从理论上说，如果银行为证券支付提供全额的担保，那么证券化产品的信用级别就可以提高到银行信用级别。这里的信用证是备用信用证，与商业信用证不同，商业信用证具有明显的支付性质,银行见到与单证相符的凭证时必须进行资金的支付,而资产证券化中的信用证只是一种担保性质的信用证,银行相应的责任并不一定真实发生,所以它是备用性质的。

金融产品担保指资产支持证券还可以通过购买其他金融产品为债券提供担保,例如资产池保险,由保险公司对资产池提供保险,根据评级公司要求的资产池中需要补充的信用风险金额确定保险金额,一般为5%～15%。此外还有不可撤销担保信用证,由银行向发行人开出,以资产支持证券投资者为受益人的信用证。但是使用金融产品进行担保的成本较高,在我国资产证券化市场中使用并不普遍。

信用增级方式如图4-5所示。

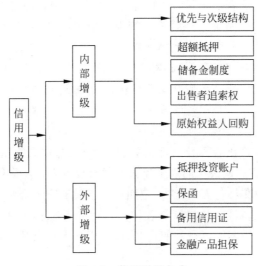

图4-5　信用增级方式

(四) 信用评级机构

信用评级机构是依法设立的从事信用评级业务的社会中介机构,即金融市场上一个重要的服务性中介机构,它是由专门的经济、法律、财务专家组成的对证券发行人和证券信用进行等级评定的组织。目前世界上规模最大、最具权威性、最具影响力的主要信用评级机构是标准普尔(Standard & Poor's)、穆迪投资者服务公司(Moody's Investors Service)、惠誉国际(Fitch)、道衡公司(Duff & Phelps)等。

(五) 承销商

承销商是资产证券化交易和市场之间的枢纽。承销商一般是投资银行、信托投资公司、证券公司等,而美国的资产证券化交易中一般使用投资银行来作为承销商。有的资产证券化交易会有一个承销团队,由多个投资银行或证券公司组成,其中一个主承销商往往作为交易的联络人。除了提供市场信息、联络投资人、安排证券发行之外,承销商往往还担任整个资产证券化的财务顾问,负责协调律师、会计师、税务师和信用评级机构等多方关系,并在交易的产品设计和证券定价过程中扮演关键角色。

(六) 服务机构

服务商是资产证券化中另一个重要交易主体,肩负着资产证券化交易从证券发行开始到资产全部处理完毕整个期间的大部分服务(管理)工作。在很多资产证券化交易中,发起人虽然转让了资产,但是由于其拥有现成的系统和客户关系,所以顺理成章地成为交易的服务商。服务商会按所管理资产的一定比例提取服务费,所以这种对证券化资产保留的服务权有时候是发起人重要的收入来源。在我国的信贷资产证券化监管规定中,贷款服务机构是接受受托机构委托,负责管理基础资产池的机构。贷款服务机构一般是信贷资产证券化的发起人和资产出售方。国家金融监督管理总局目前对贷款服务机构的要求如下。贷款服务机构依照服务合同约定管理基础资产,履行下列职责:收取贷款本金和利息、管理贷款、保管信托财产和法律文件;定期向受托机构提供资产服务报告。贷款服务机构应有专门的业务部门,对基础资产池信贷资产单独设账,单独管理。贷款服务机构应将基础资产池回收资金存入资金保管机构,并通知受托机构。

(七) 受托管理人

受托管理人托管资产组合以及与之相关的一切权利,代表投资者行使职能。其中包括:把服务机构存入 SPV 账户中的现金流入转付给投资者;对没有立即转付的款项进行再投资;监督证券化中交易各方的行为,定期审查有关资产组合情况的信息,确认服务机构提供的各种报告的真实性,并向投资者披露;公布违约事宜,并采取保护投资者利益的法律行动;当服务机构不能履行其职责时,取代服务人担当其职责。

(八) 投资者

投资者包括机构投资者和个人投资者。在我国资产证券化实践中,资产支持证券的投资者主要是机构投资者,包括银行、保险公司、共同基金等。机构投资者成为资产证券化市场的主要参与者,是资产证券化市场发展的客观需要。以机构投资者为需求主体,不仅能降低证券的发行成本,而且由于其在资金运用上具有的长期性,有助于资产证券化市场的长期稳定及证券化产品期限结构的合理化。

除上述主要参与主体之外,资产证券化的过程中还涉及对发行资产担保证券提供咨询和相关服务的会计师事务所、律师事务所和资产评估公司等机构。

二、资产证券化的流程

一个完整的资产证券化运作程序分为以下九个步骤:确定基础资产并组建资产池、设立特殊目的载体、将基础资产转让给 SPV、信用增级、信用评级、发售证券、向发起人支付资产购买价款、资产池管理及清偿证券。其中最为关键的是资产转让和信用增级,如图 4-6 所示。

(一) 确定基础资产并组建资产池

一般情况下,可证券化的资产应具有如下特征:①能够产生可预测的、稳定的现金流

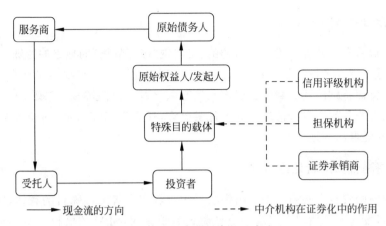

图 4-6 资产证券化融资的基本流程

收入；②保持一定时期的良好的运营效果和信用记录；③具有很高的同质性以及标准化的合约文件；④资产的风险在结构、组合上有效分散；⑤资产的相关统计数据容易取得；⑥基础资产有一定的规模；⑦资产权属明确、可转让，不存在权利上的瑕疵、负担或有效转让的障碍。

发起人根据自身融资需求，以及现有金融资产状况，选择用于证券化的资产。如果银行是发起人，它可以从自己的贷款资产中拿出一部分，但现在对购自第三方银行的资产或非银行金融机构的资产的证券化已成为主流。一般用于证券化的资产不止一种，而是把多种资产组合起来形成"资产池"。一个"资产池"可以包括少到几种、多到几千种的金融资产。"资产池"必须具备一定的规模，这是出于以下两个方面的原因。

1. 可以减少非系统风险

通过资产组合可以减少非系统风险是金融最基本原理之一。"资产池"非系统风险的降低主要还是通过资产分散化来实现的。如果资产集中在一个地区，那么就有风险集中的问题。譬如这个地区的宏观经济环境恶化，这些资产就会全部受到影响。但是，如果资产分散在不同的地区，资产同时受到影响的可能就大大下降，风险就分散了。因此，资产规模越大，资产就越分散，从而就能达到减少非系统风险的目的。

2. 可以达成资产证券化交易的规模效应

证券化交易涉及的法律费用、会计费用、交易架构和登记费用等都是固定的费用，所以"资产池"的规模越大，平均下来的固定费用就越小，这样可以减少单位固定成本，增加净收益。

需要指出的是，可以作为资产支持证券"原材料"的基础资产主要包含债权类资产和收益权类资产。债权类资产在法律上是债权，在会计上解读为应收，原则上可以实现破产隔离。而收益权类资产是指未来的收入，在法律上没有明确的界定，收益权类资产的未来经营性收入，与原始权益人主体的存续状态、经营状况等密不可分，无法实现基础资产与原始权益人的破产隔离。因此在尽职调查中更要充分了解这类资产的原始权益人资信状况和偿债能力。收益权类资产往往带有特许经营的性质或自然垄断的特点。

（二）设立特殊目的载体

组建以运营资产证券化为唯一目的的，可实现"破产隔离"的独立的特殊目的载体，例如，资产管理计划或者信托。"破产隔离"是资产证券化的一个重要意义所在。通过专门为资产证券化而特别组建的载体把资产和发起人自身的风险隔离，实现发行的证券仅依赖资产信用而非发起人自身信用。为了逃避监管，有很多SPV在有"避税天堂"之称的百慕大群岛、开曼群岛等地注册。

（三）将基础资产转让给SPV

资产的原始权益人必须以真实出售的方式将资产出售给特殊目的载体，即实现资产的权属转移，发起人的债权人对基础资产将没有追索权，SPV的债权人也不得追索发起人的其他资产，从而实现破产隔离。由于资产控制权已经从发起人转移到了SPV，因此应将这些资产从发起人的资产负债表上剔除，使资产证券化成为一种表外融资方式。

基础资产的权属转移是资产证券化中核心的一步，这个环节会涉及许多法律、税收和会计处理问题，需多方中介机构协助发起人完成。

（四）信用增级

为吸引投资者并降低融资成本，通常需要对资产证券化产品进行信用增级，以提高所发行证券信用级别。信用增级可以分为内部信用增级和外部信用增级两类，具体手段有很多种。其中内部信用增级主要通过结构化设计划分优先与次级结构、超额抵押等方式实现。外部信用增级主要通过担保来实现，如发起人或第三方提供的担保、信用证等。具体内容见本节第一部分资产证券化参与主体中信用增级机构的介绍。

（五）信用评级

对投资者而言，信用评级是选择资产证券化产品的重要参考之一，信用评级越高，表明证券风险越低；而对于发行人而言，信用评级越高，发行证券筹集资金的成本也就越低。有相当部分的资产证券化操作会同时选用两家评级机构来对证券进行评级，以增强投资者的信心。部分资产证券化产品还要求在证券发行后进行跟踪评级。

（六）发售证券

SPV将经过信用评级的资产支持证券交给证券承销商承销。承销商为证券的发行进行促销，以帮助证券成功发行，募集所需资金。此外，在产品设计阶段，承销商一般还扮演融资顾问角色，运用其经验和技能设计一个既能在最大程度上保护发起人的利益，又能为投资者所接受的融资方案。

（七）向发起人支付资产购买价款

承销商将证券出售给投资者后，将募集资金交给SPV。SPV用从承销商处获得的证券发行收入，优先向其聘请的各专业机构支付相关费用，然后再按照约定价格向发起人支付购买基础资产资金。至此,发行人筹资目的达成。

(八)资产池管理

证券发行后,SPV 还需要对资产池进行管理和处置,对资产所产生现金流进行回收。管理人(服务商)可以是资产的原始权益人即发起人,也可以是专门聘请的有经验的资产管理机构。比如在债权类资产证券化运作中,管理人(服务商)主要负责收取债务人按期偿还的本息,对债务人履行债务情况实施监督,进行预警管理、出险管理等。在收益权类资产证券化运作中,管理人(服务商)主要负责通过运营项目等方式获取收益,并进行现金流回款等资金管理。

(九)清偿证券

SPV 将委托受托人按时、足额地向投资者偿付本息。利息通常是定期支付的,而本金的偿还日期及顺序会因基础资产和所发行证券偿还安排而不同。待资产支持证券到期后,按照证券发行时的约定,若有剩余资金收益,按协议规定在发起人和投资人之间进行分配,整个资产证券化过程即告结束。

第三节 资产证券化的风险分析

一、我国资产证券化实践

2005 年 3 月 21 日,中国人民银行宣布信贷资产证券化试点工作正式启动,国家开发银行和中国建设银行作为试点单位,分别就信贷资产进行信贷资产证券化和住房抵押贷款证券化的试点。同年 4 月 20 日,中国人民银行、中国银监会联合发布了《信贷资产证券化试点管理办法》,随后证券化试点资产范围逐渐扩大,资产证券化业务实现了快速发展。

截至 2022 年 9 月底,我国资产支持证券产品债券余额为 4.5 万亿元,总发行量为 15.4 万亿。[①] 这其中涵盖的产品种类有信贷资产支持证券(由住房抵押贷款证券、不良资产支持证券、其他信贷资产支持证券合计组成)、资产支持票据、企业资产支持证券、保险资产支持证券四种类别。

一般来讲,资产证券化在我国主要分为信贷资产证券化、企业资产证券化与交易商协会主管的资产支持票据,其中资产支持票据不必设立特殊目的载体,不属于真正意义上的资产证券化,如表 4-3 所示。

表 4-3 资产证券化的分类

项 目	信贷资产证券化	企业资产证券化
基础资产	金融机构的信贷资产	企业所拥有的债权及收益权资产
法律支持	《信贷资产证券化试点管理办法》	《证券公司资产证券化业务管理规定》

---

① 当前我国资产证券化的风险与应对措施[EB/OL].(2022-10-17). https://www.yicai.com/news/101564518.html.

续表

项　　目	信贷资产证券化	企业资产证券化
监管机构	央行、国家金融监督管理总局	证监会
审核方式	审核制	备案制
发起人	银行业金融机构(商业银行、政策性银行、汽车金融公司、金融租赁公司)	非金融企业
管理人	信托公司	证券公司或基金子公司
交易场所	银行间债券市场	证券交易所

二、资产证券化风险

(一)利率风险

由于债券的价格与市场利率相关,所以市场利率变动会给债券持有者带来损失,这就是利率风险。常见的解决方法是采用浮动利率、进行利率互换或者引入其他利率保值方法。

(二)汇率风险

汇率风险(exchange rate risk)有两个产生渠道:其一是证券化资产与证券的现金流币种不一致;其二是投资者持有的证券与其本国货币不一致。在前一种情况下,一般会在结构设计中加入货币互换,以减少现金流币种不匹配的风险。对于后一种汇率风险,则由债券持有者自己选择一定的交易方法来规避,比如购买远期外汇、外汇期货、货币互换等。

(三)购买力风险

许多证券化的证券都是有固定利率的,这样投资者就会面临通货膨胀的风险。非预期通货膨胀的发生会改变证券收益的实际购买力。购买力风险(purchasing power risk)与利率风险是相似的,因此可以采用相同的方法来消除购买力风险。

(四)流动性风险

流动性风险(liquidity risk)是投资者无法按合理的价格及时卖出手中的证券而遭受损失的风险,这种风险的解决主要依靠证券交易市场的流动性,交易市场的流动性越大,风险越小。在资产证券化过程中,有时需要安排投资银行为二级市场的交易提供一定的流动性。不过,由于资产证券化下的证券一般价值可预期且较为稳定,所以其流动性一般情况下是比较有保证的。

(五)主体信用风险

主体信用风险是指证券发行人的信用风险,主要有违约风险(default risk)和降级风险(downgrade risk)。证券化过程中的信用风险主要集中于资产池的质量,而不是像一般的风险那样集中于证券发行人整体。因为资产池是证券偿付的基础,而资产池中的资产都是在未来产生收益的资产,所以容易受到外界因素的影响,可能会出现信用级别的降低。在良好的风险隔离结构下,证券发行人基本只作为壳载体,所以其信用是通过一系列的信用保证和信用增级体现出来的,在设计良好的结构中,主体信用风险对证券化资产的影响会非常小。事实上,与该证券有关的信用支持机构的信用状况才是影响该证券信用风险的关键因素。对于信用风险,SPV 还经常通过信用违约互换(CDS)这类方式,向外部交易对手转嫁。

(六) 早偿风险

一般来说,通过各种信用增级措施可以把各种资产支持证券的信用风险、利率风险、法律风险、结构风险、担保风险等完全或部分消除,但作为一种特殊的固定收益证券,其特有的早偿风险(prepayment risk)却是无法完全消除的。

早偿风险是指借款人可以随时支付全部或部分抵押贷款的余额,而导致现金流量不稳定和再投资现象的风险。一般地,抵押贷款的发放人都允许借款人不受惩罚随时支付全部或部分抵押贷款,这相当于给予借款人一个"早偿期权"(prepayment option)。

借款人的早偿(提前偿还)首先将影响基础信贷资产的现金流,然后通过住房抵押贷款证券化结构,影响到信贷资产支持证券投资者所获得的现金流。抵押支持证券作为一种隐含嵌入期权的证券,这种期权的存在会对证券持有人造成两个方面的不利影响。

(1) 紧缩风险(contraction risk)。在利率下降的环境中,抵押支持证券的潜在价格上涨幅度会因为早偿(提前偿还)的可能而被减小,所以投资者将面临紧缩风险,即当利率下降时,借款人可以提前偿付贷款,然后以更低的利率进行再融资,但由于借款人的提前偿付,债券投资者被迫以较低的利率对提前收回的债券本利进行再投资。

(2) 展期风险。在利率上升的环境中,抵押支持证券的价格会像其他债券一样地下降,并且下降的幅度更大,因为高利率将造成早偿率的降低,增加对低于市场利率息票的投资数量,从而使投资者遭遇展期风险或称扩张风险(extension risk),即当利率上升时,债券投资者希望提前偿付,以便能够以较高的市场利率对提前偿付额进行再投资。而借款人则不愿意进行再融资,提前偿付率下降,于是债券投资者无法获得提前偿付额进行再投资。

早偿行为(提前偿还贷款行为)的危害性不仅在于它一旦发生,就可能对信贷资产证券化交易中的现金流产生重大影响,而且在于影响早偿行为的因素很多,这其中既有客观上的原因(如意外事件的发生),也有主观上的原因(如借款人行使早偿期权)。总体上影响早偿风险的主要因素有四个:①当前的抵押贷款利率;②基础抵押品组合及资产池的特征;③季节性因素;④宏观经济因素即经济活动的总体水平。视交易方式的不同,早偿风险或由发起人承担,或由投资者承担。如果采用抵押担保债券的方式发行债券,早偿风险就由发起人承担;如果采用转手证券或转付证券的形式发行债券,早偿风险则由投资者承担。

(七) 操作风险

巴塞尔银行监管委员会对操作风险的正式定义是:操作风险是指不完善或有问题的内部程序、人员及系统或外部事件而造成损失的风险。根据《巴塞尔新资本协议》,操作风险可被分为由人员、系统、流程和外部事件引发的四类风险,并具有七种表现形式:内部欺诈、外部欺诈、雇员活动和工作场所安全性、客户、产品及业务活动事件、实物资产的损坏、业务中断和系统失灵,以及行政、交付和过程管理。资产证券化操作风险主要来自内部程序不完善、人为失误、系统故障和外部事件的影响。

三、资产证券化风险防范

资产证券化产品在我国应用时,如果不谨慎应对,有可能产生系统性风险。

从风控措施角度,资产证券化业务需要从"传统"与"创新"两个视角进行分析和控制。

首先,所有业务风险管理的理念需要简单清晰、回归本源,资产证券化业务需要回归强资产本源,国内目前强资产的资产证券化产品出现实质违约的情形占比极低,这里的强资产主要是指高度分散型的债权资产、优质的不动产资产(持有型地产物业和基础设施),以及其他类型的优质基础资产。

其次,可以借助金融科技扩大、提升资产证券化风险管理的范围和效率。

从美国市场经验来看,债权、收益权和不动产三大类型证券化资产都可以映射为数据资产,且可以通过嵌入物联网、区块链、人工智能等技术更高效地进行份额化交易与流转,从而更有效地量化和分析风险。

可以借助资产证券化的风险预期差进行套利交易,在风险可控前提下丰富业务模式。

金融的本质在于"风险定价",开展资产证券化业务的风险管理不是为了纯粹规避风险,而是对风险进行合理定价,对于分散型债权资产(如车贷、信用卡等)、不动产资产和不良资产等,次级与夹层产品的收益率具有一定波动性(基于不同参与机构对风险因素,如违约率/回收率或资产价值变化的不同预期),可以在风险可控前提下,通过量化分析开展合理的套利交易。

如果认为创新是金融发展的灵魂,那么监管则是守护创新的将士。没有创新,金融就不能向前发展;没有监管,金融创新则容易"走火入魔"。监管与创新既对立又统一,二者构成矛盾体,共同推动金融的发展,这是我们理解金融监管与金融创新之间关系的理论基础。

在风险配置市场中,金融创新与金融监管已经演化成为互补而不是斗争的关系:第一,现代金融监管是以风险为基础的监管,其根本点在于通过外部干预使金融风险被控制在一个适宜水平。金融创新的发展促使风险配置市场形成,利用市场化的手段配置风险,客观上提高了风险管理的水平,市场自身的约束成为风险监管最有利的补充。第二,金融创新发展的深度和广度依赖于风险配置市场的发育程度。金融管理机构可以通过外部干预,缩短市场自我演化的时间,规范市场行为,降低交易费用,从而促进风险配置市场的发育和保护市场正常运行。

2008年美国次贷危机

我们了解了资产证券化之后,可以重新认识一下2008年美国次贷危机。2000年左右,互联网泡沫破裂,美联储把利率下调到1％,并希望能够通过房地产来拉动美国经济。金融机构把大量居民的购房贷款进行了一连串的证券化,在这个过程中,出现了许多风险。

第一,放款机构道德风险造成次级贷款泛滥。

银行在给购房者提供贷款时,如果是拿自己的钱贷出去,就会对借款人的还款能力进行严格审查。但有了资产证券化之后,银行发放贷款可以赚取利差,却不需要承担损失本金的风险,于是,银行会放松对借款人的审查,使得次级贷款——借款人信用程度较差或者偿还能力不高的贷款——数量上升。

次级贷款也分不同的种类,比如忍者贷款(NINJA loan)是指借款人没有收入、没有工作、没有固定资产(no income no job and no assets)还能拿到贷款;再比如可调利率贷款(adjustable rate mortgage,ARMs),即开始的几个月或几年还款额非常小,几年后开始增加本息还款的贷款。大量美国低收入者、无固定职业者通过次级贷款加入炒房大军,迅速推高了美国房价。

第二,评级机构的道德风险成为帮凶。

在资产证券化的过程中,很多地方都需要评级机构对资产进行评估。一些评级机构为了自身盈利,会尽量给出比较高的等级——因为如果它们过于严格,就会赶走自己的客户。在对美国次贷危机反思中,很多人认为评级机构做了扩大风险的帮凶。

第三,金融衍生品泛滥造成经济混乱。

本来,居民只是想贷款买一套房子,结果被华尔街精英们创造出了各式各样的金融衍生品。如果我们举个极端一点的例子:一位工人贷款买了一套房子,手里还剩了点钱,就买了一种基金。偶然有一天,这位工人的资产情况恶化,还不起贷款了,他希望能把基金里的钱取出来还房贷。结果他发现基金里的钱也拿不出来了,因为这种基金购买的金融衍生品就是以他这套房子的贷款作为标的的。

第四,监管不够严格会放大风险。

美国的监管的一般原则就是"法不禁止即可为",金融行业的弄潮儿充分发挥了自己的聪明才智,却忽略了资产的风险。在资产证券化的过程中,很多投资者都把风险转移到了下一个购买金融衍生品的投资者身上,每个人都只考虑自身的收益。在2008年的金融危机之后,出现了《巴塞尔协议Ⅲ》,其就是为了对各个金融机构进行更加严格的限制。

第五,连续加息是金融危机的导火索。

由于房价上涨过快,美联储从2004年开始到2006年连续17次加息,利率从1％上调到5.25％。利率提高以后,还没贷款的人不想贷款买房了,房价的上涨受阻。加上可调利率贷款陆续进入还本付息阶段,许多次级贷款者开始断供。这就使得MBS和CDO中风险最高的债券出现了违约。

按照合同,银行收走了断供者的房屋,并进行拍卖。可是这样更增加了市场上房屋的供应量,促进了房价的下跌。许多购房者发现要还的贷款比房子现在的价值还要高,于是他们干脆断供。如此陷入断供—房屋拍卖—房价下跌—更多人断供的恶性循环,MBS与CDO中低风险的债券也随之发生违约。

随着债券违约,购买了这些债券的资产管理机构纷纷陷入困境,而开展CDS业务的保险公司更是损失惨重——它们根本没有准备好应对这场危机的赔付资金,当 CDS 对赌的获胜方要求它们赔付时,它们根本拿不出钱来。雪崩式的危机中,没有人能够幸免。

为了应对这场百年一遇的大危机,美国政府开展了前所未有的救市行动。例如,美国政府花了 1 500 亿美元,把 AIG(美国国际集团)保险公司从危机中解救出来。但不是每个机构都这么幸运,华尔街第三大投行美林、第五大投行贝尔斯登最终都以极低的价格被收购,第四大投行雷曼兄弟则更加凄惨,因为在大量 CDS 业务中对赌失败,最终资不抵债,只能选择破产。

在美国,这场危机大概造成 800 万人失业,600 万人无家可归,财产损失大概有 5 万亿美元。后来次贷危机影响到了全球经济,甚至到现在还能看到它的影子,这一切都是因为我们对金融风险认识不足。企业家的目标是获得更多的收益,其在经营过程中往往会出现道德风险,会发行更多的金融衍生品,所以,在金融市场上,政府监管就显得尤为重要。

资料来源:美国次贷危机和金融危机过程回顾及对我们当下的启示[EB/OL].(2022-04-25). https://xueqiu.com/2836571636/198342832.

请思考:
1. CDO 是怎么运作的?
2. CDS 是怎么运作的?
3. 当前我国资产证券化处于什么阶段?

【本章小结】

基础资产转让涉及主权利及附属担保权益的转让。但是,是否转让担保权益、抵押权、质押权等相关从属权益往往易被忽略或者在合同要件中没有清楚地约定附属担保权益转让情况,一旦出现基础资产违约情况,基础资产本身附带的附属权益即成为管理人进行追索的重要依据。比如租赁物保证金就是一种附属权益,在签署资产转让相关合同时需要明确基础资产池相关的租赁保证金所有权归属于资产支持专项计划,原始权益人不得挪用保证金于其他的用途。

一般而言,资产证券化的参与主体主要包括发起人(原始权益人)、特殊目的载体、信用增级机构、信用评级机构、承销商、服务机构、受托管理人和投资者等。

【复习思考题】

1. 按照价值形态的不同,资产怎么分类?
2. 资产运营具有什么特点?
3. 资产证券化运作程序主要步骤有哪些?

【进一步阅读书目】

1. 马晓军. 投资银行学:理论与案例[M]. 3 版. 北京:机械工业出版社,2020:216-222.
2. 胡海峰. 现代投资银行学[M]. 北京:首都经济贸易大学出版社,2022:266-278.

3. 朱杰,唐潇,温建利.资产证券化实务详解：操作指引与案例解析[M].北京：中国法制出版社,2019：12-28.

【即测即练】

第二篇

投资银行业务

第五章

投资银行业务模式

本章学习目标

1. 熟悉和掌握投资银行的经营模式及其比较；
2. 了解世界各国投资银行经营模式的新变化；
3. 了解我国投资银行的经营模式选择。

招商银行"商行+投行"主要业务模式

"商行+投行"战略是银行综合性经营的另一种表达方式，是银行在客户融资需求多样化的时代背景下的自然产物。在狭义的商投联动下，商业银行主要通过内部存贷汇业务与资本市场业务之间相互合作产生"商行+投行"联动。而更广义的商投联动不仅包括商业银行自身内部协作，还包括银行与外界券商、基金等机构的合作。

招商银行作为国内最早成立的股份制银行之一，秉承"因您而变"的服务理念，充分发挥自身资源禀赋，在业务和理念创新上取得令人瞩目的效果。在向"轻型银行"转型的背景下，招商银行通过业务的聚焦、客户的聚焦，致力于构建"财富管理-资产管理-投资银行"专业化体系，积极开拓资本市场创新业务，加速投行化转型，打造一流的商业银行投行业务板块，先进经验得到了同行业的广泛关注。

一是通过与PE/VC(私募股权投资/风险投资)结合的投贷联动，为处于创业期和成长期企业提供债权与股权等综合性融资服务。早在2010年6月，招商银行已推出"千鹰展翼"计划，通过与PE、VC等机构合作，为处于创业期和成长期企业提供债权与股权等综合性融资服务。具体来看，针对一家初创公司，招商银行信贷方案由分行小企业条线发起申请，由总行小企业金融部门的专业团队负责投资决策，在提供选择权贷款的同时，还可负责PE等风险投资机构推荐，同时投行部负责扮演融资顾问、财务顾问的角色，私人银行部为企业提供财富管理方面的服务等，获得利息收入、托管费、财务顾问费等多种业务收入。截至2019年末，招商银行"千鹰展翼"入库客户已达2.6万户，客户授信总额和贷款余额分别为2 547亿元和419亿元。此外，为更好满足企业多层次融资和发展需求，招商银行还和各类基金合作设计投贷联动系列产品，包括投联贷、科创贷、三板贷、高新贷等,并引导基金参股子基金投资企业。

二是通过旗下投资子公司进行股权直投,并与银行各部门进行业务联动。招商银行提供的投资联动不仅为企业提供匹配其发展周期的信贷融资方案、覆盖境内外资本市场上市顾问服务等,还包括小额股权直投业务。具体来看,招商银行基于其与企业间长期良好的合作关系和充分了解,由招商银行旗下机构管理的股权投资基金以及境外子公司招银国际,对企业提供股权资金支持,并提供全流程资本市场综合金融服务。

三是持续推进传统投行债券承销业务,深化业务全流程改造,为客户提供多方位融资服务。持续多年在"投贷联动""投商行一体化"方向上的发展创新,为招商银行债券承销打下了坚实的客户基础。据 Wind 统计,2020 年招商银行在银行间债券市场主承销债券金额为 5 205 亿元,同比增长 44.6%,排名银行类主承销商第一。

资料来源:银行如何玩转"商行+投行"?[EB/OL].(2021-02-20). https://cj.sina.com.cn/articles/view/1704103183/65928d0f020025n4e.

请思考:
"商行+投行"的主要业务模式有哪些?

案例分析思路:
1. 模式一:投贷联动

在以财务顾问为主要身份参与的"跟投""跟贷"模式下,商业银行在收取服务费、托管费增加非息收入的基础上,还能享受到优质客户融资过程中的沉淀存款和优质高效贷款。

2. 模式二:大资本市场业务

商业银行可通过参与结构化定向增发,在获取固定收益的基础上得到一定浮动收益。在定向增发业务中,商业银行主要通过基金子公司、信托子公司等机构下的专项资管计划参与上市企业的"定向增发",投资股票、债券及货币市场工具等公开交易市场标准化金融工具。股权直投模式主要是商业银行通过投资子公司绕道监管进行股权投资。股权投资基金模式实际是"明股实债"模式,银行与合作投资机构首先成立股权投资基金,该基金再对目标企业进行投资。

3. 模式三:传统投行业务

以债券股票承销为代表的投行业务,有利于银行在授信额度有限的情况下赚取中收,同时减轻资本消耗压力。并购重组服务不仅包括并购贷款,还涉及并购前估值、并购中融资、并购后整合等全程顾问服务。

第一节 投资银行经营模式及其比较

投资银行的经营模式一般有两种:一种是分离型经营模式,也叫分业经营模式,是指投资银行业务与商业银行业务相互分离,分别由投资银行和商业银行两种金融机构相对独立经营,不得混合的管理和发展模式;另一种则是综合型经营模式,也叫混业经营模式,是指投资银行业务和商业银行业务相互融合、相互渗透,这两者都由同一个金融机构来提供。投资银行的两种经营模式各有利弊,世界各个国家的投资银行要根据其所处的时代背景和金融发展环境的不同,来对这两种经营模式进行相应的选择和处理。

一、分离型经营模式

分离型经营模式是指法律规定投资银行在运营中与商业银行在组织体制、业务经营和监管制度等方面相互分离、不得混合的管理与发展模式。分离型经营模式的最本质特点就是通过严格限制商业银行和投资银行的业务范围,从而有效地控制商业银行的风险,达到维护金融体系稳定的目的。分离型经营模式起源于第一次全球金融危机以后的美国,20世纪90年代以前的美国、英国和日本都是采用分离型经营模式的典型国家。

(一)美国的投资银行

19世纪末20世纪初,美国的银行都处于自然的混业经营阶段,商业银行既经营存贷款业务,也经营投资业务。

1933年,美国国会通过《银行法》,美国由此发展出独立的投资银行体系。

1999年美国通过《金融服务现代化法案》,允许银行控股公司不受限制从事证券承销、买卖以及共同基金业务、保险业务,打破了20世纪30年代以来美国银行、证券和保险业之间的法律壁垒。

2008年次贷危机,华尔街的前五大投资银行都陷入前所未有的困境,贝尔斯登和美林证券相继被商业银行收购,雷曼兄弟宣告破产,而摩根士丹利和高盛则向美联储申请转型为银行控股公司,华尔街原先的独立投行模式就此结束。

美国的全能金融机构大多采用金融控股公司模式。在这种模式下,金融控股公司拥有商业银行和投资银行等金融业务子公司,在各种金融业务之间建立防火墙,限制商业银行与证券等业务部门的一体化程度,由不同的子公司从事不同种类的金融业务,每一个子公司都有自己独立的资本金、管理队伍、会计标准等。美国金融控股公司以花旗集团最为典型。

(二)英国的商人银行

20世纪30年代经济大危机后,虽然英国实行了投资银行与商业银行分业经营和分业管理的模式,但是却没有像美国和日本那样对业务进行严格、明确的划分。英国注重市场参与者的自我管理和自我约束,因而没有进行过多立法干涉。

由于在历史上,英国商人银行和存储机构就是各自独立发展起来的,分离型经营模式更像是英国银行本身自然而然形成的,而不是由法律和规范进行限制。与美国的投资银行相比,英国的商人银行有着更加广泛的业务;与美国的商业银行相比,英国的商人银行的业务更加专业化。英国的商人银行不仅承担了投资银行的全部业务,而且具有吸收存款职能。英国的商人银行又可以归类为存款型机构,它提供金融咨询和服务、承销证券。

在经历了民营化、企业并购浪潮以及证券市场的变革以后,英国的商人银行逐步发展壮大起来,形成了与商业银行共同经营投资银行业务的格局。

目前的商人银行主要业务有中长期借款、公司理财、新股发行和承销、公司并购咨询和融资、债务改组、风险投资等。

(三) 日本的证券公司

日本也是实行分离型经营模式的典型国家,但是它并不是在 20 世纪 30 年代经济大危机之后,而是在第二次世界大战之后,日本借鉴了美国银行业分离型经营模式,在 1948 年颁布了历史上第一部《证券交易法》,才将投资银行业务与商业银行业务明确分开。

日本曾对各金融机构进行了严厉的管制,它将金融机构分为证券公司、普通银行、长期信用银行和信托银行四个主要层次:证券公司专门经营投资银行业务;普通银行只能经营期限为两年的固定利率定期存款;长期信用银行经营期限为 5 年的金融债券;信托银行经营期限为 5 年的信托贷款,禁止普通银行兼营信托银行的业务。日本投资银行业缺乏充分的竞争机制还表现在固定费率上,以手续费为主要收入。

美国等西方国家的投资银行早就在代理业务收费上引入竞争机制,日本证券公司则一直实行固定费率制,实行协议佣金制。固定费率制降低了价格竞争的可能性,稳定了日本证券公司和其客户的长期关系。基于互利的原则,证券公司秉承"追随客户"的原则,倾其所能为大客户服务,从而使证券公司不惜违反证券法规为其提供内幕消息,甚至动用自有奖金来弥补企业经营上的损失。

(四) 德国的综合银行

德国法律不限制商业银行拓展业务时采用何种组织模式,德国的商业银行大多采用综合银行模式。在这种模式下,商业银行通过内部部门直接开展非银行金融业务,各种金融业务融合在一个组织实体内。德国商业银行是一家典型的全能银行,于 2000 年 11 月重组了业务系统,把全行的业务整合为两部分:一部分是零售业务和资产管理业务,另一部分是公司业务和投资银行业务。全行管理围绕这两大业务展开。

这种模式的优点在于:①银行内部各个部门可以共享资源,提升信息资源的流动性,发挥信息优势;②银行可以尽最大可能平稳利润。

这种模式的缺点在于:①不利于协调两大业务部门之间的文化冲突;②容易使客户怀疑自身利益的安全性。

二、综合型经营模式

综合型经营模式,是指同一家金融机构通过资源整合,同时经营商业银行、投资银行、保险公司、信托投资公司等金融业务,这些业务相互融合、相互渗透,以提高有效竞争能力,并充分利用金融资源,达到提高金融机构创新能力和高效经营的目的。简而言之,银证混业经营、混业管理是综合型经营模式的最本质特点。其中德国是实行综合型经营模式的典型代表。全能银行形式,即银行既从事商业银行业务,也从事投行业务(代表公司为德意志银行、巴黎银行),该模式的优点在于,利用商业银行资金来源充足的特点,可以有效降低流动性风险,且投行业务产生的亏损可以通过其他业务进行分担。

全能银行与企业关系密切,它通过控股组成财团从而拥有众多客户,而且其商业银行业务已经形成全球性分支机构网络,此为欧洲大陆全能银行的第二大优势。

三、两种经营模式的比较

投资银行的两种经营模式各有利弊,分离型经营模式和综合型经营模式之间并不存在谁好谁坏之分。一个国家实行哪种经营模式,并没有统一的标准,一国采取的经营模式也是随着经济发展和金融变革等诸多情况而不断发生变化的。国家会进行各方面综合考虑之后选择符合本国实际情况的投资银行经营模式。

(一)分离型经营模式的利弊分析

1. 分离型经营模式的优点

(1)可以减少投资银行利用"内幕信息"的情况发生,有利于进一步实现金融市场的公正、透明和有序,有效维护了中小投资者的利益。

(2)为投资银行和商业银行的发展创造了一个稳定而封闭的环境,弱化了金融机构之间的竞争,从而有助于维持金融体系的稳定,也便于政府对金融机构的分门别类的监管。

2. 分离型经营模式的弊端

分离型经营模式在长期的运行过程中也存在许多弊端。分离型经营模式最大的不足就是它限制了银行的业务活动,从而制约了本国银行的发展壮大,严重影响和削弱了本国金融机构的国际竞争力。严格的分离型经营及管理模式对商业银行和投资银行的实力提升都有较大的制约作用。

(二)综合型经营模式的利弊分析

1. 综合型经营模式的优点

(1)有利于银行业实现规模效益。同时经营投资银行业务与商业银行业务的全能银行可以充分利用其有限的金融资源,实现金融业的规模效益,降低成本,提高盈利水平。

(2)有利于降低银行的自身风险。多元化经营可以保障银行利润的稳定性。当一种业务的收益下降时,可以用另一种业务的收益来弥补。

(3)全能银行能更全面、充分地掌握企业的经营、财务、管理等多方面的情况,两者之间可以互通信息,从而降低贷款的呆账率和投资银行承销业务的风险。

(4)有利于银行间的激烈竞争。加强银行之间的竞争有利于增强金融业的微观经营实体的竞争力,使经济资源得到充分利用,也有利于社会达到帕累托最优状态。

2. 综合型经营模式的弊端

在商业银行和投资银行业务进行融合之后,容易形成金融市场的垄断行为,不利于市场公平竞争,并且在银行内部竞争激烈,会产生内部无法协调的困难,可能会带来更大的金融风险。为了避免金融风险的发生,实行这一经营模式需要建立严格的监管和风险控制制度。

综上所述,分离型经营模式有利于银行体制乃至整个金融市场体系的安全和稳定,综合型经营模式则更注重效率,一个国家选择采用哪种经营模式,实际上取决于其是注重安全还是注重效率,对这两者的取舍不同,作出的选择就不同。

四、我国投资银行业务模式

中国的投资银行机构大致可以分为以下几类：一是以证券公司为主体的"券商系"投行；二是以信托公司为代表的"信托系"投行；三是以商业银行为背景运行的"银行系"投行；四是一些以小型投资咨询公司和私募基金管理公司为主体的"精品投行"，如华兴资本、普拓资本等。除了以上类别外，其还包括一些财务顾问公司、资产管理公司等，但从规模而言，前三类是中国投行机构的主体。

以上三类主要的投行机构中，"银行系"投行虽属后起之秀，但无论是项目数量还是融资安排规模，都是其中最大的。

在业务范围上，三者既有共同点，又有着明显的不同。从共同点而言，随着金融市场化的发展，三者经营的范围逐步融合，部分业务均可开展，比如三者均可开展财务顾问业务，部分"银行系"投行和部分"券商系"投行可开展债券承销业务等，这形成了三者竞争性的一面。

三者也存在着很多差异：其一，牌照的不同形成了业务方向的不同，比如"银行系"投行没有 IPO 牌照，不能开展股票承销业务，此类业务只能由"券商系"投行操作；"信托系"投行利用信托牌照，发挥信托平台"通道"优势，通过融资信托方式恰好能够满足优质企业和项目的融资需求，这使得"信托系"投行较之另外两者在操作上更有优势。其二，客户和资金"资源"上的差异，这一点"银行系"投行有着相对的优势，庞大的"资源"存量规模为投行业务的开辟提供了以融资业务带动顾问服务的新模式，尤其对一些资金规模较大的项目，"银行系"投行能够更快捷地满足企业的需求。

可以看出，"券商系"投行重在"牌照"，"信托系"投行重在"通道"，而"银行系"投行重在"资源"，在不同的环境下，三类投行的发展高下自现。这也决定了"券商系"投行以经纪业务为生存之本、盈利之源；"信托系"投行在前几年抓住了"通道"优势，形成了以"融资信托"为主体的盈利模式；"银行系"投行利用"资源"优势后来居上。

随着宏观环境、金融环境和竞争环境的变化，包括经济增长模式的变化、金融市场化的推进、投行主体的增多等因素的影响，虽然中国的投行业务空间越来越大，但各个投行主体之间的竞争也越来越激烈，焦点将更多集中在"资源"的争夺上，"银行系"投行将有更为广阔的发展空间。

"信托系"投行如果缺少了"银行系"投行提供的客户和资金"资源"，生存将备受考验。"信托系"投行在过去之所以能够高速发展，离不开银行的合作和推动，"通道"是"银行系"投行发展的工具，而难以成为竞争的主体力量。"券商系"投行同样面临客户和资金"资源"的问题。"银行系"投行将能够在未来发挥其自身的突出特点，与"券商"和"信托"密切合作。

例如，由于商业银行在资金端和客户端拥有的优势，"银行系"投行开拓业务一方面依靠传统业务拉动，另一方面着力开发银行间市场和场外市场产品，通过借助券商或信托的方式深度参与上市公司再融资业务；在盈利模式方面，"银行系"投行往往采取"顾问＋融资"的模式，在开展投资银行业务的同时，通常也会带动传统的商业银行业务，例如资金的结算、贷款的发放等，其盈利创造具有外溢性；在风险控制方面，"银行系"投行基于商业银行的稳健性特征,对于投行业务的审批通常较为严格,对风险因素通常能够防患于未然。总体上,"银行系"投行发挥的是商业银行和投资银行相互补充、相互促进的协同优势。

"银行系"投行与其他类型投行之间合作的意义远大于竞争,可以相互协作形成效率更高的投行服务网络。例如从投行业务开展的过程来看,在项目营销阶段需要强大的资源基础,产品设计阶段需要专业的人才和敏锐的风险意识,成交发行阶段需要执业牌照和通道。在这三个阶段,"银行系"投行、"券商系"投行和"信托系"投行可以很好地实现优势互补。①

一直以来,投行业务都是国内券商业务的主要板块之一,从中国证券业协会披露数据看,2021 年全行业 140 家证券公司实现营业收入 5 024.10 亿元,实现净利润 1 911.19 亿元。其中,投资银行业务净收入 699.83 亿元,同比增长 4.12%。近 3 年来投行业务收入稳步增加,其中 2020 年增幅近 40%,2021 年因整体市场环境,增幅有所下降,但整体呈现稳步上升的趋势。

第二节　投资银行经营模式新变化及其趋势

从 20 世纪 80 年代开始,西方国家兴起金融自由化浪潮,全球金融市场一体化趋势增强,金融业务创新不断得到拓展延伸,因此西方主要国家开始放松对金融业务的管制,商业银行逐渐开始从事证券业务,投资银行也向商业银行的业务领域进行延伸,综合型经营模式再次成为新的发展趋势。

一、美国投资银行业务模式的新变化

2008 年美国次贷危机引发的连锁反应导致了罕见的金融风暴,在此次金融风暴中,美国著名投资银行贝尔斯登和雷曼兄弟崩溃,其原因主要在于风险控制失误和激励约束机制的弊端。美国监管机构越来越清楚地认识到,原投资银行模式过于依靠货币市场为投资银行提供资金,尤其是在雷曼兄弟申请破产之后,对于投资银行的借贷就变得日益困难。如果转型为银行控股公司,原投资银行机构就将获准开展储户存款业务,这可能是一种更为稳定的资金来源。为了防范华尔街危机波及高盛和摩根士丹利,美国联邦储备委员会批准了摩根士丹利和高盛从投资银行转型为传统的银行控股公司。银行控股公司可以接收零售客户的存款,成为银行控股公司将有助于两家公司重构自己的资产和资本结构。随着美国大型独立投行陆续被并购,或破产倒闭,或被注资,或转型为银行控股公司,大型存款类银行将重新主导国际金融业的发展,混业经营的发展趋势将得到强化。

趋势之一:独立的投行模式会被混业经营模式取代。

在金融危机恶化之前,全能银行的经营模式仍然广受质疑,而现在看来,这种观点已被完全颠覆了。诸如花旗集团、瑞银集团和汇丰集团等一些综合化经营的大型全能银行

---

① 解析中国三大投行机构业务运作的异同[EB/OL].(2018-07-23). https://www.sohu.com/a/242815755_99968903.

虽然在金融危机中也损失惨重,但其应对危机的能力较强。此次国际金融危机说明全能银行的混业和综合型经营模式具有更强的生存能力,在危机后将主导国际金融业的发展,这必将对国际金融业的未来走向产生深刻的影响。从全球范围来看,独立投行模式未来很有可能会消失,大多数纯粹的投资银行将被商业银行合并,全能银行的经营模式将更受欢迎,由商业银行主导的混业经营将成为未来金融业发展的主流模式。

趋势之二:市场集中度进一步提高。

国际银行业的并购活动日益频繁,银行业更加趋于寡头化,市场集中度将进一步提高。国际金融危机的爆发将促使国际银行业的并购活动日益增多,经营日趋寡头化,导致银行业的市场集中度进一步提高。银行业自身为摆脱金融危机而加速并购,同时政府也力促银行业并购,在未来一段时间,国际银行业将经历一轮整合浪潮。一些受金融危机影响较小、经营较为稳健、资金相对充裕的金融机构利用金融危机这一千载难逢的历史机遇,积极向外收购兼并,实现低成本的快速扩张。

趋势之三:市场面临更加严厉的监管。

随着国际投资银行业不断向混业经营和寡头化方向发展,分业监管模式将有可能被取代,同时在今后较长的一段时间内,国际银行业将面临更加严厉的监管。面对此次国际金融危机,为了适应混业经营的发展趋势,世界各国已纷纷对金融监管机构进行了整合,使其向混业统一监管模式转变,以消除监管"盲区"或"真空"地带,增强监管能力,提高监管水平和效率。

趋势之四:投行公司采取更为谨慎、稳健的经营策略。

未来金融创新除了会面临更加严厉的监管外,还会受制于银行自身的审慎经营理念和策略。随着美国独立投行的先后倒闭或转型,未来较长一段时间内全能银行将成为金融创新的主体。可以预计,未来金融创新的动力依然存在,金融创新活动仍将持续不断、层出不穷,金融衍生品市场仍将发挥其应有的作用,但是,随着投行等激进型金融创新主体的衰落以及全能银行重新占据主导地位,过度的金融创新将受到一定程度的遏制,金融创新将有可能变得更加谨慎和稳健。

二、投行业务模式变迁及未来展望

首先,随着市场竞争的加剧,投行类业务在未来的一段时间的利润空间可能逐步收窄,其中股权承销业务短期内难有较大的空间,债券市场及并购市场可能是投行业务的一个新的增长点。从区域看,新兴市场仍将是投行竞争的重点。

其次,依赖自营交易贡献主要利润来源的投行业务模式将受到严格的外部监管,其潜在的巨大风险也为投资银行管理层所顾忌,2012年摩根大通的"伦敦鲸"事件让其损失了58亿美元。经纪类交易业务将是各大投行竞争的重点,而这主要依赖于交易平台及研究能力等后台支持。尤其是研究能力是影响经纪类交易业务的一个重要因素,因此国际投行未来将进一步重视其研究团队的建设。

再次,专业化的投资管理业务尤其是资产管理业务将是未来一段时间内投资银行发展的重点。随着全球高净值人群财富的积累,其投资需求将不断增长。如此巨大的市场势必成为各大投行竞争的重点。当然,专业化的服务能力、多元化的产品结构以及一流的人才队伍将是保障投行在这一领域实现可持续发展的重要支撑。

最后,未来独立投行模式的竞争优势可能逐步消失,而相应崛起的将是一批类似于摩根大通模式的金融控股公司。这类公司的投行业务将依赖于集团优势,与商行业务互为补充、互相联动,充分满足客户的一揽子金融服务需求。

三、我国投资银行业务发展现状及未来方向

分业经营与分业管理仍然是我国现阶段金融发展的现实选择,而我国金融发展的未来方向是混业经营型的全能银行模式。

目前,在全球投资银行领域中,欧美发达国家的投行占据了主导地位。与之相比,我国投行在多方面与世界领先的投资银行仍存在较大的差距。

首先,我国投行的服务同质化现象严重、创新能力不足,各投行主要以经纪业务及承销业务为主营业务,收入来源较为单一,而受监管及体制的影响不具有提供差异化产品和特色化服务的能力,因此造成了行业集中度升高、分化显著的格局。以我国券商中行业地位、业绩综合排名最高的中信证券为例,根据其2018年年报,2018年度中信证券经纪和承销业务的收入总和占全部业务收入的34.07%,而手续费和佣金净收入占总收入的46.82%,均远高于国际知名投行的比例。

其次,麦肯锡报告显示,2018年上半年,我国直接融资的比率仅为约14%,显著低于欧美发达国家水平,反映了我国资本市场发展缓慢的问题,与此同时,债权融资的比率也远远低于股权融资,表明我国的债券市场和股票市场的发展存在严重的不平衡性。

此外,我国投行的资产管理、做市等业务的规模要远小于国际投行,投行资源配置的功能没有得到充分的发挥。

(一)探索多类型模式

我国商业银行投行业务,主要由不具体经营业务的集团公司控股经营业务的子公司来运营,如中信、中国平安、光大三个综合金融集团。此种模式下,商业银行并不能直接控股证券公司、信托公司等投行业务机构。自2002年获得批准后通过一系列的业务重组和并购,中信集团和中国平安先后完成了金融牌照的置办,光大集团也于2013年9月控股甘肃信托,实现了金融全牌照。

同时,也有商业银行作为母公司直接或借由子公司控股证券公司、信托公司的模式,如中、农、工、建、交五大国有银行分别在中国香港注册成立了中银国际、农银国际、工银国际、建银国际、交银国际等经营投行业务的子公司。不过这些在港注册机构不能经营境内的券商业务。

此外,还有商业银行事业部制模式。商业银行设立专门的投行部门来涉足这一领域,一般各家银行都将债券承销、财务顾问看作投行业务的基本产品,这也是目前各银行投行部的主要收入来源。有的银行的投行部产品包括了并购贷款、银团贷款等贷款类产品,也有的将资产管理部并入投行部。

(二)"商行+投行"转型

招联首席研究员董希淼表示:"商业银行高速粗放的扩张模式难以为继,应从'重资产'向'轻资产'转变、从'做大'向'做强'转变、从'融资'向'融资+融智'转变。这不仅是商业银行转型的必由之路,而且已经成为非常紧迫的任务。"

所谓"轻型银行",是指商业银行建立资本消耗少、风险权重低、风险可控的资产与业务体系。董希淼表示,深入推进投资银行业务网,不仅可以满足客户多元化金融需求,也有助于银行增加中间业务收入,实现"商行+投行"联动发展。

作为"轻型银行"转型的代表,招商银行以投资银行和大资管业务为其"两翼"(公司、同业)的核心驱动力,其转型战略业已取得不俗成绩。据悉,下一步,招行将打造"投资银行-资产管理-财富管理"专业化体系,形成新核心竞争优势。

中国社会科学研究院金融研究所银行研究室主任曾刚表示,商业银行开展投资银行业务是应对利率市场化、分散风险以及应对金融脱媒挑战的需要。"利率市场化使得商业银行的固定利差被打破,开展投资银行业务能为商业银行带来更多的中间业务收入,使其能够利用自身客户、资金、网络等优势挖掘表外业务发展潜力。"曾刚说。

(三)数字化转型之路

投资银行业务是一项智力、技术密集型的金融业务,企业往往在投融资、资产管理、资本运作、并购重组、发展战略等一方面或者多方面需要金融机构为其提供专业化、综合化的投行金融服务,为满足数字化时代的金融服务提供需求,投资银行数字化转型本质仍是围绕服务客户,致力于有效运用各项数字化技术,实现线上投行、智慧投行和开放投行的数字化经营。

线上投行,对业务流程和产品服务进行数字化改造,通过建设数字化平台,能够将大部分线下场景线上化处理,实现产品的快速迭代,为数字化转型提供系统基础支撑。

智慧投行,基于数字化平台进一步围绕客户需求开发大数据、人工智能和机器学习等技术应用,为投行业务提供精准辅助分析和决策支持,实现数据对业务的有效支撑转换。

开放投行,通过开放平台系统,构建金融生态,与市场多方合作,搭建各类投行业务场景,延伸投行金融服务触点,进一步获客、活客。

从风险角度看,传统商业银行存贷款模式在经济不景气时存在较大的信用风险,不良贷款和呆账坏账等成为制约传统商业银行发展的主要因素,加之国内金融市场化改革的深入,商业银行的经营环境将面临更大的不确定性。商业银行开展投资银行业务在拓宽商业银行收入来源渠道的同时,也能有效分散其经营和业务风险。

此外,金融脱媒使国内企业,尤其是大型企业更倾向于通过股权和债券等方式直接融资,这在一定程度上降低了商业银行贷款的增长速度,降低银行信贷在企业融资规模中的比重,使商业银行业务发展面临巨大挑战。开展投资银行业务,加强金融产品创新、拓展投资渠道、实施多元化经营是未来应对挑战的明智之选。

从国际来看,混业经营已经成为国际金融市场的主流。近年来,经济金融化、金融全球化导致全球金融市场激烈竞争,金融市场效率不断提高,世界各国银行业为适应形势变化,不断加强调整、兼并、重组和金融创新,已使分业经营和分业管理名存实亡。银行与证券、保险之间的业务界限逐渐模糊,银行业务逐渐多元化发展,银行业已经从传统的存放款业务向证券投资、保险等非传统银行业务领域拓展,而证券、保险等金融公司也已开始向特定的客户发放贷款。我国加入 WTO(世界贸易组织)以后,与国际通行的金融游戏规则接轨,综合化、全能型的外资金融机构逐步进入我国金融市场,我国的金融机构缺乏竞争力。因此,由分业经营向混业经营模式转变是推动我国国民经济发展的必然要求。

花旗集团投资银行业务的发展演变

20 世纪 70 年代至 80 年代,由于受到监管的种种限制,美国商业银行的地位日益衰弱,外资银行在美国的地位逐渐占据优势,1992 年美国最大的商业银行花旗银行在世界银行的排名仅为 27,远逊于许多日本、德国、英国的商业银行。在这种背景下,美国的商业银行开始绕过分业经营的制度框架,寻求新发展。花旗银行于 1998 年 4 月 6 日宣布和旅行者集团合并。旅行者集团的业务范围包括生命与财产保险、投资银行、商业信贷、私人理财、资产管理等。通过与旅行者集团的合并,花旗集团成为当时世界上规模最大的全能金融集团公司之一,换牌上市后,花旗集团运用增发新股集资于股市收购或定向股权置换等方式进行大规模股权运作与扩张,并对收购的企业进行花旗式战略输出和全球化业务整合,由 1997 年《财富》杂志世界 500 强排名第 58 位一跃升至 1998 年的第 16 位。1999 年,花旗集团与日本第三大证券日兴证券组成合营企业——日兴所罗门美邦。2000 年 11 月,其收购 Associates First Capital,成为全球首屈一指的零售金融企业。2001 年,为提升其在墨西哥及其他拉丁美洲国家的地位及业务表现,花旗集团以逾 120 亿美元收购墨西哥第二大金融机构 Banamex。花旗集团通过不断的业务创新和兼并收购,构建了一个集商业银行、投资银行、保险、基金等多种金融业务于一身的综合化大型跨国金融集团,顺应了世界经济一体化与金融服务全能化的发展趋势。花旗集团旗下的主要品牌包括:花旗银行、旅行者集团、所罗门美邦、CitiFinancial 及 Primerica 金融服务公司。

材料 1: 花旗银行成立于 1812 年,当时称为纽约城市银行,1865 年更名为纽约国民城市银行,1894 年成为美国最大的银行,1902 年,其将业务拓展至亚洲,被称为"花旗银行"。花旗银行 1968 年在特拉华州成立了单一银行控股公司作为花旗银行的母公司,并先后成立开展投资业务及其他金融服务的 13 个子公司,涉足包括投资银行业务在内的多元化领域。20 世纪 90 年代中后期以来,花旗公司的证券营业额已经占了总营业额的 30% 以上。

材料 2: 旅行者集团原是一家生命与财产保险公司,后来它通过收购一家美国投资银行——史密斯·邦尼公司,把业务范围扩大到了投资银行、商业信贷、融资服务等领域。1986 年,杰米·戴蒙(Jamie Dimon)和桑迪·威尔(Sandy Weill)创建 Commercial Credit Company 基业时,给公司的定位是"(服务于)那些到麦当劳买汉堡包的(客户)",将银行业的服务对象由生产者(企业客户)转变为消费者(个人客户),改变了以 J.P. 摩根公司为代表的银行服务理念。1987年,这家公司收购并更名为Primerica Corporation。1993年,该公司收购了The Travelers Corporation,更名为Travelers Group(旅行者集团)。1997年,该公司又以90亿美元兼并了美国第五大投资银行——所罗门兄弟公司,新组建的所罗门·史密斯·邦尼公司一跃成为美国第二大投资银行。1998年,花旗银行与旅行者集团的合并是美国有史以来最大一起企业兼并案,合并后组成的新公司称为"花旗集团",其商标为旅行者集团的红雨伞,合并后花旗集团的总资产达到7 000亿美元,净收入为500亿美元,营业收入为750亿美元。

材料3:花旗集团2002年年报显示,自1998年成立以来,花旗集团整体盈利增长了120%。其中投资银行业务是其收益的主要组成部分。1999年以来,在花旗集团核心业务中,虽然由于其他业务的成长及近两年资本市场低迷,资本市场及金融业务占总收入的比重下降,但其收益值占集团全部收入的25%以上,一直稳居集团首位。2002年,花旗集团资本市场与金融业务更是在全球市场以债券和股票方式为客户筹资超过4 140亿美元,担任1 300笔发行案的主承销商,超过所有竞争对手,为欧洲五起最大的并购交易中的三起担任顾问,增强了在欧洲市场的实力,专家融资团队在公募及私募市场为34个国家的80个专案筹资405亿美元。

资料来源:对决华尔街财富心脏[EB/OL]. (2011-10-25). http://finance.sina.com.cn/roll/20111025/001010679257.shtml.

请思考:
1. 花旗银行的经营模式发生了什么变化?
2. 投资银行的两种经营模式各自的优缺点是什么?
3. 目前,我国投资银行经营模式是什么?

【本章小结】

投资银行经营模式主要分为分离型经营模式和综合型经营模式。分离型经营模式也叫分业经营模式,是指投资银行业务与商业银行业务相互分离,分别由投资银行和商业银行两种金融机构相对独立经营,不得混合的管理和发展模式。20世纪90年代以前的美、日、英等国是分离型经营模式的典型代表。综合型经营模式也叫混业经营模式,是指投资银行业务和商业银行业务相互融合、相互渗透,这两者都由同一个金融机构来提供,采用综合型经营模式的国家有德国与20世纪90年代以后的美、日、英等国。

分离型经营模式和综合型经营模式各有利弊,一个国家实行哪种经营模式,并没有统一的标准,采取的经营模式也是随着经济发展和金融变革等诸多情况而不断发生变化的,会在进行综合考虑之后选择符合本国国情的投资银行经营模式。目前,随着金融一体化进程的加快,综合型经营模式是世界金融业的发展趋势。

分离型经营模式的优点主要有:建立"防火墙"制度,能有效地分散和降低整个金融体系运行中的风险;有利于实现证券市场的公正、透明和有序;有利于培养两种业务的专业技术和管理水平,便于专业化分工协作和管理;严格的业务分离避免了竞争摩擦,从而有助于维持金融体系的稳定,也便于政府对金融机构的分门别类的监管。分离型经营模式的弊端就是它限制了银行的业务活动,使得商业银行和投资银行业务分离,从而制约了本国银行的发展壮大,不利于银行之间进行国际竞争,严重影响和削弱了本国金融机构的国际竞争力。

综合型经营模式的优点就是有利于银行业实现规模效益;有利于降低银行的自身风险;更全面、充分地掌握企业的经营、财务、管理等多方面的情况,两者之间可以互通信息,有利于企业实行规模经营;降低贷款和证券承销的风险;有利于增强银行间的激烈竞争,提高整个社会的效益,促使社会达到帕累托最优状态。综合型经营模式的弊端就是容易形成金融市场的垄断行为,不利于市场公平竞争,并且在银行内部竞争激烈,会产生内部无法协调的困难,可能会带来更大的金融风险。

从目前看,我国投资银行和商业银行采取分离型经营模式具有合理性与客观性,符合我国发展状况,是我国现阶段金融发展的现实选择。但是从全球经济和金融环境来看,综合型经营模式是我国金融业发展的必然趋势。

混业经营模式的必要性有:第一,有利于金融市场内部互通信息,提高金融市场资源配置效率,加快金融市场一体化进程。第二,有利于促进金融资本更好地服务于产业资本,金融服务必须适应经济发展的需要而进行相应的拓展和创新。第三,许多国家具备了较完善的金融风险防范体系,混业经营模型有更好的金融环境。第四,金融创新和金融自由化推动了混业经营的发展。第五,有利于降低我国商业银行的风险。第六,可以降低金融业的成本。另外,我国在加入WTO后,国内金融业面临前所未有的机遇和挑战,银行业的混业经营趋势是我国投资银行发展壮大的必然结果。

【复习思考题】

1. 投资银行经营模式有哪些?它们分别是什么?
2. 简要比较分离型经营模式和综合型经营模式。
3. 我国投资银行经营模式的选择是什么?
4. 我国投资银行经营模式的发展趋势是什么?

【进一步阅读书目】

1. 斯托厄尔.投资银行、对冲基金和私募股权投资[M].黄嵩,赵鹏,译.北京:机械工业出版社,2013:5-8.
2. 任淮秀.投资银行业务与经营[M].5版.北京:中国人民大学出版社,2019:34-39.
3. 证券专业资格考试命题研究组.投资银行业务[M].成都:西南财经大学出版社,2017:1-9.

【即测即练】

第六章

证券发行与承销

本章学习目标

1. 了解证券的基本概念、特征和主要分类；
2. 掌握股票发行条件、中美上市标准以及我国和美国股票发行程序；
3. 掌握债券公开发行条件、信用评级；
4. 了解公司债券的发行条件、发行种类、发行方式和发行管理制度。

中国居民投资理财行为

2022年9月1日，上海交通大学中国金融研究院、蚂蚁集团研究院与蚂蚁理财智库发布了《中国居民投资理财行为调研报告》。该报告旨在持续关注我国居民的投资理财行为及特征，反馈居民财务健康状况。

该报告显示：居民的理财产品配置偏好比较集中，且相对保守。公募基金配置明显降低，其中权益类配置降低、固收类增加，体现出避险的特征。资产配置是指根据投资需求将投资资金在不同资产类别之间进行分配，例如将资金在低风险、低收益的债券与高风险、高收益的股票之间进行分配。多元化的资产配置利用不同资产之间的走势差异，降低投资组合波动率来降低风险，从而降低投资亏损的概率。

报告显示：在居民的投资理财行为方面，相较于上一年度，中国居民的长期投资意识有所提升。1年以内持有意愿的用户比例明显下降，从2021年的72%降低到2022年的65%。同时，居民对理财产品亏损时间的容忍度上升。以股票型基金为例，能接受1年以上亏损的用户比例由2021年的14%增至23%。

银行存款类、公募基金和债券是2022年居民投资比例最高的三项资产。其中债券类资产配置比例为21%，相较于上一年的15%有6个百分点的上升，取代股票成为2022年居民配置最多的三类资产之一。股票配置从2021年的17%增加到20%，配置比例与债券非常接近。公募基金配置仍居于居民配置品类的第二位，但比例有大幅下降；私募基金、房产配置有微弱降低。整体来说，权益类配置（股票＋公募基金＋私募基金）整体呈现出下降的趋势。从整个投资品类的配置情况来看，相较于2021年更加分散。

资料来源：2022 中国居民投资理财行为调研报告[EB/OL].(2022-09-05). https://3g.163.com/dy/article/HGHL74HG051998SC.html.

请思考：

权益类资产配置工具有哪些？固收类资产配置工具有哪些？

案例分析思路：

权益类资产，侧重于各种"权证"（股权或其他），其配置工具主要包括股票、股票基金、混合基金、基金中的基金等，它们的特点是收益率高但风险也高。固收类资产收益相对固定，核心资产是各类"债权"，其配置工具主要包括债券、债券基金、货币市场基金等，它们的特点是收益率低但风险也低。权益类资产的参与门槛较高，对投资者的要求也高，至少需要有一定的投资经验、足够的理财知识，甚至还要有一定的资金实力，才能参与。而固收类资产，投资门槛也较高，但因产品本身的风险并不大，所以对投资者专业能力的要求也不太高。

第一节 证券的发行与承销概述

证券是指记载并代表一定权利的法律凭证，它用以证明持有人有权依其所持凭证记载的内容而取得应有的权益。从一般意义上来说，证券是指用以证明或设定权利所作成的书面凭证，它表明证券持有人或第三者有权取得该证券拥有的特定权益，或证明其曾经发生过的行为。从广义看，证券是一种价值凭证；从狭义看，证券是一种能带来一定收益的价值凭证。

一、证券的种类及其特征

（一）证券的种类

按其性质不同，证券可以分为凭证证券和有价证券两大类。

凭证证券又称无价证券，是指本身不能使持有人或第三者取得一定收入的证券。无价证券虽然具有证券的某一特定功能，但由于这类证券不能流通，所以不存在流通价值和价格。凭证证券按照不同的功能，又分为证据证券和资格证券。其中，证据证券是单纯证明某一特定事实的书面凭证，如借据、收据等。资格证券是表明证券持有人具有行使一定权利资格的书面凭证，如机票、车船票、电影票等。

有价证券是一种具有一定票面金额，证明持券人有权按期取得一定收入，并可自由转让和买卖的所有权或债权凭证。人们通常所说的证券，也就是指这种有价证券。

(1) 按发行主体的不同，有价证券可分为政府证券、金融证券、公司证券。

(2) 按在证券交易所挂牌交易与否，有价证券可分为上市证券和非上市证券。

(3) 按募集方式，有价证券可分为公募证券和私募证券。

(4) 按经济性质，有价证券可分为股票、债券和基金、衍生金融工具等类别。

此外，有价证券也有广义与狭义之分，广义的有价证券包括商品证券、货币证券和资本证券。商品证券是证明持有人有商品所有权或使用权的凭证,如提货单、运货单、仓库栈单等。货币证券是反映一定货币所有关系的凭证,是指本身能使持有人或第三者取得货币索取权的有价证券。货币证券主要包括两大类:一类是商业证券,主要包括商业汇票和商业本票;另一类是银行证券,主要包括银行汇票、银行本票和支票。货币证券是为了加速货币的流通而形成的,所以,它具有一般等价物的特征,能代替货币作为流通手段和支付手段。货币证券与商品证券都是价值凭证,通常称为票据。资本证券是指由金融投资或与金融投资有直接联系的活动而产生的证券,如股票、债券等。资本证券是有价证券的主要形式,狭义的有价证券即指资本证券。

(二)证券的特征

一般而言,证券具有如下特征。

(1)产权性。产权性是指它记载着权利人的财产权内容,代表着一定的财产所有权,拥有证券就意味着享有财产的占有、使用、收益和处分的权利。

(2)流动性。流动性又称变现性,是指证券持有人可按自己的需要,灵活地转让证券以换取现金。(流动性与时间成反比)

(3)风险性。风险性是指证券持有者面临着预期投资收益不能实现,甚至本金也受到损失的可能。(风险性与信用成反比;风险性与流动性成反比)

(4)收益性。收益性是指持有证券本身可以获得一定数额的收益,这是投资者转让资金使用权的回报。(收益可以分为固定、半固定、变动三种类型)。

二、股票的含义及其类型

(一)股票的含义

股票是股份有限公司在筹集资本时向出资人或投资者发行的股份凭证,用以证明出资人的股东身份,代表股东对股份公司的所有权,并据以享有公司决策参与权、公司盈余分配权、优先认股权和剩余资产分配权。股票只能由股份有限公司发行,能够证明投资者的股东身份,是一种所有权凭证。

(二)股票的类型

1. 按股东权利不同,分为普通股和优先股

1)普通股

股东享有的基本权利主要包括四项:公司决策参与权、公司盈余分配权、优先认股权和剩余资产分配权。享有普通的股东基本权利,没有任何优先或限制的股票,被称为普通股。普通股是股票的基本形式,是公司资本的基础。

2)优先股

在公司盈余分配和剩余资产分配方面享有优先权,但参与公司决策管理等权利受到限制的股票,被称为优先股。简单地说,优先股就是享有优先权的股票。

(1)优先股的权利。优先股股东享有的优先权主要体现在两个方面。

第一,股息分配优先权。公司向股东发放的现金股利称为股息。在股息分配次序上,优先股要排在普通股之前。并且,优先股股东要求得到金额相对固定的股息。在优先股股东获得足额的股息之前,普通股股东不能分配股息。

第二,剩余资产分配优先权。股份公司在解散、破产清算时,优先股具有公司剩余资产的优先分配权,不过优先股的优先分配权在普通股之前、在债权人之后。只有在清偿债权人债务之后,还有剩余资产时,优先股才具有剩余资产的分配权。只有在优先股索偿之后,普通股才参与分配。

在股东四项基本权利中,公司盈余分配权和剩余资产分配权,优先股股东要求享有优先权,那么剩下的公司决策参与权和优先认股权,优先股股东就要受到限制或完全放弃。

(2) 优先股的特殊类型。如果碰到公司当年没有盈利或盈利极少,不能发放或不能足额发放优先股股息,优先股股东就会说,那把公司欠我的股息都记下来,在以后有盈利时再来补发。这就是累积优先股。

如果碰到通货膨胀率上升,优先股股东就会讲,他的股息是固定的,赶不上通货膨胀,能不能把其股息也上浮一点呢?这就是浮动股息优先股。当然,其不能根据公司盈利水平来浮动,否则就与普通股没有差异了。

如果公司最近几年盈利很多,在发放了优先股股息之后,普通股股东领取的股息要多很多。这时,有的优先股股东就会说,他能不能转换成普通股呢?如果公司允许他转换,这就是可转换优先股。

还有些优先股股东也很眼红普通股的股息,但不想转换,因为一旦转换,公司盈利下降了就不能再转回来了,所以他们提出这样一个要求:领取优先股股息之后,能不能再跟普通股股东一起参与剩余利润的分配呢?这样他们能够先后参与两次分配,每一次分配时都在场。如果允许,这就是参与分配优先股。

还有一种可赎回优先股,发行公司可以按照约定条件把优先股赎回。20 世纪 80 年代末,曾经有公司发行过优先股,后来一直处于停滞状态。直到 2014 年 3 月,中国证监会发布了《优先股试点管理办法》,才开始在上市的银行中试行优先股。

2. 按是否有票面面值,分为无面值股和有面值股

(1) 无面值股。无面值股也称比例股,因为它虽然没有面值,但会标明每股占公司资本总额的比例。

(2) 有面值股。我国上海证券交易所和深圳证券交易所流通的股票,都是有票面价值的,而且票面价值通常都是 1 元人民币,只有少数几支例外。比如:紫金矿业公司的股票面值为 0.1 元,洛阳钼业公司的股票面值为 0.2 元。

股票的票面价值在股票初次发行时有一定的参考意义。如果以面值为发行价,称为平价发行,此时公司发行股票募集的资金等于股本的总和,也等于面值总和。发行价格高于面值称为溢价发行,所得的溢价款列为公司资本公积金。发行价格低于面值称为折价发行。我国的股票发行,可以平价发行、溢价发行,但不允许折价发行,最常见的是溢价发行。

3. 按是否记载股东姓名,分为记名股票和无记名股票

1) 记名股票

记名股票需要在两个地方记载股东的姓名,一是股票票面,二是公司的股东名册。

我国的股票都是记名股票。因为现在的股票没有纸质形式,所以都是由证券登记结算机构统一记录股东姓名。

记名股票的特点是,除持有人和其正式的委托代理人或合法继承人、受赠人外,任何人都不能行使其股权。另外记名股票不能任意转让,如需转让要办理过户手续,否则转让不能生效。显然,这种股票有安全、不怕遗失的优点。

2) 无记名股票

无记名股票不记载股东的姓名,其持有者可自行转让股票,任何人一旦持有股票便享有股东的权利,无须再通过其他方式或途径证明自己的股东资格。这种股票的缺点是不安全。

4. 按上市地点的不同,分为 A 股、B 股、H 股、S 股、N 股

1) A 股

人民币普通股票,它是由我国境内的公司发行,供境内投资者和合格境外机构投资者以人民币认购与交易的普通股票。其上市地点为上海证券交易所和深圳证券交易所。

2) B 股

人民币特种股票,由我国境内的公司发行,以人民币标明面值,境内外投资者以港币(深圳证券交易所上市)或美元(上海证券交易所上市)认购和交易。

3) H 股

这是指我国境内公司在中国香港发行的,以人民币标明面值,以港元计价,在香港联合交易所上市的股票。

4) S 股

这是指我国境内公司发行的,以人民币标明面值,供境外投资者用外币认购,在新加坡交易所上市的股票。

5) N 股

这是指我国境内公司发行的,以人民币标明面值,供境外投资者用外币认购,在纽约证券交易所(New York Stock Exchange,NYSE)上市的股票。在实践当中,大多数非美国公司都采用美国存托凭证(ADR)形式,而非普通股的方式进入美国市场。存托凭证(DR),是一种以证书形式发行的可转让证券,通常代表一家外国公司的已发行股票。

另外,还有越来越多的中国企业在美国纳斯达克(NASDAQ)市场挂牌。在这一市场挂牌的中国企业股票,一般被称为纳指中国概念股。

三、债券的含义及其类型

(一) 债券的含义

债券是指经济主体为筹措资金而向投资者发行的承诺按约定条件支付利息并到期偿还本金的债权债务凭证。发行债券的目的是筹集资金;发行人要承诺偿还本金和利息;

还本付息要按约定的条件。

(二)债券的类型

1. 按发行主体不同,分为政府债券、公司债券和金融债券

(1)政府债券。发行主体是政府,它是指政府财政部门或其他代理机构为筹集资金,以政府名义发行的债券,主要包括国库券和公债两大类。国库券一般是由财政部发行的,用以弥补财政收支不平衡;公债是指为筹集建设资金而发行的债券。有时也将两者统称为公债。中央政府发行的公债即为国债,地方政府发行的公债称为地方债。政府债券与其他债券相比,安全性高,流动性强,风险很小,且享受免税待遇。

(2)公司债券。公司债券是指公司依照法定程序发行的债券。公司债券持有者是公司的债权人,有权按期取得利息,且利息分配顺序优先于股东。公司破产清理资产时,债券持有者也优先于股东收回本金。同时,公司债券与政府债券或金融债券比较,风险较大。

(3)金融债券。金融债券是指银行及其他金融机构按照法定程序发行的债券。金融债券不能提前兑取,一般不记名,不挂失,可以抵押,也可以在证券市场上流通转让。

2. 按偿还期限不同,分为短期债券、中期债券和长期债券

(1)短期债券。短期债券是指偿还期限为1年或1年以下的债券,它具有周转期短及流动性强的特点,在货币市场上占有重要的地位。企业进行短期债券投资的目的主要是配合企业对资金的需求,调节现金余额,使现金余额达到合理的水平。当企业现金余额太多时,便投资于债券,使现金余额降低;相反,当现金余额太少时,则出售原来投资的债券,收回现金,使现金余额提高。

(2)中期债券。中期债券是指发行人为获得较长时期的融资而发行的债券。中期债券的时间划分各国并不相同。我国规定期限在1年以上5年以下为中期;美国则习惯把1年以上10年以下的债券叫作中期债券。

(3)长期债券。长期债券是指发行人为满足长期的融资需求而发行的债券。这类债券期限的划分标准在我国一般为5年以上;在美国习惯上把10年以上30年以下的债券叫作长期债券。

3. 按利息是否固定,分为固定利率债券、浮动利率债券和累进利率债券

(1)固定利率债券。固定利率债券就是在偿还期内利率固定的债券。

(2)浮动利率债券。浮动利率债券是指利率可以变动的债券。这种债券的利率确定与市场利率挂钩,一般高于市场利率的一定百分点。

(3)累进利率债券。累进利率债券是指以利率逐年累进方法计息的债券。其利率随着时间的推移,后期利率将比前期利率更高,呈累进状态。

4. 按计息方式不同,分为单利债券、复利债券和贴现债券

(1)单利债券。单利债券是指在计算利息时,不论期限长短,仅按本金计息,所生利息不再加入本金计算下期利息的债券。

(2)复利债券。复利债券是指在计算利息时,按一定期限将所生利息加入本金再计算利息,逐期滚算的债券。复利债券的利息包含了货币的时间价值。

(3) 贴现债券。贴现债券是指在票面上不规定利率,发行时按某一折扣率,以低于票面金额的价格发行,到期时仍按面额偿还本金的债券。贴现债券又称贴水债券,指以低于面值发行,发行价与票面金额之差额相当于预先支付的利息,债券期满时按面值偿付的债券。

5. 按存在形态不同,分为实物债券、凭证式债券和记账式债券

(1) 实物债券。实物债券是一种具有标准格式实物券面的债券。在其标准格式的债券券面上,一般印制了债券面额、债券利率、债券期限、债券发行人全称、还本付息方式等各种债券票面要素。

(2) 凭证式债券。凭证式债券是一种债权人认购债券的收款凭证,而不是债券发行人制定的标准格式的债券。

(3) 记账式债券。记账式债券是一种只在电脑账户中做记录,而没有实物形态的债券。

6. 按是否可以转换为股票,分为可转换债券和非转换债券

(1) 可转换债券。可转换债券是指发行人按照法定程序依法发行、在一定期限内依据约定的条件可以转换成股份的债券,可转换债券具有债权和股权的双重性质。可转换债券应当记载债券转换为股份的条件及方法。持有人有权在规定的条件下将债券转化为股份,由债权人变为公司的股东。根据可转换债券的特性,可转换债券持有人只能享有该债券利息,而只有在持有人将债券转换成股票时,才能成为该公司股东,与其他股东一起享有该公司分红派息。

(2) 非转换债券。非转换债券是指不能转换为股份的债券,它的持有人只能到期请求还本付息。

7. 按债券的国别特征,分为国内债券和国际债券

(1) 国内债券。国内债券是指一国借款人在本国证券市场上,以本国货币为面值,向本国投资者发行的债券。

(2) 国际债券。国际债券是指一国借款人在国际证券市场上,以外国货币为面值,向外国投资者发行的债券。它包括两种形式。

一是外国债券。外国债券指某一国借款人在本国以外的某一国家发行以该国货币为面值的债券。其特点是债券发行人在一个国家,债券的面值货币和发行市场属于另一个国家。比如在美国发行的扬基债券和在日本发行的武士债券。

二是欧洲债券。欧洲债券指借款人在本国境外市场发行的,不以发行市场所在国的货币为面值的国际债券。它的特点是债券发行者、债券发行地点和债券面值所使用的货币分别属于不同的国家。由于它不可以发行所在国的货币为面值,故也称无国籍债券。

四、证券发行方式

证券发行方式是指证券发行者采用什么方法,通过何种渠道或途径将证券投入市场,为广大投资者所接受。证券发行方式对于能否及时筹集和筹足资金有着极其重要的意义,因此发行者应根据自身、市场及投资者等诸方面的实际情况正确地选择适当的证券发行方式,下面我们介绍几种主要的证券发行方式。

（一）按发行对象划分：公募发行和私募发行

1. 公募发行

公募发行也称公开发行，是指发行人向不特定的社会公众投资者发售证券的发行方式。在公募发行的情况下，任何合法的投资者都可以认购。采用公募发行的有利之处在于：首先，以众多投资者为发行对象，证券发行的数量多、筹集资金的潜力大；其次，投资者范围大，可避免发行的证券过于集中或被少数人操纵；再次，只有公开发行的证券可申请在证券交易所上市，公开发行可增强证券的流动性，有利于提高发行人的社会信誉。公募发行的不足之处在于发行程序比较复杂，登记核准的时间较长，发行费用较高。为了保障投资者的利益，一般对公募发行的要求比较严格，只有具有较高信用、经营状况良好并经证券主管部门核准，发行人才能进行公募发行。

2. 私募发行

私募发行也称不公开发行或私下发行、内部发行，是指以少数特定投资者为对象的发行方式。具体地说，私募发行的对象大致有两类：一类是公司的老股东或发行人的员工；另一类是投资基金、社会保险基金、保险公司、商业银行等金融机构以及与发行人有密切业务往来关系的企业等机构投资者。私募发行有确定的投资者，发行手续简单，可以节省发行时间和发行费用。其不足之处是投资者数量有限，证券流通性较差，而且不利于提高发行人的社会信誉。

公募发行和私募发行各有优势。公募发行是证券发行中最常见、最基本的发行方式，适合证券发行数量多、筹资额大、准备申请上市的发行人。然而在西方成熟的证券市场中，随着投资基金、养老基金、保险公司等机构投资者的增加，私募发行也呈逐年增长的趋势。

（二）按有无发行中介划分：直接发行和间接发行

1. 直接发行

直接发行是指证券发行者不委托其他机构，而是自己组织认购，进行销售，从投资者手中直接筹措资金的发行方式。这种发行方式有时也称自营发行。直接发行使发行者能够直接控制发行过程，实现发行意图，而且发行成本较低，可节约发行手续费，在内部发行时无须向社会公众提供有关资料。但是，由于直接发行方式得不到证券中介机构的帮助和证券市场的密切配合，发行的社会影响往往较小，发行也往往费时较多；而且，直接发行由发行者自己承担发行的责任和风险，一旦发行失败，则要承担全部的损失，因此，直接发行方式比较适合公司内部集资，或者发行量小，其投资者主要面向与发行者有业务往来关系的机构。

2. 间接发行

间接发行是指证券发行者委托一家或几家证券中介机构（如证券公司、投资银行等）代理出售证券的发行方式。它是直接发行方式的对称，也称委托发行。采取间接发行方式，代理发行证券的机构对委托者的经营状况不承担经济责任。间接发行根据受托证券机构对证券发行责任不同，可分为包销、代销和助销等多种具体推销方式。间接发行由于借助证券中介机构的支持和证券市场机制，能在较短的时间内筹足所需资金，并及时投入生产经营,而且对于发行者来说也比较方便,风险也较小,还能借此提高企业信誉,扩大社会影响。但这需支付一定手续费,增加了发行成本,而且按照有关规定,发行者还需提供证券发行所需的有关资料。因此间接发行比较适合那些已有一些社会知名度,筹资额大而急的公司。这样做既可以在较短时间内筹足所需资本,同时还可借助发行中介机构进一步提高发行公司的知名度,扩大社会影响。

直接发行和间接发行各有利弊。一般情况下,间接发行是基本的、常见的方式,特别是公募发行,大多采用间接发行;而私募发行则以直接发行为主。

(三) 按证券发行条件及投资者的决定方式划分:招标发行和议价发行

1. 招标发行

招标发行是证券发行者通过招标、投标选择承销商推销证券的发行方式。招标发行分为竞争性投标和非竞争性投标两种形式。

(1) 竞争性投标。竞争性投标即由各证券经营商主动出价投标,然后由发行者按出价多少从高到低的次序配售,一直到发售完既定发行额为止的发行方式。其具体做法是:首先,证券发行单位在征得证券管理机构的审批同意后,向证券公司、投资银行等金融机构发出通知或发行说明书,说明该单位将发行证券或增发新证券,欢迎投标。证券发行单位在通知或说明书上注明证券的种类、金额、票面金额、销售的条件等内容。其次,愿意参加证券承销的金融机构就在投标的申请书上填注证券的投标价格。最后,由证券发行单位在规定的日期当众开标,并经出证,出价最高者获得总经销的权利。一般情况下,在发行证券时,是由几个牵头的承销者组成团体参加投标,投标集团自行集会商议决定投标价格,中标后,该承销团体便获得向社会公众出售该证券的权利。

从招标竞争标的物看,存在缴款期招标、价格招标与收益率招标三种形式。从确定中标的规则看,有单一价格(荷兰式)招标与多种价格(美国式)招标。

荷兰式招标是在招标规则中,发行体将募满发行额为止的最低中标价格作为全体中标商的最后中标价格,即每家中标商的认购价格是同一的。从债务管理者的角度看,在市场需求不好时,不宜采用荷兰式招标。

美国式招标是在招标规则中,发行人按每家投标商各自中标价格(或其最低中标价格)确定中标者及其中标认购数量,招标结果一般是各个中标商有各自不同的认购价格,每家的成本与收益率水平也不同。与荷兰式招标相比,市场需求不高时,由美国式招标所确定的发行收益率相对高些,对债务管理者降低成本有利。

(2) 非竞争性投标。非竞争性投标是投资者只申请购买证券数量,由证券发行单位根据申请时间的先后,按当天成交最高价与最低价的中间价进行配售的发行办法。

招标发行是公开进行的,属于公募性质,故也称"公募招标"。招标发行是不允许投资者议价的,它被认为是保证发行者获得最高可能价格的唯一方法,对发行者有利,但是,只有那些信誉很高,对其证券有相当自信的筹资者才敢采用该招标方法。

2. 议价发行

议价发行也称非招标发行,是指证券发行者与证券承销商就证券发行价格、手续费等权责事项充分商讨后再发行或推销的发行方式。这种方式考虑到多方面的利益,一旦各方的利益在商讨后的办法中得到兼顾,便可根据详细办法来执行发行或推销计划。

议价发行的优点有两个方面:第一,承销商与发行人直接商洽,可以更多地了解发行人的情况,容易了解和掌握发行人的真实情况,这对承销商来说,可以减少承销的风险,因而易于接受;第二,对证券承销商而言,议价发行比招标发行更合理,证券的推销和利润把握性更大。

(四)按发行担保方式划分:信用担保发行、实物担保发行、产品担保发行和证券担保发行

担保发行是指发行证券单位为了提高证券信誉,增加投资人的安全感和吸引力,采用某种方式承诺,保证到期支付证券收益(股票为股息红利,债券为本息)的发行方式。在证券担保发行中,主要是债券发行采用此方式。其根据采用的担保形式不同,可以分为以下几种。

(1) 信用担保发行。这是指证券的发行没有任何担保品,仅凭债券发行者的信用的发行方式。其有两种形式,一种是以自身的信用能力为担保;另一种是凭借他人的信用做担保,即依托某一担保人的信用担保而发行债券。充当担保人必须具备担保资格,具体内容是:担保人必须是独立的法人,有实际经济能力承担所担保的债券如期还本付息,必须具有法定比例的担保证券本息及其他已担保经济责任总和的自我资金。担保人在所担保的债券发行者不能如期偿还本金或利息时,必须及时提供全部资金予以代偿。担保人代偿后对代偿债券本息具有追索权,可以收取承担担保责任的抵押品。担保人同意担保必须出具正式的书面担保文件,明确所担保债券的名称、数量、本金和利息总额、偿付日期与方式、违约责任等。

(2) 实物担保发行。这是指债券发行者用实物做抵押或补偿,保证债券到期还本付息的方式。发行者一旦到期不能或无法按约支付债券本息,则应用担保实物进行清偿。代理发行债券的机构有权依法或依原所签协议处理担保品,变价用以代偿债券本息,变价不足偿付金额的,按比例偿付,原债券持有人保留差额追索权,变价超过金额的,余额由代理发行机构扣收必要的费用后退回给债券发行者。

(3) 产品担保发行。这是发行债券的企业或公司用产品作为担保品的发行方式。采取产品担保发行的产品,应是市场上供不应求并能吸引投资者或社会公众的本企业(或公司)产品,这样才容易为广大投资者所接受。

(4) 证券担保发行。这是指债券发行者用自己所持有的其他有价证券作为发行债券的担保品的发行方式。按照惯例,作为担保品的证券价值必须大大超过以此为担保发行的债券价值。用于担保的有价证券包括股票、企业(公司)债券、政府债券、金融债券等,但必须是能被广大投资者或社会众人所接受的证券种类。当债券发行者到期不能偿本付息时,用担保的证券进行清偿。

五、证券承销方式

承销是指证券公司在规定的期限内将发行人发行的证券销售出去,承销商按照约定收取一定的佣金或者约定的报酬的行为。证券的发行与承销涉及三方当事人,一是发行人;二是承销商即证券公司;三是投资者,即购买证券的人或机构。

承销有两种方式，一种是代销，另一种是包销。

(一) 代销

代销是证券代理销售的一种形式，由发行人与证券公司签订代销协议，按照协议条件，在约定的期限内销售所发行的证券，到约定的期限，部分未售的证券退还发行人，证券公司不承担责任。代销实际上是发行人与承销商的一种委托代理关系，由于承销商不承担销售风险，因此代销的佣金较低。代销反映了投资银行与发行人之间是纯粹的委托代理关系。

(二) 包销

包销又分两种：一种是全额包销，一种是余额包销。

全额包销，是指由承销商与发行人签订协议，由承销商按约定价格买下约定的全部证券，然后以稍高的价格向社会公众出售，即承销商低价买进、高价售出，赚取的中间差额为承销商的利润。全额包销如果证券销售不出去，风险由承销商自负，故风险较大，但是其收益要比代销的佣金高。全额包销，反映了发行人与投资银行(承销商)之间确定了买卖关系，而并非委托代理关系。

余额包销，是指承销商与发行人签订协议，在约定的期限内发行证券，并收取佣金，到约定的销售期满，售后剩余的证券，由承销商按协议价格全部认购。余额包销实际上是先代理后包销，反映了发行人与承销商之间既有委托代理关系，又有买卖关系。

《中华人民共和国证券法》第二十六条规定，证券承销业务采取代销或者包销方式。

第二节　股票的发行与承销

一、证券发行管理制度

(一) 审批制

审批制指用行政和计划的办法分配股票发行的指标与额度，由地方政府或行业主管部门根据指标推荐企业发行股票的发行制度。公司发行股票的首要条件是取得指标和额度。虽然有资料显示我国从 1990 年就开始了审批制，但那时新股发行和上市的审批权归属于不同的政府部门，直到 1993 年 4 月 22 日国务院颁发《股票发行与交易管理暂行条例》，才确定由 1992 年成立的证监会统一审批股票的发行。审批制包含了两个阶段。

首先是 1990—1995 年的额度管理阶段，即将额度指标下达至省级政府或行业主管部门，由其在指标限度内推荐企业，后统一由中国证监会审批企业发行股票。

其次是 1996—2000 年的指标管理阶段。1996 年 8 月，《关于 1996 年全国证券期货工作安排意见》发布，新股发行计划改为"总量控制，限报家数"的管理办法，即由国家计划委员会、国务院证券委员会共同制定股票发行总规模，证监会在确定的总规模内，根据市场情况向各地区、各部门下达发行企业个数，并对企业进行审核。

显而易见，审批制具有较重的计划经济色彩，其弊端如企业选择行政化、企业规模小导致二级市场被操纵等。此外，一些非经济部门也能拿到发行额度，导致了一些买卖额度现象,行政化的审批导致在制度上存在较大的寻租行为。

(二) 核准制

2000年3月16日,中国证监会发布《中国证监会股票发行核准程序》,标志着我国股票发行体制开始从审批制转变为核准制。在这之前的1999年7月,《中华人民共和国证券法》正式实施,其中第十一条规定"公开发行股票,必须依照公司法规定的条件,报经国务院证券监督管理机构核准",同年9月,中国证监会发布《中国证券监督管理委员会股票发行审核委员会条例》,设立股票发行审核委员会,即发审委。2001年3月17日,股票发行核准制正式启动,相对于审批制,核准制下的行政审批权力弱化,发行过程的透明程度也大幅提高。

在我国,证券发行核准制是指证券发行人提出发行申请,保荐机构(主承销商)向中国证监会推荐,中国证监会进行合规性初审后,提交股票发行审核委员会审核,最终经中国证监会核准后发行。核准制不仅强调公司信息披露,同时还要求必须符合一定的实质性条件,如企业盈利能力、公司治理水平等。核准制的核心是监管部门进行合规性审核,强化中介机构的责任,加大市场参与各方的行为约束,减少新股发行中的行政干预。

1. 通道制(2001—2004年)

2001年,中国证券业协会发布《关于证券公司推荐发行申请有关工作方案的通知》,提出证券公司推荐企业发行股票实行"证券公司自行排队,限报家数"的方案,俗称"通道制"。每家证券公司所推荐企业每核准一家才能再报一家,即"过会一家,递增一家",具有主承销资格的证券公司拥有的通道数量最多8条,最少2条。通道制于保荐制实施初期继续运行,于2005年1月废止时,共有83家证券公司拥有通道318条。

2. 保荐制(2004年至今)

2003年12月28日,中国证监会发布《证券发行上市保荐制度暂行办法》,决定从2004年2月1日起在股票发行中正式实行保荐制。保荐制指的是由保荐人对发行人发行证券进行推荐和辅导,并核实公司发行文件中所载资料是否真实、准确、完整,协助发行人建立严格的信息披露制度,承担风险防范责任,并在公司上市后的规定时间内继续协助发行人建立规范的法人治理结构,督促公司遵守上市规定,完成招股计划书中的承诺,同时对上市公司的信息披露负有连带责任。与"通道制"相比,保荐制增加了由保荐人承担发行上市过程中连带责任的内容。

(三) 注册制

证券发行注册制是指证券发行申请人依法将与证券发行有关的一切信息和资料公开,制成法律文件,送交主管机构审查,主管机构只负责审查发行申请人提供的信息和资料是否履行了信息披露义务的制度。其最重要的特征是:在注册制下证券发行审核机构只对注册文件进行形式审查,不进行实质判断,投资者依据披露信息自行作出投资决策。美国和日本等资本市场比较发达的国家是注册制的代表。

2018年11月5日,上海证券交易所设立科创板,并试点注册制,注册制改革进入启动实施阶段。2019年7月22日,科创板开始采用注册制。2020年3月1日,新修订的《中华人民共和国证券法》开始实施,我国证券发行全面推行注册制改革。2020年8月24日,深圳证券交易所创业板开始采用注册制。2021年11月15日，北京证券交易所揭牌开市，同步试点注册制。2023年2月17日，全面实行股票发行注册制，中国资本市场迎来历史性时刻。

二、股票发行与上市条件

根据《中华人民共和国公司法》《中华人民共和国证券法》《首次公开发行股票并上市管理办法》《上海证券交易所股票上市规则》等法律法规，企业首次公开发行股票并上市的主要条件如下。

（一）主体资格

①股份有限公司；②持续经营3年以上；③主要资产不存在重大权属纠纷；④生产经营合法；⑤股份清晰；⑥近3年主业、董事、高管无重大变化，实际控制人没有变更；⑦允许多元化经营，但必须主业突出。

（二）规范运行

①股东大会、董事会、监事会制度健全；②董事、监事和高管符合任职资格要求；③内控制度健全且被有效执行；④无重大违法违规行为；⑤不存在违规担保情形；⑥资金管理严格。

（三）财务指标

核准制：①最近3个会计年度净利润均为正数且累计超过人民币3 000万元；②最近3个会计年度经营活动产生的现金流量净额累计超过人民币5 000万元，或者最近3个会计年度营业收入累计超过人民币3亿元；③最近一期末无形资产（扣除土地使用权、水面养殖权和采矿权等后）占净资产的比例不高于20%；④最近一期末不存在未弥补亏损；⑤发行前股本总额不少于人民币3 000万元，详见表6-1。

表6-1 主板发行上市条件

类型	标准	注册制财务指标	核准制财务指标
【一般企业】市值及财务指标（至少符合右侧标准中的一项）	标准一	最近3年净利润>0，且最近3年累计≥1.5亿元；最近1年净利润≥6 000万元；最近3年经营活动产生的现金流量净额累计≥1亿元，或营业收入累计≥10亿元	最近3年>0且累计>3 000万元，以扣除非经常性损益前后较低者为计算依据；最近3年经营活动现金流量净额累计>5 000万元；或最近3年营业收入累计>3亿元；最近一期末无形资产（扣除土地使用权、水面养殖权和采矿权等后）占净资产的比例不高于20%；最近一期末不存在未弥补亏损
	标准二	预计市值≥50亿元；最近1年净利润>0；最近1年营业收入≥6亿元；最近3年经营活动产生的现金流量净额累计≥1.5亿元	
	标准三	预计市值≥80亿元；最近1年净利润>0；最近1年营业收入≥8亿元	

续表

类　型	标准	注册制财务指标	核准制财务指标
【已境外上市红筹企业】市值及财务指标（至少符合右侧标准中的一项）	标准一	预计市值≥2 000亿元	
	标准二	预计市值＞200亿元；拥有自主研发、国际领先技术，科技创新能力较强，同行业竞争中处于相对优势地位	
【尚未在境外上市红筹企业】市值及财务指标（至少符合右侧标准中的一项）	标准一	预计市值≥200亿元；最近1年营业收入≥30亿元	
	标准二	预计市值≥100亿元；营业收入快速增长①，拥有自主研发、国际领先技术，在同行业竞争中处于相对优势地位	
	标准三	预计市值≥100亿元；最近1年营业收入≥5亿元；营业收入快速增长，拥有自主研发、国际领先技术，在同行业竞争中处于相对优势地位	
【有表决权差异安排】市值及财务指标（至少符合右侧标准中的一项）	标准一	预计市值≥200亿元；且最近1年净利润为正	
	标准二	预计市值≥100亿元，且最近1年净利润为正，最近1年营业收入≥10亿元	
主体资格		依法设立且合法存续的股份有限公司；持续经营3年以上，有限责任公司按照原账面净资产值折股整体变更为股份有限公司的，持续经营时间可以从有限责任公司成立之日起计算	
规范运行		已经依法建立健全股东大会、董事会、监事会、独立董事、董事会秘书制度，相关机构和人员能够依法履行职责	
股本及公开发行比例		发行前股本总额≥3 000万元，发行后股本总额≥5 000万元；发行后股本总额≤4亿元，公开发行比例须≥25%；发行后股本总额＞4亿元，公开发行比例须≥10%	
主营业务		生产经营符合法律、行政法规和公司章程的规定，符合国家产业政策。最近3年内主营业务没有发生重大变化	
财务基础和内控要求		会计基础工作规范，内部控制制度健全且被有效执行	
控制权和管理团队		最近3年内董事、高级管理人员没有发生重大变化，实际控制人没有发生变更；董监高不存在下列情形：被证监会采取证券市场禁入尚在禁入期的；最近36个月内收到证监会行政处罚或最近12个月内收到证券交易所公开谴责；被司法机关立案侦查或被证监会立案调查	

---

① 所称营业收入快速增长，指符合下列标准之一：第一，最近1年营业收入不低于人民币5亿元的，最近3年营业收入复合增长率10%以上；第二，最近1年营业收入低于人民币5亿元的，最近3年营业收入复合增长率20%以上；第三，受行业周期性波动等因素影响，行业整体处于下行周期的，发行人最近3年营业收入复合增长率高于同行业可比公司同期平均增长水平（处于研发阶段的红筹企业和对国家创新驱动发展战略有重要意义的红筹企业，不适用"营业收入快速增长"上述要求）。

三、中美上市标准

(一) 中国上市标准

1. 主板发行上市条件(表 6-1)

2. 创业板发行上市条件(表 6-2)

表 6-2 创业板发行上市条件

类　　型	标准	市值	净　利　润	营业收入
【一般企业】市值及财务指标(至少符合右侧标准中的一项)	标准一	—	最近两年均>0,且累计≥5 000万元	
	标准二	≥10亿元	最近1年>0	最近1年≥1亿元
	标准三	≥50亿元	—	最近1年≥3亿元
【红筹企业尚未在境外上市】市值及财务指标(至少符合右侧标准中的一项)	标准一	≥100亿元		快速增长
	标准二	≥50亿元	最近1年>0	快速增长,最近1年≥5亿元
【有表决权差异安排】市值及财务指标(至少符合右侧标准中的一项)	标准一	≥100亿元	最近1年>0	—
	标准二	≥50亿元	最近1年>0	最近1年≥5亿元
主体资格	依法设立且合法存续的股份有限公司; 持续经营3年以上,有限责任公司按照原账面净资产值折股整体变更为股份有限公司的,持续经营时间可以从有限责任公司成立之日起计算			
独立性	五独立:资产完整(独立)、人员独立、财务独立、机构独立、业务独立			
股本及公开发行比例	发行后股本总额≥3 000万元; 发行后总股本≤4亿股,公开发行比例须≥25%; 发行后总股本>4亿股,公开发行比例须≥10%			
主营业务	创业板定位于深入贯彻创新驱动发展战略,适应发展更多依靠创新、创造、创意的大趋势,主要服务成长型创新创业企业,并支持传统产业与新技术、新产业、新业态、新模式深度融合			
财务基础和内控要求	发行人会计基础工作规范,内部控制制度健全且被有效执行			
控制权和管理团队	最近两年内董事、高级管理人员没有发生重大变化,实际控制人没有发生变更; 最近3年内董监高不存在被证监会行政处罚、立案调查或被司法机关立案调查的情形,控股股东、实控人无重大违法行为			
负面清单	(1)农林牧渔业;(2)采矿业;(3)酒、饮料和精制茶制造业;(4)纺织业;(5)黑色金属冶炼和压延加工业;(6)电力、热力、燃气及水生产和供应业;(7)建筑业;(8)交通运输、仓储和邮政业;(9)住宿和餐饮业;(10)金融业;(11)房地产业;(12)居民服务、修理和其他服务业			

3. 科创板发行上市条件(表6-3)

表6-3 科创板发行上市条件

类型	标准	预计市值	财务指标
【一般企业】市值及财务指标(至少符合右侧标准中的一项)	标准一	≥10亿元	最近两年净利润均＞0且累积净利润≥5 000万元,或者最近1年净利润＞0且营业收入≥1亿元
	标准二	≥15亿元	最近1年营业收入≥2亿元,且最近3年累计研发投入占累计营业收入≥15%
	标准三	≥20亿元	最近1年营业收入≥3亿元,且最近3年经营活动产生的现金流量净额累计≥1亿元
	标准四	≥30亿元	最近1年营业收入≥3亿元
	标准五	≥40亿元	主要业务或产品需经国家有关部门批准,市场空间大,目前已取得阶段性成果。医药行业企业需要有一项核心产品获准开展二期临床试验,其他符合科创板定位的企业需具备明显的技术优势并满足相应条件
【已境外上市红筹企业】市值及财务指标(至少符合右侧标准中的一项)	标准一	≥2 000亿元	—
	标准二	≥200亿元	拥有自主研发、国际领先技术,科技创新能力较强,同行业竞争中处于相对优势地位
【尚未在境外上市红筹企业】市值及财务指标(至少符合右侧指标中的一项)	标准一	≥100亿元	营业收入快速增长①,拥有自主研发、国际领先技术,同行业竞争中处于相对优势地位
	标准二	≥50亿元	营业收入快速增长,最近1年营业收入≥5亿元,拥有自主研发、国际领先技术,同行业竞争中处于相对优势地位
【有表决权差异安排】市值及财务指标(至少符合右侧标准中的一项)	标准一	≥100亿元	最近1年净利润＞0
	标准二	≥50亿元	最近1年营业收入≥5亿元
	4项常规指标(同时符合): (1) 最近3年研发投入占营业收入比例5%以上,或最近3年研发投入金额累计在6 000万元以上; (2) 研发人员占当年员工总数的比例不低于10%; (3) 形成主营业务收入的发明专利5项以上; (4) 最近3年营业收入复合增长率达到20%,或最近1年营业收入金额达到3亿元。 5项例外条款(至少符合一项): (1) 发行人拥有的核心技术经国家主管部门认定具有国际领先、引领作用或者对于国家战略具有重大意义;			

---

① 所称营业收入快速增长,指符合下列标准之一。
(1) 最近1年营业收入不低于人民币5亿元的,最近3年营业收入复合增长率10%以上;
(2) 最近1年营业收入低于人民币5亿元的,最近3年营业收入复合增长率20%以上;
(3) 受行业周期性波动等因素影响,行业整体处于下行周期的,发行人最近3年营业收入复合增长率高于同行业可比公司同期平均增长水平。(处于研发阶段的红筹企业和对国家创新驱动发展战略有重要意义的红筹企业,不适用"营业收入快速增长"上述要求)

续表

类　型	标准　预计市值　财务指标
	(2) 发行人作为主要参与单位或者发行人的核心技术人员作为主要参与人员,获得国家科技进步奖、国家自然科学奖、国家技术发明奖,并将相关技术运用于公司主营业务; (3) 发行人独立或者牵头承担与主营业务和核心技术相关的国家重大科技专项项目; (4) 发行人依靠核心技术形成的主要产品(服务),属于国家鼓励、支持和推动关键设备、关键产品、关键零部件、关键材料等,并实现了进口替代; (5) 形成核心技术和主营业务收入的发明专利(含国防专利)合计50项以上
主体资格	依法设立且合法存续的股份有限公司; 持续经营3年以上,有限责任公司按照原账面净资产值折股整体变更为股份有限公司的,持续经营时间可以从有限责任公司成立之日起计算
独立性	五独立:资产完整(独立)、人员独立、财务独立、机构独立、业务独立
股本及公开发行比例	发行后股本总额≥3 000万元; 发行后总股本≤4亿股,公开发行比例须≥25%; 发行后总股本>4亿股,公开发行比例须≥10%
主营业务	(1) 新一代信息技术领域,主要包括半导体和集成电路、电子信息、下一代信息网络、人工智能、大数据、云计算、软件、互联网、物联网和智能硬件等; (2) 高端装备领域,主要包括智能制造、航空航天、先进轨道交通、海洋工程装备及相关服务等; (3) 新材料领域,主要包括先进钢铁材料、先进有色金属材料、先进石化化工新材料、先进无机非金属材料、高性能复合材料、前沿新材料及相关服务等; (4) 新能源领域,主要包括先进核电、大型风电、高效光电光热、高效储能及相关服务等; (5) 节能环保领域,主要包括高效节能产品及设备、先进环保技术装备、先进环保产品、资源循环利用、新能源汽车整车、新能源汽车关键零部件、动力电池及相关服务等; (6) 生物医药领域,主要包括生物制品、高端化学药、高端医疗设备与器械及相关服务等; (7) 符合科创板定位的其他领域。 限制金融科技、模式创新企业在科创板发行上市。禁止房地产和主要从事金融、投资类业务的企业在科创板发行上市
财务基础和内控要求	发行人会计基础工作规范,内部控制制度健全且被有效执行
控制权和管理团队	最近两年内董事、高级管理人员及核心技术人员没有发生重大不利变化,实际控制人没有发生变更; 最近3年内董监高不存在被证监会行政处罚、立案调查或被司法机关立案调查的情形,控股股东、实控人无重大违法行为

4. 北京证券交易所上市条件(表 6-4)

表 6-4 北京证券交易所上市条件

项 目	标准	预计市值	财务指标
市值及财务指标(至少符合右侧标准中的一项)	标准一	≥2 亿元	最近两年净利润均不低于 1 500 万元且加权平均净资产收益率平均不低于 8%,或者最近 1 年净利润率不低于 2 500 万元且加权平均净资产收益率不低于 8%
	标准二	≥4 亿元	最近两年营业收入平均不低于 1 亿元,且最近 1 年营业收入增长率不低于 30%,最近 1 年经营活动产生的现金流量净额为正
	标准三	≥8 亿元	最近 1 年营业收入不低于 2 亿元,最近两年研发投入合计占最近两年营业收入合计比例不低于 8%
	标准四	≥15 亿元	最近两年研发投入合计不低于 5 000 万元
主体资格	应当为在全国股转系统连续挂牌满 12 个月的创新层挂牌公司;最近 1 年期末净资产≥5 000 万元		
股本及公开发行比例	发行后股本总额≥3 000 万元;发行后总股本≤4 亿股,公开发行比例须≥25%; 发行后总股本>4 亿股,公开发行比例须≥10%		
股东人数及发行对象人数	公开发行后,公司股东人数不少于 200 人,向不特定合格投资者公开发行(简称公开发行)的股份不少于 100 万股,发行对象不少于 100 人		
不得存在的负面情形	最近 36 个月内发行人及控股股东、实控人的重大违法行为; 最近 12 个月内发行人及控股股东、实控人、董事、监事、高级管理人员受到证监会行政处罚或股转公司、证券交易所的公开谴责; 发行人及控股股东、实控人、董事、监事、高级管理人员被立案调查; 发行人及控股股东、实控人被列入失信被执行人名单尚未消除; 未按照《中华人民共和国证券法》规定披露年度报告或者中期报告; 存在对发行人经营稳定性、直接面向市场独立持续经营的能力具有重大不利影响,或者发行人利益受到损害等其他情形		
定位	专精特新的中小企业		

(二)美国上市标准

1. 美国上市条件——NASDAQ 上市条件

(1)需有 300 名以上的股东。

(2)超过 400 万美元的净资产额。

(3)每年的年度财务报表必须提交给证管会与公司股东们参考。

(4)股票总市值最少要有 100 万美元。

(5)最少须有三位"做市商"(market maker)参与此案[每位登记有案的做市商须在正常的买价与卖价之下有能力买或卖 100 股以上的股票,并且必须在每笔成交后的 90 秒内将所有的成交价及交易量回报给美国全国证券商协会(NASD)]。

(6)上个会计年度最低为 75 万美元的税前所得。

2. 美国上市条件——纽约证交所对外国公司上市的条件要求

作为世界性的证券交易场所,纽约证交所也接受外国公司挂牌上市,其在美国上市条件较美国国内公司更为严格,主要包括以下几个方面。

(1) 公司财务标准(三选一)。

净资产标准:全球净资产至少 7.5 亿美元,最近财务年度的收入至少 7.5 亿美元。

收益标准:公司前 3 年的税前利润必须达到 1 亿美元,且最近两年的利润分别不低于 2 500 万美元。

流动资金标准:在全球拥有 5 亿美元资产,过去 12 个月营业收入至少 1 亿美元,最近 3 年流动资金至少 1 亿美元。

(2) 社会公众持有的股票数目不少于 250 万股。

(3) 其他有关因素,如公司所属行业的相对稳定性、公司在该行业中的地位、公司产品的市场情况、公司的前景、公众对公司股票的兴趣等。

(4) 有 100 股以上的股东人数不少于 5 000 名。

(5) 对公司的管理和操作方面的多项要求。

子公司上市标准:子公司全球资产至少 5 亿美元,公司至少有 12 个月的运营历史。母公司必须是业绩良好的上市公司,并对子公司有控股权。

股票发行规模:股东权益不得低于 400 万美元,股价不得低于 3 美元/股,至少发行 100 万普通股,市值不低于 300 万美元。

公司财务标准(二选一)。总资产标准:净资产不得低于 7 500 万美元,且最近 1 年的总收入不低于 7 500 万美元。收益标准:最近 1 年的税前收入不得低于 75 万美元。

3. 美国上市条件——NASDAQ 对非美国公司提供可选择的上市标准

财务标准满足下列美国上市条件中的一条。

(1) 股票总市值不低于 7 500 万美元,或者公司总资产、当年总收入不低于 7 500 万美元。

(2) 不少于 1 500 万美元的净资产额,最近 3 年中至少有 1 年税前营业收入不少于 100 万美元。

(3) 上个会计年度最低为 75 万美元的税前所得。

(4) 不少于 3 000 万美元的净资产额,不少于两年的营业记录。

(5) 最少须有三位"做市商"参与此案。

(6) 需有 300 名以上的股东。

(7) 每年的年度财务报表必须提交给证管会与公司股东们参考。

4. 美国上市条件——美国证交所上市条件

若有公司想要到美国证券交易所挂牌上市,需具备以下几项条件。

(1) 最少要有 800 名的股东(每名股东需拥有 100 股以上)。

(2) 最少要有 500 000 股的股数在市面上为大众所拥有。

(3) 上个会计年度需有最低 750 000 美元的税前所得。

(4) 市值要在 3 000 000 美元以上。

(三) 中美上市对比

总体对比来讲,中国上市和美国上市主要有以下几点不同之处。

1. 时间成本

美国上市是注册制，一套流程走下来 10 个月左右，而在国内，以前实行核准制的时候，这套流程基本上需要 30 个月，甚至等个 3~5 年也有可能。现在虽然创业板和科创板都已实行注册制，但是相比在美国上市也还是要花更多时间的。

2. 上市门槛低

在中国上市，无论是主板、中小板、创业板还是科创板，都是有最近 1 年、两年、3 年盈利的要求的。而美国没有对盈利标准的要求，只有股价、持股数、市值这些要求。所以可以说，能在中国上市，说明公司已经成功了，在美国上市则说明公司有成功的潜力。尤其像现在的很多互联网企业，很长一段时间都是"烧钱"打市场的。这种企业在中国就很难上市，往往要选在美国上市。

3. 灵活性

美国一直以来都是允许同股不同权的，中国是 2019 年科创板才开始允许同股不同权，而且科创板的同股不同权也有很大的限制。从美国大量互联网公司广泛采用同股不同权来看，同股不同权是很多上市公司希望选择的架构。从这个角度来看，美国上市对于企业长期控制权力更加有利。

4. 监管制度

国内对于上市企业的监管主要是靠监管机构，而美国的监管主要是靠股民，大家经常会看到美国的小股东集体诉讼。虽然我国 2019 年通过了新修订的《中华人民共和国证券法》，开始实行小股东集体诉讼制度，但是具体制度设计上也还是有很多限制。这也就导致在美国上市进门容易，但是进了门之后反而更不轻松。

四、我国股票发行程序

根据证监会发布的《首次公开发行股票并上市管理办法》，我国股票发行程序具体规则如下。

第三十一条　发行人董事会应当依法就本次股票发行的具体方案、本次募集资金使用的可行性及其他必须明确的事项作出决议，并提请股东大会批准。

第三十二条　发行人股东大会就本次发行股票作出的决议，至少应当包括下列事项：

（一）本次发行股票的种类和数量；

（二）发行对象；

（三）价格区间或者定价方式；

（四）募集资金用途；

（五）发行前滚存利润的分配方案；

（六）决议的有效期；

（七）对董事会办理本次发行具体事宜的授权；

（八）其他必须明确的事项。

第三十三条　发行人应当按照中国证监会的有关规定制作申请文件，由保荐人保荐并向中国证监会申报。特定行业的发行人应当提供管理部门的相关意见。

第三十四条　中国证监会收到申请文件后，在 5 个工作日内作出是否受理的决定。

第三十五条　中国证监会受理申请文件后，由相关职能部门对发行人的申请文件进行初审,并由发行审核委员会审核。

第三十六条　中国证监会在初审过程中,将征求发行人注册地省级人民政府是否同意发行人发行股票的意见。

第三十七条　中国证监会依照法定条件对发行人的发行申请作出予以核准或者不予核准的决定,并出具相关文件。自中国证监会核准发行之日起,发行人应在 6 个月内发行股票;超过 6 个月未发行的,核准文件失效,须重新经中国证监会核准后方可发行。

第三十八条　发行申请核准后、股票发行结束前,发行人发生重大事项的,应当暂缓或者暂停发行,并及时报告中国证监会,同时履行信息披露义务。影响发行条件的,应当重新履行核准程序。

第三十九条　股票发行申请未获核准的,自中国证监会作出不予核准决定之日起 6 个月后,发行人可再次提出股票发行申请。

我国股票发行程序见表 6-5。

表 6-5　我国股票发行程序

工作阶段	工作内容
改制与设立股份公司	1. 企业拟订改制方案,聘请证券中介机构对方案进行可行性论证; 2. 对拟改制的资产进行审计、评估,签署发起人协议,起草公司章程等文件; 3. 设置公司内部组织机构,设立股份有限公司
尽职调查与辅导	1. 向当地证监局申报辅导备案; 2. 保荐机构和其他中介对公司进行尽职调查、问题诊断、专业培训和业务指导; 3. 完善组织机构和内部管理,规范企业行为,明确业务发展目标和募集资金投向; 4. 对照发行上市条件对存在的问题进行整改,准备首次公开发行申请文件; 5. 当地证监局对辅导情况进行验收
申请文件的申报	1. 企业和证券中介按照证监会/证券交易所的要求制作申请文件; 2. 保荐机构进行内核并向证监会/证券交易所尽职推荐
申请文件的审核	(一)主板一般流程 1. 证监会对申请文件进行初审,符合申报条件的,在 5 个工作日内受理申请文件; 2. 证监会向保荐机构反馈意见,保荐机构组织发行人和中介机构对相关问题进行回复; 3. 证监会根据反馈回复继续审核,预披露申请文件,召开初审会; 4. 证监会发审委召开会议对申请文件和初审报告进行审核,对发行人上市申请作出决议; 5. 依据发审委审核意见,证监会对发行人申请作出决定。 (二)创业板一般流程 1. 交易所对申请文件核对,符合申报条件及要求的,在 5 个工作日内受理; 2. 受理后 20 个工作日内,交易所通过问询的方式向保荐机构反馈意见,保荐机构组织发行人和中介机构对审核意见进行回复; 3. 交易所根据回复情况,可进行多轮问询,如无须进一步问询,交易所出具审核报告; 4. 交易所发布上市委会议通知,组织上市委会议,上市委审议发行人是否符合创业板的发行条件、上市条件、信息披露要求; 5. 如符合创业板的发行条件、上市条件、信息披露要求,交易所向证监会提交注册申请,证监会接受注册申请后 20 个工作日内反馈注册结果。 总体上,创业板审核注册流程时限为 3 个月,回复问询流程时限为 3 个月。双方都不计时:中止审核、请示有权机关、落实上市委意见、处理会后事项、暂缓审议、实施现场检查等

续表

工作阶段	工作内容
路演、询价与定价	1. 发行人在本所网站及符合证监会规定的媒体全文披露招股说明书及发行公告等信息； 2. 主承销商与发行人组织路演，向投资者推介； 3. 主承销商与发行人通过直接定价或询价定价的方式确定发行价格
发行与上市	1. 向证券交易所提交发行与承销方案备案材料（创业板适用）； 2. 根据证监会规定的发行方式公开发行股票或根据发行方案备案的发行方式公开发行股票； 3. 在登记结算公司办理股份的托管与登记； 4. 挂牌上市； 5. 提交发行承销总结（创业板适用）

资料来源：深圳证券交易所官网-发行上市流程（szse.cn）。

第三节 债券的发行与承销

一、债券公开发行条件

当公司决定公开发行债券筹措资金时，作为承销商的投资银行便与发行人共同商讨、设计债券发行方案。其中债券公开发行条件是发行人发行债券时所必须申明的和必须遵守的有关条件或规定。《中华人民共和国证券法》第十五条规定，公开发行公司债券，应当符合下列条件：①具备健全且运行良好的组织机构。②最近3年平均可分配利润足以支付公司债券1年的利息。③国务院规定的其他条件。公开发行公司债券筹集的资金，必须按照公司债券募集办法所列资金用途使用；改变资金用途，必须经债券持有人会议作出决议。公开发行公司债券筹集的资金，不得用于弥补亏损和非生产性支出。《中华人民共和国证券法》第十六条规定，申请公开发行公司债券，应当向国务院授权的部门或者国务院证券监督管理机构报送下列文件：公司营业执照；公司章程；公司债券募集办法；国务院授权的部门或者国务院证券监督管理机构规定的其他文件。依照本法规定聘请保荐人的，还应当报送保荐人出具的发行保荐书。

除此之外，《中华人民共和国公司法》第一百五十四条规定：发行公司债券的申请经国务院授权的部门核准后，应当公告公司债券募集办法。公司债券募集办法中应当载明下列主要事项：①公司名称；②债券募集资金的用途；③债券总额和债券的票面金额；④债券利率的确定方式；⑤还本付息的期限和方式；⑥债券担保情况；⑦债券的发行价格、发行的起止日期；⑧公司净资产额；⑨已发行的尚未到期的公司债券总额；⑩公司债券的承销机构。因此，债券公开发行条件还具体包括债券发行总额、债券面值、期限、偿还方式、票面利率、利息支付方式、发行价格、担保情况、有无选择权等内容。在符合《中华人民共和国证券法》等有关法律法规的基础上，确定适宜的债券发行条件是一项十分重要的工作，它直接关系到发行人能实现筹资计划，关系到作为承销商的投资银行能顺利出售其承购的债券，也影响到投资者的投资收益水平的高低。下面就债券公开发行条件的主要内容及应考虑的因素加以说明。

二、债券发行方式

我国债券市场的债券品种有国债、金融债、企业债和公司债,其中在证券交易所市场上市的有国债、企业债、公司债和资产证券化证券。债券发行方式有以下三种。

(1) 定向发行。定向发行又称"私募发行""私下发行",即面向特定投资者发行;一般由债券发行人与某些机构投资者,如人寿保险公司、养老基金等直接洽谈发行条件和其他具体事务,属直接发行。

(2) 承购包销。承购包销指发行人与由商业银行、证券公司等金融机构组成的承销团通过协商条件签订承购包销合同,由承销团分销拟发行债券的发行方式。

(3) 招标发行。招标发行指通过招标方式确定债券承销商和发行条件的发行方式。按照国际惯例,根据标的物不同,招标发行可分为缴款期招标、价格招标、收益率招标;根据中标规则不同,可分为荷兰式招标(单一价格中标)和美国式招标(多种价格中标)。

三、债券信用评级

(一) 信用评级定义

在债券的公开发行中,发行人要做的一项重要工作就是请专门的债券评级机构对其所发行债券的信用等级进行评定,这也是债券公开发行与股票公开发行的一个重要区别(尽管部分公司在公开发行股票时也会进行信用评级)。对发行债券的机构进行信用评级具有多重意义,对机构来说,进行信用评级是发行债券的必要前提,是取信投资者、降低发债成本的必要途径;对投资者来说,知道所买入债券的信用等级是进行投资风险管理的重要环节。

所谓信用评级,是对市场经济中不同信用主体承担债务的能力和获得社会信誉的程度进行分析与评价,并用一定的形式来表示这种信用的质量水平的专门方法与制度。债券信用评级机构对债券的评级并不是评价该种债券的市场价格、市场销路和债券投资收益,而是评价该种债券发行人的偿债能力、债券发行人的资信状况和投资者承担的投资风险。

实践中,主要依据下列标准对债券进行评级:①债券发行人的偿债能力,即债务人根据负债条件按期还本付息的能力,这主要考察发行人的预期盈利、负债比例等财务指标和按期还本付息的能力;②债券发行人的资信状况,包括债券发行人在金融市场上的信誉、历史偿债情况等;③投资者承担的风险水平,主要评价债券发行人破产可能性的大小,以及债券发行人破产后债权人受到保护的程度,能得到的投资补偿程度。

表6-6归纳了债券信用评级机构在债券信用评级过程中所依据的三个主要因素。

表 6-6　债券信用评级的三个主要因素

一级指标	二级指标
债券发行人的偿债能力	预期盈利 负债比例 能否按期还本付息
债券发行人的资信状况	金融市场上的信誉 历次偿债情况 历史上是否如期偿还债券
投资者承担的风险水平	破产可能性的大小 破产后债权人受到保护的程度 破产后债权人所能得到的投资补偿程度

(二) 信用评级程序

债券信用评级的程序是债券信用评级业务所遵循的步骤,如图 6-1 所示。

1. 提出评级申请并提供相关材料

债券信用评级的第一步是由拟发行债券的发行人或其代理人向债券信用评级机构提出信用评级申请,并根据评级机构的要求提供详细的书面材料。一般来说,给债券信用评级机构的资料是非公开的,它通常比提交证券管理部

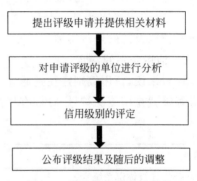

图 6-1　债券信用评级的程序

门的发行注册申报书的内容更多。债券信用评级机构收到材料后,与发行单位的主要负责人见面,就书面材料中值得进一步调查的问题和其他有关情况提出询问。

一般来说,所提供的资料包括:①代表公司法人的法律凭证;②债券发行概要,包括债券发行额、期限、还本付息方法等;③发行债券的用途;④公司近几年的财务状况,包括财务报表、资本结构、偿还长期债务的计划、筹措资金计划等;⑤公司概况,包括公司的资本、经营目标、组织结构、经营者、主营业务、销售状况、财务政策和管理状况;⑥发行条件要点。

2. 对申请评级的单位进行分析

债券信用评级机构将根据其所掌握的资料,对申请评级的单位进行分析。一般来说,分析的内容包括以下四个方面:产业分析、财务分析、信托证书分析和国际风险分析。

1) 产业分析

产业分析主要包括两个方面的内容:一是判断该申请评级单位所属的产业是朝阳产业还是夕阳产业,是在经济环境变化中稳定的产业还是对变化十分敏感的产业;二是评价该申请评级单位在同行业中的竞争能力,分析该申请评级单位生产经营各个方面在同行业中所处的地位及今后的趋势。

2) 财务分析

对财务状况的分析,是评级机构进行信用评级的重要一环。它主要有四个方面的指标:①收益性,包括销售利润率、投资盈利率和利息支付能力;②负债比率,包括长期负

债比率和短期负债比率；③债务弹性,包括资金流动比率、速动比率、运营资金比率、应收账款周转率、存货周转率；④清算价值。

3）信托证书分析

信托证书是规定债券发行人和债权人权利与义务的文件,对它进行分析也是评级机构的评级内容之一,这一分析主要包括财务限制条款和债券的优先顺序两方面的内容。

财务限制条款是防止公司的财务状况出现恶化的限制条款,在信托证书上通常将其视为保护债权人利益的特约条款,它由债券发行公司和承购公司共同制定。债券的优先顺序是指当债务人不履行或不能履行偿债义务时,法律上对债权人清偿权利的优先顺序。

4）国际风险分析

一个国家偿还债务的能力和愿望是由其政治、社会和经济结构状况决定的。因此,国际风险分析包括下列两方面的内容：①政治风险的分析,包括政治制度、社会状况、国际关系；②经济风险的分析,包括债务国的外债情况、国际收支状况、汇率制度、经济结构与经济增长以及总的经济实力。

3. 信用级别的评定

一般来说,信用级别往往是通过一些简单的符号来表示的。例如,标准普尔和穆迪的债券等级就是用英文符号 ABC 有规律地排列来表示,见表 6-7。

表 6-7 债券等级分类

级别	说 明
标准普尔等级评定系统	
AAA	最高级：债务人有非常强的本息偿还能力(信誉最高)
AA	高级：债务人有很强的本息偿还能力(信誉很高)
A	中上级：债务人偿还本息能力强,但可能会受到经济因素和环境变化的不良影响(信誉较高)
BBB	中级：债务人有充分的本息偿还能力,但受经济因素和环境变化的影响较大(有一定信誉)
BB	中低级：不断发生一些可能会导致不安全能力的事件(有投机因素)
B	投机级：具有可能损害其偿还本息能力或意愿的不利情况(投机的)
CCC	强投机级：现在就有可能违约(可能不还)
CC	超强投机级：次于 CCC 级(可能不还)
C	保留收入债券：已经停止付息,但还保留收入(不还)
D	残值债券：不可能偿付本息,只能按一定比例兑付残值(不履行债务)
穆迪等级评定系统	
Aaa	最佳：质量最高,风险最小,本息偿还有充分保证的债券,又被称为金边债券(信誉最高)
Aa	高级：债券保护措施不如 Aaa 级,且其中某些因素可能会使远期风险略大于 Aaa 级(信誉很高)
A	中高级：担保偿付本息的措施适当,但含有某些将起损害作用的因素(信誉较高)
Baa	中低级：偿付本息担保措施在短期内适当,但长远并不适当(有一定信誉)
Ba	投机级：担保本息偿付的措施似乎可以,但有投机因素和其他不确定因素(有投机因素)
B	不宜长期投资：不具备吸引投资的特点,从长远来看本息偿付的保护不可靠(投机的)
Caa	较差：属于低等级债券,本息偿付将被延迟,甚至危及支付(可能不还)
Ca	有较高投机性：经常发生本息推迟偿付,或者其他明显问题(可能不还)
C	最低等级债券(不还)：债券几乎不可能再获得投资级(即非投机级的)评级

4. 公布评级结果及随后的调整

债券信用评级机构在评定完债券信用级别后,会采取以下措施:一方面,它们会通知评级申请人有关评级结果;另一方面,它们会将这些评级结果汇编成册,并进行公开发行。此外,债券信用评级机构会根据各申请评级单位的财务状况以及经营活动的变化,定期对债券信用级别进行调整。由于公司债券或地方政府债券的质量随着其经营活动的发展而变化,债券的信用级别不能保持不变。因此,债券信用评级机构必须定期发布最新的债券信用评级结果,并及时调整之前确定的评级。

四、公司债券发行的一般程序

发行公司债券的一般程序如下。

(一) 公司决议

由董事会制订方案,股东(大)会作出决定,决定注入债券发行数量、期限、募集资金用途等一系列事项。

(二) 保荐

发行公司债券应当由保荐人保荐,并向中国证监会申报。保荐人应当按照中国证监会的有关规定编制和报送募集说明书及发行申请文件。保荐人应当对债券募集说明书的内容进行尽职调查,并由相关负责人签字。

(三) 申报

发行人和保荐人应当按照要求披露的内容和格式制作公司债券募集说明书以及公开发行公司债券申请文件。申报文件完成后,报送中国证监会。

(四) 受理和审核

中国证监会依照下列程序审核发行公司债券的申请:①收到申请文件后,5个工作日内决定是否受理。②中国证监会受理后,对申请文件进行初审。③发行审核委员会按照《中国证券监督管理委员会发行审核委员会办法》规定的特别程序申请文件。④中国证监会作出核准或不予核准的决定。

发行公司债券,可以申请一次核准,分期发行。自中国证监会核准发行之日起,公司应在6个月内首期发行,剩余数量应当在24个月内发行完毕。超过核准文件限定的时效未发行的,须经中国证监会核准后发行。首期发行数量应当不少于总发行数量的50%,剩余各期发行数量由公司自行确定,每期发行完毕后5个工作日内报中国证监会备案。

(五) 发行和上市

发行债券的申请经批准后,可以公开向社会发行债券。此时,需要决定发售方式、签订承销协议,然后按照承销协议,在发行期内向投资者发售债券。投资者直接向承销机构付款购买,承销机构代为收取债券款,交付债券。承销机构扣除承销相关费用后,向发行企业交付债券款项,债券发行即告结束。

发行结束后,发行公司可以申请在证券交易所挂牌上市。

公司债券也可以在银行间债券市场发行和上市。公司债券发行人可以利用银行间债券市场的债券发行招标系统招标发行公司债券。发行完成后,发行人可以向银行间同业拆借中心和国债登记结算公司提交相关材料,要求安排其发行的债券在银行间债券市场交易流通。同业拆借中心本币交易系统为公司债券在银行间债券市场做市商对公司债券的做市行为提供报价、成交等服务。同业拆借中心通过中国货币网披露公司债券的相关报价、成交信息。

中国香港主板及创业板上市条件

1. 中国香港主板上市条件(表6-8)(2022年1月1日更新)

表6-8 中国香港主板上市条件

指标	内容
盈利测试	(1) 具备不少于3个会计年度的营业记录,且在该段期间,新申请人最近1年的股东应盈利不得低于3 500万港元,及其前两年累计的股东应盈利不得低于4 500万港元。上述盈利应扣除日常业务以外的业务所产生的收入或亏损。 (2) 至少前3个会计年度的管理层维持不变。 (3) 至少经审计的最近一个会计年度的拥有权和控制权维持不变
市值、收益、现金流量测试	(1) 具备不少于3个会计年度的营业记录; (2) 至少前3个会计年度的管理层维持不变; (3) 至少经审计的最近一个会计年度的拥有权和控制权维持不变; (4) 上市时市值至少为20亿港元; (5) 经审计的最近一个会计年度的收益至少为5亿港元; (6) 新申请人或其集团的拟上市的业务为前3个会计年度的现金流入合计至少为1亿港元
市值、收益测试	(1) 具备不少于3个会计年度的营业记录; (2) 至少前3个会计年度的管理层维持不变; (3) 至少经审计的最近一个会计年度的拥有权和控制权维持不变; (4) 上市时市值至少为40亿港元; (5) 经审计的最近一个会计年度的收益至少为5亿港元

2. 中国香港创业板上市条件(表6-9)(2022年1月1日更新)

表6-9 中国香港创业板上市条件

指标	内容
财务指标(无明确盈利要求)	(1) 申请上市的新申请人或其集团此等在刊发上市文件前两个财政年度从经营业务所得额净先进流入总额必须最少达3 000万港元; (2) 上市时市值至少达到1.5亿港元; (3) 基于本交易所信纳的理由,有可能接纳准新申请人不足两个财政年度的营业记录期,亦有可能豁免遵守或更改,即使本交易所接纳不足两个财政年度的营业记录,申请人仍须在该较短的营业记录期内符合3 000万港元的现金流量规定

指　标	内　容
其他指标	(1) 申请人在刊发上市文件前的完整财政年度及至上市日期为止的整段期间,其拥有权及控制权必须维持不变; (2) 申请人在刊发上市文件前两个完整财政年度及至上市日期为止的整段期间,其管理层必须大致维持不变; (3) 新申请人会计报告须涵盖的期间为紧接上市文件刊发前两个财政年度; (4) 新申请人,其申报会计师最近期申报的财政期间,不得早于上市文件刊发日期前6个月结束; (5) 上市时,公众持股量不低于市值港币4 500万元,占公司已发行股本总额至少25%; (6) 至少3名独立非执行董事,所委任的独立非执行董事必须至少占董事会成员人数的1/3

千亿级"AAA"企业还不起十亿债务?

永煤集团创建于1989年,时称永夏矿区建设管理委员会。1997年更名为永城煤电(集团)有限公司。1998年由国家煤炭部直属下放河南省管理。2007年至今被称为"永煤集团"。永煤集团第一大股东为河南能源化工集团有限公司,持股比例96.01%;第二大股东为兴业国际信托有限公司,持股比例3.99%。公司经营范围包括对煤炭、铁路、化工及矿业的投资与管理;发电及输变电;机械制造、销售;技术服务;咨询服务;铁路货物运输等。

材料1:永煤集团的业务主要集中在其子公司,而母公司层面则缺乏实质性的经营活动,呈现出"母弱子强"的格局。母公司资产负债不匹配。在资产端,资产主要集中在子公司,而母公司以其他应收款、长期应收款和长期股权投资等不易变现的资产为主。2020年三季度,母公司货币资金67亿元,合并报表470亿元,货币资金在各子公司手中,母公司可动用资金相对较少。在负债端,负债主要集中在母公司手中。母公司短期有息负债合计223亿元,合并报表为421亿元,母公司占比53%。长期应付款全部压在母公司,导致母公司资产端难以承担巨额债务。

永煤集团旗下有多家经营不同业务的子公司。核心业务为煤炭,是其主要收入来源,贡献90%以上利润。非核心业务化工类利润年年下降,集团未对其及时出清,不得不用核心业务的盈利弥补非核心业务的亏损,导致母公司整体盈利能力差。

永煤集团母公司与子公司关联交易频繁,将大量资金输送给子公司,导致母公司可用资金量有限。关联方占用资金严重,流动性紧张,公司其他应收款占比过大。从资产端来看,永煤集团新增资金很多进入煤化工等在建工程,以及其他集团关联性公司。到2020年三季度末,公司其他应收款为278.54亿元,占流动资产的31.86%,较同行业其他公司偏高,主要为与河南能源及其下属单位之间的往来款资金拆借规模较大,导致公司现金流紧张。公司受限资金为147.22亿元,较2019年年末提高65.36亿元,可以看出公司的现金维持能力出现问题,偿债能力下降。

材料2:永煤集团背靠河南省国资委,拥有政府承兑承诺。一旦永煤集团陷入困境,豫能化集团会为其排忧解难。但在大环境趋紧的背景下,豫能化集团可能自身难保。控股股东豫能化集团大量举债,于2020年9月发债为永煤集团偿还10亿元超短期融资兑付资金。截至2020年第三季度末,豫能化集团总资产为2 642.21亿元,负债为2 154.76亿元,净资产487.46亿元,资产负债率为81.55%。财务杠杆维持在行业内较高水平。豫能化集团近两年归母利润处于亏损困境,筹集资金净流出,融资困难加剧。

永煤集团拥有国企背景,在市场盛负美名。但永煤集团内部财务危机四伏,母弱子强的权益关系,母公司犹如空壳。在资产端,母公司没有资产维持经营,核心资产在子公司手中,母公司对核心业务控制能力弱,导致归母利润常年为负。在负债端,母公司负债约占50%,资产负债严重不匹配。只能依靠"借新还旧"的模式偿还到期债务,导致短期债务不断积累,债务结构恶化,进一步带来流动性危机。此外,由于外部控股股东自身经营遇困,永煤集团失去遮风挡雨的港湾,财务环境雪上加霜,最终走上违约之路。

材料3:2020年11月13日晚间,永煤集团通过上海清算所发布公告称,2020年度第三期超短期融资券(简称:永煤SCP003)应于2020年11月10日兑付本息,公司未能按期筹措足额偿付资金,现已于2020年11月13日将兑付利息3 238.52万元支付至应收固定收益产品付息兑付资金户,债券本金正在筹措中。

2020年11月24日,永煤集团兑付"20永煤SCP003"50%本金至主承销商账户。

2020年12月1日,永煤集团发布公告称:"20永煤SCP003"已于11月27日在银行间市场清算所及中国外汇交易中心完成要素变更,"20永煤SCP003"到期日变更为2021年8月7日,票面利率保持不变。

至此,永煤集团债券违约暂时告一段落,但其留给市场种种猜想……

材料4:在永煤集团发生实质性违约后的第二天,中诚信火速将永煤集团的评级从AAA级下调至BB级,并列入可能降级的观察名单。对于投资者而言,这是滞后的评级调整,金融机构稍微研究一下永煤集团控股的资产情况,很容易知道其资产质量不高,甚至存在流动性风险,但专业的评级机构却给出了最高的AAA评级,无视其存在的问题。其实违约不可怕,可怕的是一些高评级国企之前被市场广泛认为是低风险甚至无风险,却依然陷入违约的旋涡,现实与预期的反差提醒我们思考我国当前的评级体系是否存在系统性的偏差。

当前国内评级标准更多基于合并报表的财务数据,但合并报表并不能代表母公司的真实资产负债状况。在资产端,合并报表的资产规模较大,但其中大部分均归属于子公司,而母公司自身的资产规模较小。在负债端,母公司作为融资主体债务负担较重。合并报表使母公司资产和负债的错配问题被忽略,导致母公司的评级结果经常被高估。对于永煤集团而言,其合并报表数据显示,截至9月末集团公司合并报表上的货币资产达400多亿元,而母公司报表上的货币资产只有66.6亿元,并且这其中还包括很多受限制的资产,如存单质押及开具银行承兑汇票的保证金等。更能反映企业用于偿还债务的资金是母公司现金流量表的期末现金及现金等价物,这一数额仅27.58亿元。千亿级"AAA"国企还不起 10 亿债务,也就不足为奇了。

资料来源:永煤控股又现两笔债券违约,目前共有 234.10 亿元存续债券[EB/OL].(2020-11-24). https://www.sohu.com/a/433946271_422199.

请思考:

1. 什么是信用债?信用债和利率债有什么区别?

2. 永煤集团作为一家市值千亿元的国企,并且在债券市场拥有最高评级——"AAA"级,为什么还会发生违约事件?中国建设银行作为托管行将发挥什么作用?

3. 永煤集团违约事件的发生带给我国证券信用风险管理哪些启示?

4. 永煤集团违约事件发生后,市场上出现"逃废债"的质疑,如何判断违约企业存在"逃废债"之嫌?

【本章小结】

一般而言,证券具有产权性、流动性、风险性、收益性等特征。债券按不同分类标准可分为不同类型:按发行主体不同,可分为政府债券、公司债券和金融债券;按偿还期限不同,可分为短期债券、中期债券和长期债券;按利息是否固定,可分为固定利率债券、浮动利率债券和累进利率债券;按计息方式不同,可分为单利债券、复利债券和贴现债券;按存在形态不同,分为实物债券、凭证式债券和记账式债券;按是否可以转换为股票,可分为可转换债券和非转换债券;按债券的国别特征,可以分为国内债券和国际债券。

证券发行管理制度主要有三种,即审批制、核准制及注册制。在我国,证券发行核准制是指证券发行人提出发行申请,保荐机构(主承销商)向中国证监会推荐,中国证监会进行合规性初审后,提交发行审核委员会审核,最终经中国证监会核准后发行。核准制又分为通道制和保荐制。其中,保荐制是由保荐人负责发行人证券发行上市的推荐和辅导,经尽职调查核实公司发行文件资料的真实、准确和完整性,协助发行人建立严格的信息披露机制。

在政府或企业决定以发行证券方式利用资本市场筹措资金时,首先必须就发行证券的种类作出抉择,主要涉及普通股与优先股的选择、股票与债券的选择以及可转换债券的选择。

证券发行方式决定了证券将通过何种渠道投入市场。其按发行对象可分为公募发行和私募发行;按有无发行中介可分为直接发行和间接发行;按证券发行条件及投资者的决定方式可分为招标发行和议价发行;按发行担保方式可分为信用担保发行、实物担保发行、产品担保发行和证券担保发行。

承销是指证券公司在规定的期限内将发行人发行的证券销售出去,承销商按照约定收取一定的佣金或者约定的报酬的行为。承销有两种方式,一种是代销,另一种是包销。

关于股票的发行与上市条件以及中美上市的异同,正文部分做了详细对比阐述,此处不再赘述。

债券公开发行条件方面,《中华人民共和国证券法》《中华人民共和国公司法》等对债券发行总额、债券期限、债券偿还方式、债券票面利率以及债券发行价格等做了详细的规定,同时也对公司债发行的一般程序进行了详尽的说明。

【复习思考题】

1. 债券的特征是什么？有哪些主要的分类？
2. 证券发行的当事人包括哪些？证券发行可以分为哪些种类？
3. 证券承销分为哪几类？
4. 股票的公开发行和承销主要包括哪些步骤？
5. 什么是债券的信用评级？

【进一步阅读书目】

1. 张建军.投资银行学[M].西安：西安电子科技大学出版社，2023：44-56.
2. 周莉.投资银行学[M]. 4 版.北京：高等教育出版社，2017：101-118.
3. 李风云，崔博.投资银行理论与案例[M].北京：清华大学出版社，2022：198-210.

【即测即练】

第七章

证券经纪与交易

本章学习目标

1. 了解国内外主要证券交易所;
2. 掌握证券经纪业务的特征、操作程序及发展新动向;
3. 掌握证券自营业务的特征、原则、条件及类型;
4. 了解做市商制度及投资银行充当做市商的动机。

阿里巴巴在上市方式和上市地点问题上的纠结

阿里巴巴集团成立于1999年,截至2007年11月,其旗下诞生了淘宝、支付宝、雅虎中国、口碑网、阿里软件等众多子公司和品牌,但当时马云及其管理团队没有选择一步到位地将集团整体推向资本市场战略,而是采取了B2B(企业对企业)公司推向资本市场的方针。之所以如此,其原因是:第一,阿里巴巴集团旗下的子公司虽然品牌众多,但形成盈利模式和有能力盈利的公司很少,所以,只能选择集团中最成熟且盈利能力最强的B2B公司上市。并且,在2008年8月,将阿里软件的业务管理软件分部分别注入阿里巴巴B2B公司,以壮大其实力。第二,2007年正值全球金融危机的前夜,资本市场和互联网行业尚处于火热之中,B2B公司的业务更是看上去前景美好,如果率先把B2B公司推向中国香港市场,就可以用较少的股权向市场筹措更多的资金,以支持淘宝、支付宝等其他子公司的发展。第三,阿里巴巴旗下的B2B公司虽然当时发展得风生水起,但集团公司的前途未卜,整体上市的效果如何,难以确定,为了稳妥起见,马云及其管理团队作出了两个明智的选择:一是采取了分拆子公司上市,而不是让集团公司整体上市的策略;二是把上市地点放在中国香港,而不是美国。

资料来源:从阿里赴美上市反思国内资本市场不足[EB/OL](2014-03-17). http://pinglun.youth.cn/wztt/201403/t20140317_4872920.htm.

请思考:
企业应该怎样选择上市方式及地点?

案例分析思路：

阿里巴巴集团上市方式选择问题上的纠结就在于，可选择的备选方案很多，且各有千秋。将集团内子公司分拆上市可以让这些有活力的子公司市场估值最大化，但不利于实现各业务模块的高效协同；退市再上市有利于重组阿里巴巴集团内各子公司的业务，使IPO的估值超过增发的溢价，但成本太高。

阿里巴巴集团在上市地点上的纠结在于在哪里上市是一个多选题而不是单选题。阿里巴巴集团上市作为全球最值得期待的互联网IPO项目，被视为全球交易所争夺的新股宠儿，有多家证券交易所可供备选，且各有利弊。

公司上市需要哪些机构参与？各地上市有什么区别？证券交易又有哪些方式？我们将在本章找到答案。

第一节 证券交易市场

证券交易是指已经发行的证券在证券市场上买卖或者转让的活动，证券持有人依照交易规则，将证券转让给其他投资者。证券交易是反映证券流通性的基本形式，赋予证券以流通性和变现能力，可使证券投资者便利地进入或者退出证券市场。

证券交易市场主要分为场内交易市场（证券交易所）和场外交易市场[包括柜台市场（over the counter, OTC）、第三市场、第四市场]两大类。

一、证券交易所

（一）美国证券市场

美国全国性证券交易市场主要有传统的纽约证券交易所和近10年随科技股发展的纳斯达克市场。美国证券市场是世界上最大的证券市场，其中纽约证券交易所最为著名。

1. 纽约证券交易所

纽约证券交易所可以追溯到1792年5月17日，当时24个证券经纪人在纽约华尔街68号外一棵梧桐树下签署了《梧桐树协议》，协议规定了经纪人的"联盟与合作"规则，通过华尔街现代老板俱乐部会员制度交易股票和高级商品，这也是纽约交易所的诞生日。1817年3月8日，该组织起草了一项章程，并把名字更改为"纽约证券交易委员会"。其于1863年改为现名：纽约证券交易所。

作为世界市值最大、交易量第二大、极具流动性的现金股票交易所，纽约证券交易所为来自世界各地的上市公司提供上市及交易平台。我们常常在电影里面看到的场景：人头攒动的柜台、忙着报价的股票经纪人，像在菜市场一样讨价还价达成交易，在纽约证券交易所里真实存在。

截至2021年11月4日，纽约证券交易所共有上市公司2 221家，总市值391 969.20万亿美元（数据来源于Wind）。

纽约证券交易所更像国内的主板市场，对上市公司的要求较高。在纽约证券交易所上市的企业通常为历史悠久、规模庞大、发展稳定的企业，如可口可乐、IBM（国际商业机器公司)等；我国的中国移动、中国电信、中国人寿、中石化等企业亦在纽约证券交易所上市。

不过,为了吸引优秀科创公司在纽约证券交易所上市,纽约证券交易所的"直接上市"新规于2020年8月26日终获美国证券交易委员会(SEC)批准,并于2020年11月开始施行。直接上市的新制度利好有知名度的中大型公司,特别是业务线清晰、客户持续增长较快、商业模式有颠覆性的企业。从过往案例来看,选择直接上市的企业多为独角兽。

2. 纳斯达克股票交易所

纳斯达克即全美证券商协会自动报价系统,是交易量全球第一、市值第二的股票交易所。

纳斯达克是全世界第一家虚拟股票市场。传统上,交易所使用"交易大厅"模式。就像电影里看到的一样,在交易大厅,交易员们谈判、叫喊、比画手势。

纳斯达克成立于1971年,旨在为场外交易市场带来秩序和公平。这是一种虚拟交易厅,使用一套集中显示价格的系统。全国各地的中介商和交易员不再需要阅读每日"粉色单据",也不必拿起电话去了解价格;他们可以在一个地方实时看到股票报价。

纳斯达克的中介商叫作"做市商",他们不必再不停地打电话来跟进报价,只需在希望实际完成交易的时候使用一次电话即可。

2006年2月,纳斯达克宣布将股票市场分为三个层次:"纳斯达克全球精选市场""纳斯达克全球市场"(即原来的"纳斯达克全国市场")以及"纳斯达克资本市场"(即原来的纳斯达克小型股市场),进一步优化了市场结构,吸引不同层次的企业上市。

NASDAQ服务的主要对象是中小企业和高科技企业。在全美上市的网络公司中,除极少数几家在纽约证券交易所上市外,其余的全部在纳斯达克上市。在该市场中仅电脑或与电脑有关的公司就占15.8%,而电脑和电信两个领域的市值约占到市场总市值的2/3,在美国资本市场市值最高的5家公司中,纳斯达克拥有微软、英特尔、思科3家,其余两家即通用电气和沃尔玛则在纽约证券交易所挂牌交易。[①] 我国的一些高科技网络公司在2000年前后纷纷实现NASDAQ上市,如搜狐、网易、亚信、新浪等,它们在上市之后经历了东西方文化磨合的阵痛,但现在已经度过最困难的时期。

纳斯达克综合指数是反映纳斯达克证券市场行情变化的股票价格平均指数,基本指数为100。纳斯达克的上市公司涵盖所有新技术行业,包括软件和计算机、电信、生物技术、零售和批发贸易等,主要由美国的数百家发展最快的先进技术、电信和生物公司组成,包括苹果、微软、英特尔、美国在线、雅虎这些家喻户晓的高科技公司。

3. 美国证券交易所

美国证券交易所(American Stock Exchange,AMEX),跟纽约证券交易所一样,坐落于纽约的华尔街附近,现为美国第三大股票交易所。

美国证券交易所是唯一一家能同时进行股票、期权和衍生产品交易的交易所,也是唯一一家关注于易被人忽略的中小市值公司并为其提供一系列服务来增加其关注度的交易

---

① ipo上市流程6大步骤(ipo上市)[EB/OL].(2022-10-05). https://news.jjsx.com.cn/jing/202210/385884.html.

所。美国证券交易所通过和中小型上市公司形成战略合作伙伴关系来帮助其提升公司管理层和股东的价值,并保证所有的上市公司都有一个公平及有序的市场交易环境。

(二) 欧洲证券市场

欧洲证券市场是紧随美国证券市场之后的全球最主要证券市场。传统的欧洲证券市场主要包括英国证券市场(伦敦证券交易所)、法国证券市场(巴黎证券交易所)、德国证券市场(法兰克福证券交易所),此外还包括苏黎世、阿姆斯特丹、米兰、马德里和布鲁塞尔五个证券交易所。其中,1773年成立的伦敦证券交易所是世界上历史最悠久的证券市场,这使英国成为国际资本市场和投资银行业的发源地。不过在随后200年的发展过程中,包括英国在内的欧洲国家证券市场开始落后于美国。

随着欧元的诞生和欧洲货币一体化的顺利实施,欧洲证券市场一体化进程大大加快。1999年9月23日,欧洲八大证券交易所总裁会聚布鲁塞尔,一致同意建立欧洲统一股票市场,而2000年"泛欧证券联盟"的问世,标志着欧洲证券市场已经摆脱美国证券市场框架的束缚,进入自身独立发展的轨道,并成为全球证券市场一体化发展最快的地区。

截至2021年10月,泛欧交易所拥有1 969家上市公司,总市值为7.38万亿美元,全球排名第4位。[①] 在泛欧交易所上市的股票以欧元进行交易。泛欧交易所设立了多层次市场,以满足不同行业、不同发展阶段企业的需求。其市场主要分为三个层次,即主板(Euronext)、创业板(Euronext Growth)、自由市场(Euronext Access)。

泛欧交易所上市公司约九成为本土企业,境外企业占比维持在11%~13%。从行业分布来看,根据ICB[②](Industry Classification Benchmark,行业分类基准),泛欧交易所上市公司中排名前三的行业分别为软件和计算机服务、制药与生物技术、银行。整体来看,高科技产业、金融和房地产、工业企业在泛欧交易所上市公司中占据相当大的比重。从上市地点来看,泛欧交易所绝大多数公司在巴黎泛欧交易所上市,其次为奥斯陆泛欧交易所。从投资者结构来看,来自美国的投资者是泛欧交易所现货市场主要参与者。

(三) 亚洲证券市场

亚洲证券市场的规模不及美国和欧洲证券市场,各市场之间的联合程度也不高,而且包括大量新兴市场。

1. 日本交易所集团

日本交易所集团(JPX)是日本最大的全国性证券交易所,2013年1月由东京证券交易所与大阪证券交易所合并成立。东京证券交易所、大阪证券交易所乃至日本交易所集

---

① 全球主要证券交易所一览[EB/OL].(2022-03-03). https://baijiahao.baidu.com/s? id=1726241117962655244&wfr=spider&for=pc.

② ICB,是由道琼斯(Dow Jones)、富时罗素(FTSE Russell)于2005年推出的行业分类系统,后来道琼斯与标准普尔合并后,由富时罗素维护其管理,只要是富时罗素相关的指数就会以此分类。行业分类基准将所有上市公司分配到特定行业的适当子行业,这个系统有助于投资者研究股票市场分类。

团的诞生与发展,与第二次世界大战后日本产业经济的兴衰史一脉相连。第二次世界大战结束至今,日本先后经历了20世纪50年代的战后经济复苏、60—70年代的经济腾飞、80年代泡沫经济膨胀,以及90年代泡沫破灭后一个又一个的"失落的十年",长期陷于低增长、低利率、低通胀的宏观环境中。经过近30年的起起落落,2019年日本GDP规模约为5.8万亿美元,全球占比从巅峰时期的17.7%降至5.8%,列全球第三。截至2021年10月,日本交易所集团上市公司共计3 789家,总计市值6.68万亿美元,全球排名第五。从上市公司行业分布来看,工业、可选消费和信息技术占据了总市值和公司数量规模的前三名,与日本国民经济产业结构相匹配。

2. 新加坡证券市场

1) 新加坡证券交易所

新加坡证券交易所(Singapore Exchange,SGX,以下简称"新交所")的前身是新加坡证券业协会,成立于1930年。新交所作为亚洲的金融中心之一,是发展中国家和地区中一个比较有代表性的证券市场。除了有新加坡强大的银行体系支持以外,新加坡在自然时区上的优势、发达的通信基础设施以及政府对外资运用的较少限制,也为新交所的发展提供了良好的条件。截至2021年10月,新交所有上市公司677家,市值达到0.68万亿美元,全球排名第17位。

新交所受到新加坡证券法和新交所委员会所制定的一套条规所规范。新交所采取会员制,会员公司包括国际金融机构所拥有的国际会员公司。

新交所主要目的是为股票等证券交易提供诚信、一致化和合法的市场。新加坡交易板块一般分为主板(SGX Mainboard)和凯利板(Catalist)。

2) SESDAQ市场

早在1987年,新加坡就建立了SESDAQ(Stock Exchange of Singapore Dealing and Automated Quotation System,新加坡股票交易所自动报价系统),其设立的目的就是使那些具有良好发展前景的新加坡中小型公司能筹集资金以支持其业务扩展。在SESDAQ上市企业,如果上市后业务扩展,各方面达到主板市场要求,可以申请转为主板上市。SESDAQ的一个显著特征是其交易制度。它以电脑交易为基础,并受竞争性的做市商制度(market maker rule)制约。在这个制度下,一个做市商必须向客户指出现行最优价格,即使这一最优价格可能来自一个与之竞争的做市商。价格通过电脑在系统中传播,清算和交割均采用无证交易方式。

在SESDAQ进行的股票交易,必须通过由当地33个证券经纪商、8家商业银行及其分支机构和2家外国证券公司组成的自动报价市场"清算参与者"和"做市商"来做。对于每笔在系统中的交易,投资者须向"参与者"支付同主板市场相同的费用。

3. 中国证券市场

1) 中国香港证券市场

(1) 香港联合交易所。

中国香港股票市场是在19世纪末20世纪初逐渐形成,然后在20世纪60年代中后期随着经济的发展而发展起来的。1968年,只有一家"香港证券交易所",到1972年为止又相继出现了3家,即"远东证券交易所""金银证券交易所"和"九龙证券交易所"。1980

年,通过了《证券交易所合并条例》,成立了"香港联合交易所有限公司";1986年4月,4家证券交易所合并为"香港联合证券交易所",并在该所增设了"恒生指数期货交易",股票交易活动随之扩展到期货领域。交易所的联合开创了中国香港股票市场的新阶段。联合证券交易所于1986年9月22日被国际证券交易所联会正式接纳为会员。中国香港股市从此进入国际证券市场的行列。中国香港上市公司涉及各种行业,可粗略分为七大类:金融、公用事业、地产、综合企业、工业、酒店及其他。其中地产类一直执香港股票的牛耳。

2000年3月6日,香港联合交易所(香港联交所)与香港期货交易所(香港期交所)实行股份化,并与香港中央结算有限公司合并成立香港交易所,于同年6月27日以介绍形式在香港联合交易所上市。截至2021年10月底,香港交易所拥有2558家上市公司,股票总市值达5.82万亿美元,全球排名第六。根据WFE(世界证券交易所联合会)的排名,香港交易所2020年股票总市值、成交额、IPO筹资额分别位居全球第5、第9和第3。从行业分布来看,香港交易所股票市场前五大行业分别为信息科技、金融、地产建筑、非必需性消费和医疗保健。

(2)中国香港创业板市场。

20世纪90年代末期,新兴企业如雨后春笋般不断涌现,但是这些具有良好商业概念和增长潜力的新兴企业,并不具备香港联合交易所规定的主板市场的上市条件,参考美国纳斯达克市场,1999年11月15日,香港联合交易所设立了香港创业板。香港创业板市场是主板市场以外的一个完全独立的新的股票市场,与主板市场具有同等的地位,不是一个低于主板或与之配套的市场,在上市条件、交易方式、监管方法和内容上都与主板市场有很大差别。其宗旨是为新兴有增长潜力的企业提供一个筹集资金的渠道。它的创建对中国内地和中国香港地区经济产生了重大的影响。从长远来看,香港创业板目标是发展成为一个成功自主的市场——亚洲的NASDAQ。

2)中国台湾地区证券市场

(1)台湾证券交易所。

台湾证券交易所简称台证所或台交所,截至2021年11月,台交所有上市公司957家,市值达到1.94万亿美元,全球排名第14。台交所的股价指数为自行编制的"加权指数"(TAIEX),被视为中国台湾地区经济走向的主要指标之一。

自1962年正式开业起到目前为止,它一直是中国台湾地区唯一的证券集中交易场所。其主要业务是提供场地设备及服务,供证券商竞争买卖上市证券,为其办理成交、清算及交割事宜。

台交所自设立之日起即为公司制,采取典型的竞价制度,并由最初的人工结算交割发展为现在的无纸化电子交易,且不允许场外交易。

在交易种类方面,除了一般股票交易之外,还有存托凭证、受益凭证、ETF(交易型开放式指数基金)、认购权证、政府债券、公司债券、可转换公司债、创新板股票、外国债券等多个种类的证券在台交所上市交易。

(2)台湾店头市场。

台湾店头市场也称"台湾二板市场",该市场面向"本土的中小型公司",上市企业的产业领域远远超出高科技的范围。高科技上市公司占半壁江山的这种结构,反映了中国台湾地区在力图建成"科技岛"的同时,也比较注重基础产业的发展。在台湾店头市场上市有着严格的实收资本、业务记录、盈利、公众持股和信息披露方面的要求。

3) 上海证券交易所

上海证券交易所成立于1990年,是中国最大的证券交易所,总市值为7.77万亿美元(截至2021年10月),全球排名第三。2014年上海证券交易所与香港证券交易所实现互联互通,沪港通即指中国内地与中国香港两地的投资者可以通过当地的证券公司购买对方交易所挂牌上市交易的股票。2018年上海证券交易所与伦敦证券交易所实现互联互通,两地的上市公司可以通过发行存托凭证的方式在对方交易所上市交易。2019年上海证券交易所设立科创板并试点注册制,与主板对企业持续盈利要求不同,科创板允许尚未盈利但符合科创板上市条件的企业挂牌上市。

4) 深圳证券交易所

深圳证券交易所成立于1990年,采取会员制管理。截至2021年10月,深圳证券交易所市值达到5.76万亿美元,全球排名第七。2004年中小企业板块在深圳证券交易所设立,主要服务于流动股本规模相对较小,具有较高成长性和科技含量的中小企业,是主板市场的组成部分,2021年2月深圳证券交易所的主板与中小板进行了合并。2009年创业板启动,不同于主板市场,创业板又被称为"二板市场",为高新技术企业放低了上市的门槛,但仍属于交易所市场。2016年深圳证券交易所与香港证券交易所实现互联互通,两地的投资者可以通过证券公司买卖规定范围内对方证券交易所上市的股票。

5) 北京证券交易所

2021年11月15日,北京证券交易所正式揭牌开市,自此形成上海证券交易所、深圳证券交易所以及北京证券交易所"三足鼎立"之势,中国多层次资本市场深化改革与建设又进一步。北京证券交易所定位为服务创新型中小企业,为新三板(全国中小企业股份转让系统)的升级版,当天共有81家企业挂牌上市,行业类别包括25个国民经济大类企业。

此外,从组织形式上来看,证券交易所可分为会员制和公司制两种类型。会员制证券交易所是以会员协会形式成立的不以盈利为目的的组织,主要由证券商组成,实行会员自治、自律、自我管理。只有会员及享有特许权的经纪商,才有资格在交易所中进行交易。会员制证券交易所的最高权力机构是会员大会,理事会是执行机构,理事会聘请经理人员负责日常事务。目前大多数国家的证券交易所均实行会员制,我国规定证券交易所必须是会员制的事业法人,所以我国的上海证券交易所、深圳证券交易所都实行会员制。公司制证券交易所以盈利为目的,它是由各类出资人共同投资入股建立起的公司法人。公司制证券交易所对在本所内的证券交易负有担保责任,必须设有赔偿基金。公司制证券交易所的证券商及其股东,不得担任证券交易所的董事、监事或经理,以保证交易所经营者与交易所参与者的分离。美国的纽约证券交易所、瑞士的日内瓦证券交易所都是公司制。

《中华人民共和国证券法》第九十六条规定:证券交易所、国务院批准的其他全国性证券交易场所为证券集中交易提供场所和设施,组织和监督证券交易,实行自律管理,依法登记,取得法人资格。

二、场外交易市场

场外交易市场是指在交易所外由证券买卖双方当面议价成交的市场,它没有固定的场所,也没有正式的组织,实际上是一种通过电信系统直接在交易所外面进行证券买卖的交易网络。场外交易市场中的证券商具有证券自营商和代理商的双重身份。作为自营商可以把自己持有的证券卖给顾客或买进顾客的证券,赚取买卖差价。场外交易市场有一个共同特点是它们都是在国家法律限制的框架内,由成熟的投资者参与,接受政府管理机构的监管。

具体来说,场外交易市场可以分为以下三类。

(一) 柜台市场

柜台市场也称店头市场。在柜台市场交易的证券,主要是按照法律规定公开发行而未能在证券交易所上市的证券。在柜台市场采用议价交易的做法,由买卖双方协商决定,一般在柜台市场只进行即期交易。柜台市场一般有固定的场所,一般是证券经营商的营业处,但它不是严格意义上的固定的场所,因此仍属场外交易市场中的一种。目前,柜台市场最为典型、最为发达的是美国的纳斯达克。事实上,美国1/3的普通股、大部分的公司债券和所有的政府债券、市政债券,都是在场外交易市场进行买卖活动的。

(二) 第三市场

第三市场又称店外市场,它是靠交易所会员直接从事大宗股票交易而形成的市场。由于通过证券交易所交易证券需向证券交易所支付佣金,佣金比率大小按交易额大小有所不同,大笔交易的数量大,因此其佣金负担自然就大,于是就产生了交易所会员直接完成交易的情况,这样证券交易业务成本低,且成交迅速,其主要客户是机构投资者。

(三) 第四市场

第四市场是指投资者完全绕过证券商,相互之间直接进行证券交易形成的市场。由于科技迅速发展,特别是计算机和通信技术日益发达,买卖双方只需利用计算机系统,通过终端设备进行交易。因而第四市场交易成本低、成交快、保密好,具有很大潜力。

目前我国证券市场还处于发展的初期阶段,法律法规还不健全,监管力量和经验不足,缺乏成熟的理性投资者,因此,应该首先办好证券交易所市场,而不能盲目发展其他非交易所市场,以免引发市场风险。

第二节 证券经纪业务

一、证券经纪业务概述

根据2023年2月28日起施行的《证券经纪业务管理办法》[①](以下简称《办法》),证券

---

① 《证券经纪业务管理办法》于2021年12月2日由中国证券监督管理委员会2021年第7次委务会议审议通过,自2023年2月28日起施行。

经纪业务是指开展证券交易营销,接受投资者委托开立账户、处理交易指令、办理清算交收等经营性活动。《办法》所称证券交易,包括在上海证券交易所、深圳证券交易所、北京证券交易所和全国中小企业股份转让系统进行的证券交易。《办法》所称投资者,是指开展证券交易的自然人、法人、非法人组织,以及依法设立的金融产品。

投资银行从事证券经纪业务时只是作为证券交易双方的代理人,本身并不持有任何的证券头寸,因而也就没有任何的价格风险。此时,投资银行所扮演的就是证券经纪商角色。

证券经纪业务是一种中介业务,经纪商和客户之间是一种委托代理关系。经纪商不以自有资金进行证券买卖,不承担交易中的风险,只是按照客户指令进行交易,并收取佣金作为报酬。证券经纪商是从事证券经纪业务的机构或个人。经纪商可以是法人经纪商,也可以是个人经纪商。法人经纪商通过其客户经理在证券市场代理客户进行证券交易。

我国证券经纪商包括两大类：一是 A 股、证券基金及债券代理买卖业务,依法设立的证券公司都可以经营此业务；二是 B 股代理买卖业务,由 B 股特许券商经营。

二、证券经纪业务操作程序

(一) 申请会员资格和席位的程序

投资银行参加证券交易所组织的证券交易,无论是从事证券经纪还是从事自营,首先要成为证券交易所的会员。证券交易所通常是从申请入会的证券经营机构的经营范围、证券营运资金、承担风险及责任的资格和能力、组织机构、人员素质等方面规定入会的条件。

在我国,上海证券交易所、深圳证券交易所以及北京证券交易所对此的规定基本相同,主要条件有：①取得经营证券期货业务许可证,经营证券经纪、证券承销与保荐业务或中国证监会认可的其他证券业务；②依法取得登记机关颁发的企业法人营业执照；③具有良好的信誉和经营业绩；④组织机构和业务人员符合证券主管机关和交易所规定的条件；⑤承认证券交易所章程和业务规则,按规定缴纳各项会员经费；⑥具有完善的风险管理与内部控制制度；⑦具有合格的经营场所、业务设施和技术系统。

具备上述条件的证券经营机构向证券交易所提出申请,并提供必要文件,经证券交易所理事会批准后,即可成为交易所会员。成为会员后,证券经营机构还要申请交易席位。

(二) 开通业务准备阶段的程序

投资银行从事证券经纪业务,除了必须取得证券交易所会员资格和交易席位外,还必须置备开通业务的技术手段和相应的条件。

准备阶段的程序主要包括以下五个步骤：①准备用于接收投资者委托指令的柜台委托系统；②准备传输买卖指令的设备,如通信线路、计算机网络、通信设备等；③建立用于播放证券交易所发布的即时行情、成交回报和信息公告等的信息披露手段；④派员参加证券交易所的出市代表、清算员的培训；⑤向证券交易所划拨结算保证金和清算头寸,开立资金结算账户等。

(三) 受理投资者委托——代理证券买卖的基本程序

受理投资者委托——代理证券买卖包括开设账户、委托买卖、竞价成交、证券结算四个阶段。

1. 开设账户

受理投资者委托——代理证券买卖的第一步就是开设账户,即投资者在证券经纪商处开立证券账户和证券交易结算资金账户。证券账户是投资者按照法律、法规和有关规章的规定,在证券登记结算机构开设的用于记载投资者所持有的证券种类、数量及相应权益和变动情况的账户。只有开设证券账户才能买卖上市证券。投资者买卖在不同证券交易所上市的证券,应分别开设证券账户(如上海证券账户或深圳证券账户)。

所谓证券交易结算资金账户,是指投资者用于记录买卖证券引起的资金变动情况(即购买证券需存入资金和卖出证券所取得的价款)和余额的专用账户。投资者到其委托买卖证券的证券经纪商处开立证券交易结算资金账户,必须持证券账户和有效身份证件,并存入一定数量的资金(作为证券交易所需资金)。证券经纪商在对投资者的证券账户、身份证件和资金审验、核对无误后,即为投资者开设证券交易结算资金账户,并设置交易密码,对客户交付的证券和资金按户分账管理。同时,投资者在证券经纪商处办妥资金账户后,就具备了办理证券交易委托的条件,这也就意味着证券经纪商与投资者之间建立了经济关系。因此,证券经纪商与投资者必须签订证券买卖代理协议,详细说明代理交易的权限范围、操作程序、使用各种交易方式所面临的风险等。

证券交易结算资金账户主要分为现金账户(cash account)和保证金账户(margin account)两种。

(1) 现金账户。开设这一账户的客户最为普遍,在这种账户下一切都用现金交易,因此只要能迅速地付款和缴付证券,客户就可以在这种账户下委托经纪商进行证券买卖。现金账户在我国证券市场主要有个人现金账户和法人现金账户,目前大部分个人和几乎所有大额投资者,如保险公司、企业或政府的退休基金、互助基金等,开设的都是这种账户。按照《中华人民共和国证券法》的有关规定,法人资金不得用个人证券账户进行开户。

(2) 保证金账户。在这种账户下,客户可以用少量的资金买进大量的证券,其余的资金由经纪商给投资者垫付,作为经纪商给投资者的贷款。所有的信用交易(如买空和卖空交易及大部分期权交易),由于交易的性质,一般都在这种保证金账户下进行。在开立证券交易结算资金账户时,应采用实名制,根据客户的开户资料和资金来源验明客户的身份及其资金的性质,并妥善保管投资者的开户资料。

2. 委托买卖

委托买卖,即接受投资者的买卖指令并将其输入证券交易所的交易撮合系统。

客户在开设账户之后,就可以通过各种委托指令(在国外委托指令也称为订单)委托经纪商代其进行证券买卖了。

委托指令或订单(order)。客户下达给经纪商的委托指令有多种:按委托价格方式,一般分为限价委托（limit order）、市价委托（market order）、定价即时交易委托（immediate or cancel）、定价全额即时委托（fill or kill order）、止损委托（stop order）、限价停止委托（stop limit order）及开市和收市委托（market at open and close）七种类型；按委托时效分为当日、当周、当月委托等。我国证券交易中目前采取的合法委托是当日限价委托。

(1) 限价委托。客户向证券经纪商发出买卖某种股票的指令时，不仅提出买卖的数量，而且对买卖的价格作出限定，即在买入股票时，限定一个最高价，只允许证券经纪商按其规定的最高价或低于最高价的价格成交；在卖出股票时，限定一个最低价，只允许证券经纪商按其规定的最低价或高于最低价的价格成交。限价委托的一个最大特点是，股票的买卖可以按照投资人希望的价格或者更好的价格成交，有利于投资人实现预期投资计划，谋求最大利益。其缺点是无法保证一定能得到执行，因为客户指定的价格也许根本就达不到。

(2) 市价委托。市价委托是客户只指定交易数量而不给出具体的交易价格，但要求按该委托进入交易大厅或交易撮合系统时以市场上最好的价格进行交易。在市价委托方式下，为了保证获得最好的价格，在当日市场上同时有多份买单或卖单时，报出最好价格的委托优先执行。出价较高的买主优先于出价较低的买主，而报价较低的卖主优先于报价较高的卖主，此为价格优先原则。如果经纪商收到同一价格的委托指令，则要根据下单（收到客户委托指令）的时间先后顺序进行操作，即先下单、再执行，此为时间优先原则。市价委托的好处在于它能保证即时成交，相对于其他类别的委托报价方式而言，它消除了因价格限制不能成交时所产生的价格风险。市价委托的缺点是，从投资者下单（发出买卖指令）到委托得到执行这段时间，市场价格可能发生不利于投资者的变动。

(3) 定价即时交易。客户根据市场上现行的价格水平，要求经纪商按照给定的委托价格立即到市场上进行交易。如委托进入市场，市场上的价格正好是委托价格或比委托价格更好的价格，则可马上成交，否则其委托自动取消。这种委托报价方式与限价委托的主要区别是，它要求即时交易而不等待。

(4) 定价全额即时委托。客户根据市场上现行的价格水平，要求经纪商按照给定的委托价格和交易数量立即到市场上进行交易。若委托进入市场，市场上的价格正好是委托价格或比委托价格更好的价格，同时又能全额满足，则可马上成交，否则其委托自动取消。与定价即时交易委托方式相比，定价全额即时委托要求必须是全额交易。

(5) 止损委托。这种委托要求经纪商在市场价格达到一定水平时，立即以市价或以限价按客户指定的数量买进或卖出，目的在于保护客户已获得的利润。它本质上是限价委托和市价委托的结合应用。例如客户已按每股4.18元的价格买进A公司股票，而目前该股票的市场价格已达到每股6.18元，故他在账面上已获得了每股2元的盈利。如果客户担心市场价格下跌，就可以要求经纪商实行止损委托，比如在价格下跌至5.18元时，即行出售股票，这样他仍可保住每股1元的盈利。止损委托也称停止损失委托，只有当证券市价达到某一指定价格时，委托才可以执行。一旦证券市价达到指定价格，此时止损委托就转变为市价委托。

(6) 限价停止委托。它又称为停止损失限价委托，即设定了限价的停止委托。当市场价格达到指定价格(停止价格)时,限价停止委托就成为限价委托。这种委托实际上是限价委托与止损委托的混合物。投资者可以对停止价格达到后的执行价格进行限制。例如,客户王先生要买进科大创新公司股票,他可以在发出一个10元的限价委托的同时,加上一个12元按市价购买的止损委托。这样,当科大创新公司股票的市场价格从12元继续往下回落时,经纪商可按10元或低于10元的价格安排交易。

(7) 开市和收市委托。开市和收市委托要求经纪商在开市或收市时按市价或限价委托方式买卖股票,与前六种委托报价方式相比,开市和收市委托的主要特征在于限定成交时间,而对具体的报价方式则没有严格要求,所以通称为定时委托(time-specific order)。

3. 竞价成交

证券市场的市场属性集中体现在竞价成交环节上,特别是在高度组织化的证券交易所内,会员经纪商代表众多的买方和卖方按照一定规则与程序公开竞价,达成交易。

1) 竞价原则

证券交易按照价格优先、时间优先原则竞价成交。价格优先原则表现为:价格较高的买进申报优于价格较低的买进申报,价格较低的卖出申报优于价格较高的卖出申报。时间优先原则表现为:同价位申报,依照申报时序决定优先顺序。

2) 竞价方式

目前,证券交易一般采用两种竞价方式。

(1) 集合竞价。集合竞价是指在一定时间内由投资者按照自己所能接受的心理价格自由地进行买卖申报,电脑交易主机系统对全部有效委托按照确定的规则进行一次集中撮合处理的过程。

集合竞价是这样确定的:首先,系统对所有买入有效委托按照委托限价由高到低的顺序排列,限价相同者按照进入系统的时间先后排列;所有卖出有效委托按照委托限价由低到高的顺序排列,限价相同者按照进入系统的先后排列。其次,系统根据竞价原则自动确定集合竞价的成交价,所有成交均以此价完成;集合竞价的成交确定原则是,以此价格成交,能够得到最大成交量。最后,系统依序逐步将排在前面的买入委托与卖出委托配对成交,即按照"价格优先,同等价格下时间优先"的成交顺序依次成交,直到不能成交为止,即所有买入委托的限价均低于卖出委托的限价。未成交的委托排队等待成交。

我国沪深证券交易所集合竞价是指每个交易日上午9:25,交易所电脑主机对9:15至9:25之间所接受的全部有效委托进行一次集中撮合处理,产生当天的开盘价。

(2) 连续竞价。连续竞价指对买卖申报逐笔连续撮合的竞价方式,即对申报的每一笔买卖委托,由电脑交易系统按照相应规则即时连续撮合,若能成交,则立即成交。

连续竞价时,成交价格的决定原则是:最高买入申报与最低卖出申报价位相同;买入申报价格高于市场即时的最低卖出申报价格时,取即时揭示的最低卖出申报价位;卖出申报价格低于市场即时的最高买入申报价格时,取即时揭示的最高买入申报价位。随着世界市场的发展,世界多数证券市场大部分交易时间均采用连续竞价方式交易。

3) 竞价结果

竞价的结果有三种可能。

（1）全部成交。委托买卖全部成交，证券经纪商应及时通知委托人按规定的时间办理交割手续。

（2）部分成交。委托人的委托如果未能全部成交，证券经纪商在委托有效期内可继续执行，等待机会成交，直到有效期结束。

（3）不成交。委托人的委托如果未能成交，证券经纪商在委托有效期内可继续执行，等待机会成交，直到有效期结束。值得注意的是：证券经纪商对客户的买卖委托，不论是否成交，都必须如实作出委托记录。

4. 证券结算

证券结算，即在客户委托买卖指令后的规定时间内向客户提供证券买卖确认书并为其办理证券和资金的清算交割。

证券结算是证券清算和交割交收两个过程的统称，证券清算与交割交收是整个证券交易过程中必不可少的两个环节。

1）证券清算与交割交收的含义

证券清算主要是指在每一个交易日中对每个证券经纪商成交的证券数量与价款分别予以轧抵，对证券和资金的应收或应付净额进行计算的处理过程。在证券交易过程中，当买卖双方达成交易后，应根据证券清算的结果，在事先约定的时间内履行合约。买方需支付一定款项获得所购证券，卖方需交付一定证券获得相应价款。在这一钱货两清的过程中，证券的收付称为交割，资金的收付称为交收。我国证券市场自1992年开始实行无纸化交易后，实物股票不再流通，同时上海证券交易所和深圳证券交易所都实行集中登记结算（每个交易所全资控股的结算与登记公司都是合二为一的）。因此，证券清算与交割交收只是客户证券账户中证券数据和资金账户中资金数据的账面记载变动。

2）证券结算的主要方式

证券结算主要有两种方式。

（1）净额结算。净额结算指证券登记结算机构以结算参与人为单位，对其买入和卖出交易的余额进行轧差，以轧差得到的净额组织结算参与人进行交收的制度。净额结算又可以分为双边净额结算（bilateral netting）和多边净额结算（multilateral netting）两种形式。双边净额结算是指证券登记结算机构对交易双方之间达成的全部交易的余额进行轧差，交易双方按照轧差得到的净额进行交收的结算方式。这种结算方式下，交易对手就是交收对手。多边净额结算是指证券登记结算机构介入证券交易双方的交易关系中，成为"所有买方的卖方"和"所有卖方的买方"，然后以结算参与人为单位对其达成的所有交易的应收应付证券和资金予以冲抵轧差，每个结算参与人根据轧差所得净额与证券登记结算机构一个交收对手进行交收的结算方式。

（2）全额结算。全额结算也称为逐笔结算，是指交易双方对所有达成的交易实行逐笔清算，并逐笔交付证券和资金的制度。全额结算是最基本的结算方式，但这种方式对交易双方的资金量、结算系统处理能力和自动化程度要求较高，适用于交易量较小、参与人较少的市场。银行间市场通常采取这种结算方式。

三、信用交易

证券信用交易是指客户在买卖证券时只向证券公司交付一定数额的款项或者证券作为保证金,其支付价款或证券不足的差额部分由证券商提供融资或者融券的交易。信用交易是一种运用杠杆力量的交易方式。

信用交易分为融资买进(即买空)交易和融券卖出(即卖空)交易两种形式。买空,是指客户用借入的资金买入证券;卖空,是指客户自己没有证券而向他人借入证券后卖出。在发达国家的证券市场中信用交易是一个普遍现象,但对信用交易都有严格的法律规定并进行严密的监管。

(一)融资交易

融资交易是客户以部分自有资金为保证金,向证券经纪商融资,利用杠杆力量购买超过本身资金量的证券数量,期望证券价格上升后抛出证券,返还所借款项并从中获利。融资交易又称为买空交易或者保证金购买。

融资交易中,如果投资者预期某一证券价格可能上升,就可以缴纳部分保证金,向经纪商借入资金买入证券,买入的证券要作为抵押物存放在经纪商手中,等到价格上升后,投资人再卖出获取价差。

融资交易有三个步骤:①经纪商为客户开立信用交易账户,客户按照法定比例向证券商缴纳买入证券所需要的保证金。②证券经纪商按照客户委托买入证券,并为客户垫付购买证券所需要的其余资金,完成交割。融资期间,经纪商对此证券拥有控制权。③融资期内,客户可以随时卖出融资买进的证券,以所得价款偿还融资本息,或者随时以自有资金偿还融资。到期无法归还的,经纪商有权强制平仓。投资者可通过直接还款、卖券还款两种方式偿还融资负债。

(二)融券交易

融券交易是指投资者以部分自有资金为保证金,向投资银行借取证券抛空,期望价格下跌后买回证券,返还所借证券并从中获利。这一交易过程中,投资人并没有真正的证券,交易过程是先卖出后买回,融券交易也称为卖空交易。

融券交易的步骤包括:①开立信用交易账户。②客户进行融券委托,缴纳保证金,证券商为客户卖出证券,完成交割。卖出证券所得资金存放在证券商处作为借入证券的押金。③当证券价格下跌后,客户买回证券并归还给券商。如果客户不能按时偿还所借的证券,证券商可以强行以抵押金购回证券平仓。

信用交易反映了双重信用关系,一方面是证券经纪商向客户提供融资融券得以形成的信用关系,另一方面是银行向证券经纪商提供贷款而形成的信用关系。这样,证券经纪商在信用交易中,提供的就不仅仅是一种接受委托、代理买卖的服务。

信用交易是目前许多国家证券市场中存在的一种证券交易方式。它使客户能以超过自身实际拥有的资金进行证券交易,为客户以较少的资本博取较大的利润提供了条件。这种交易方式对于满足客户扩大投资需求、活跃市场和形成公正价格有积极的作用,但也有投机性过强,容易加剧证券市场的动荡、加大投资风险的负面效应。因此,允许进行信用交易的国家和地区都规定了严格的法律并加强监管。《中华人民共和国证券法》第一百二十条规定:除证券公司外,任何单位和个人不得从事证券承销、证券保荐、证券经纪和证券融资融券业务。证券公司从事证券融资融券业务,应当采取措施,严格防范和控制风险,不得违反规定向客户出借资金或者证券。

第三节　证券自营业务

自营商,又称为交易商,是指为自己的账户买卖证券的证券机构。证券自营业务是投资银行出于盈利的目的,以自己的名义和资金专门为自己的账户买卖上市证券,并独自承担风险。也就是说,证券自营业务是证券经营机构为了从价格变动中或从相对价值差异中获利而持有金融工具或头寸的行为。

从价格变动中获利的行为是投机(speculation),而从相对价值差异中获利的行为则是套利(arbitrage)。大多数投资银行都从事证券自营业务,此时,投资银行扮演的是证券自营商的角色。应当着重指出的是,投资银行的自营业务和经纪业务是由不同的部门负责的,并且部门之间设有防火墙,采取绝对分开的原则。

一、证券自营业务条件

证券自营业务的资格审批往往严于证券经纪业务,《中华人民共和国证券法》第一百一十八条规定,设立证券公司,应当具备下列条件,并经国务院证券监督管理机构批准:

(1) 有符合法律、行政法规规定的公司章程;
(2) 主要股东及公司的实际控制人具有良好的财务状况和诚信记录,最近3年无重大违法违规记录;
(3) 有符合本法规定的公司注册资本;
(4) 董事、监事、高级管理人员、从业人员符合本法规定的条件;
(5) 有完善的风险管理与内部控制制度;
(6) 有合格的经营场所、业务设施和信息技术系统;
(7) 法律、行政法规和经国务院批准的国务院证券监督管理机构规定的其他条件。

同时,《中华人民共和国证券法》第一百二十条有明确规定:经国务院证券监督管理机构核准,取得经营证券业务许可证,证券公司可以经营下列部分或者全部证券业务:

(1) 证券经纪;
(2) 证券投资咨询;
(3) 与证券交易、证券投资活动有关的财务顾问;
(4) 证券承销与保荐;
(5) 证券融资融券;
(6) 证券做市交易;
(7) 证券自营;
(8) 其他证券业务。

《中华人民共和国证券法》第一百二十一条规定,证券公司经营本法第一百二十条第一款第(1)项至第(3)项业务的,注册资本最低限额为人民币5 000万元;经营第(4)项至第(8)项业务之一的,注册资本最低限额为人民币1亿元;经营第(4)项至第(8)项业务中两项以上的,注册资本最低限额为人民币5亿元。证券公司的注册资本应当是实缴资本。

二、证券自营业务类型

(一)证券自营商的投机交易

一般地说,投机是指通过市场价格的短期变化来获利。证券自营商投机是指证券自营商试图通过准确地预测证券价格的变动来获取价差收益并承担风险的证券买卖行为,即以较低价格买进某种证券,在短期内又以较高价格卖出该证券;或者以较高价格卖出或卖空某种证券,待价格回落后再买回来。

投机通常仅指时间套利:投机者先在价格较低时买入证券,短期内,等到价格升高后,再将该证券卖出;而有的观点,还将地点套利也纳入投机的范畴:投机者先在价格较低的地点买入某商品,又立即在价格较高的地点卖出该商品。投机交易是以获取资本利得为主要目的,承担市场价格风险的短期的证券交易行为。如果预期某只证券的价格将上升,则买进该证券,待价格上涨后再卖出;如果预期某只证券的价格将下跌,则卖出该证券,待价格回落后再低位补进,从中获利。

投机的另一种含义是:在明知(或者根本不知道)一只证券的价值低于其价格的情况下,却抱着别人会以更高的价格从自己手中买走的心理,购进那只证券(俗称"博傻");在明知(或者根本不知道)一只证券的价值高于其价格的情况下,却抱着别人会以更低的价格卖出这种证券的心理,卖出那只证券。

(二)证券自营商的套利交易

1. 套利的含义

套利是指利用资产定价的错误、价格联系的失常,以及市场缺乏有效性的其他机会,通过买进价格被低估的资产,同时卖出价格被高估的资产来获得收益的交易行为。它通常是利用证券在两个或两个以上的市场中的价格差异,同时进行买卖,从差价中获取利润。套利按有无风险来划分有两种形式:无风险套利(riskless arbitrage)和风险套利(risk arbitrage)。

1) 无风险套利

无风险套利是指交易商在两个或两个以上的不同市场中,以不同的价格进行同一证券或证券组合的交易,利用市场价格差异来获利。由于买卖行为是同时发生的,其利润是可以确定的,没有时滞带来的风险。无风险套利具有两个特征:其一,没有自有资金投入,所需资金通过借款或卖空获得;其二,没有损失风险,最糟糕的情况是最终回到起点,套利者的最终结果仍旧是零。

假定有三种股票即清华同方、清华紫光和科大创新的收益,见表7-1。

表 7-1　投资损益估算　　　　　　　　　　　　　　　　　　　　　　　　　　元

经济状况	清华同方	清华紫光	科大创新
衰退	−2	−4	0
稳定	6	4	10
繁荣	10	16	6

为方便计算，假定每股都以 100 元交易，计算的损失或利润也是投资的百分比收益。例如，100 元的投资赚取 10 元意味着收益率为 10%。从表 7-1 可以明显看出清华紫光的收益并不总是好于清华同方的收益——清华紫光在衰退状况下和稳定状况下的收益都低于清华同方。此外，科大创新的收益也不总是高于清华同方的收益，当经济繁荣时，科大创新的收益低于清华同方的收益。虽然清华紫光和科大创新的收益都并不总是好于清华同方，但投资银行仍可以构造一项包含清华紫光和科大创新的证券组合，以得到套利机会。

现在投资银行持有清华紫光和科大创新的证券组合，并卖空清华同方，就会产生套利利润。假定投资银行以 200 元的价格卖空 200 股清华同方，并用 200 元的实得款项以 100 元的价格分别购入 100 股清华紫光和 100 股科大创新。这一交易的收益见表 7-2。

表 7-2　卖空套利利润估算　　　　　　　　　　　　　　　　　　　　　　　　元

经济状况	卖空清华同方	100 股清华紫光和 100 股科大创新的证券组合	套利交易的总的净收益
衰退	200×2=400	100×(−4)+100×0=−400	400−400=0
稳定	200×(−6)=−1 200	100×4+100×10=1 400	−1 200+1 400=200
繁荣	200×(−10)=−2 000	100×16+100×6=2 200	−2 000+2 200=200

如果在经济衰退期，清华同方每股将损失 2 元。但是，卖空 200 股清华同方，将得到 200×2=400(元)的利润。同时，购入 100 股清华紫光和科大创新将在清华紫光上发生 400 元的损失，科大创新则不发生利润或损失。同理，通过计算可知，清华紫光和科大创新证券组合在经济稳定期将获得 1 400 元的利润，在经济繁荣期将获得 2 200 元的利润。因此，这一套利交易中总的净收益在经济衰退时为 400−400=0(元)。类似地，在经济稳定或经济繁荣时都可以获得 200 元的利润。

2）风险套利

风险套利涉及股票市场上的收购与兼并活动，或公司债务重组等情况。风险套利进行的买卖交易存在着时差，有时时差可能长达几个月，而风险是随着时差的增加而增大的，所以风险套利是一种相当复杂的交易策略。在兼并与收购交易中，收购方的股票价格往往会在并购成功后下跌，而被收购方的股票价格则会上升。也就是说，被收购公司股票的市场价格与收购公司支付的股票市场价格之间会出现差异。于是，风险套利者（投资银行）往往在并购前买入被收购方的股票而抛售收购方的股票，待并购完成以后再做相反的交易，以期获利。

假设 A 上市公司宣布计划收购 B 上市公司,其交易条件是以 A 上市公司的 1 股股票换取 B 上市公司的 1 股股票。假设宣布消息时 A 上市公司和 B 上市公司股票的价格分别是 50 元和 42 元。如果 A 上市公司执行收购计划,那么以 42 元购得 B 上市公司股票的投资银行通过交换获得同等数量的 A 上市公司股票,利差为 8 元。

并购发生时,收购公司的股票价格往往会下跌,而被收购公司的股票价格会上升。这样,在本例中,当以 B 上市公司股票交换 A 上市公司股票时,利差可能会减小。为了避免这种风险,投资银行应在购买 B 上市公司股票的同时,卖空同样股数的 A 上市公司股票(因为是 1∶1 的换股交易),以锁定交易发生时 8 元的利差。例如,假设 A 上市公司股票的价格从 50 元下降至 45 元,那么用 B 上市公司股票交换 A 上市公司股票将获利 3 元;而以 50 元卖空 A 上市公司股票现在可以用 45 元买回,获利 5 元,投资银行的全部利润仍为 8 元。

如上所述,当换股按宣布的条件进行时,风险套利就能锁定利差,这一过程包括买入被收购公司的股票和卖空收购公司的股票,买卖数量要视交换条件而定。依上例,如果交换条件是按每股 A 上市公司股票换 2 股 B 上市公司股票,那么在购买每 2 股 B 上市公司股票时就要卖空 1 股 A 上市公司股票。

当然,作为风险承担者,投资银行要承担并购不能如期进行的风险。仍以上例为例,假定由于某种原因 A 上市公司放弃收购计划,而投资银行又不得不卖出 B 上市公司股票,则不仅没有利润可言,还可能遭受损失。显然,投资银行必须仔细分析研究每一宗并购事件获得成功的可能性,以减少这种风险。

2. 套利的策略

根据上述无风险套利和风险套利的实例,可将套利的策略归纳为以下两种。

(1)空间套利。空间套利是最简单的一种套利方式,套利者通过寻找不同市场上同一类证券当期价格的差异而获得收益。

(2)时间套利。时间套利即跨期套利,是指通过对某些资产的现货买进、期货卖出,或现货卖出、期货买进的方法,从寻求现期价格与远期价格的差异中来谋求收益的套利方式。

第四节 做市商业务

证券做市商业务是指投资银行运用自己的账户从事证券买卖,通过维持证券交易报价的均衡性和连续性从而为证券市场创造证券价格的稳定性和市场的流动性,并从买卖报价的差额中获取利润的业务。

现代证券市场有两种基本的交易制度:指令驱动系统(order-driven system)和报价驱动系统(quotation-driven system)。

一、指令驱动系统

指令驱动系统是一种竞价市场,也称为订单驱动市场。在这一市场中,参与交易的买卖双方直接下达价格和买卖数量指令,由市场计算机交易系统按"价格优先、时间优先"的原则自动撮合成交。这种交易机制的特点是交易价格是由买卖双方同时自主报价,以竞价方式决定的。因此,它又称为双向拍卖制或竞价制。

指令驱动系统的特点如下。

第一,证券交易价格由买方和卖方的力量直接决定。

第二,投资者买卖证券的对手是其他投资者。

竞价交易制度优缺点如下。

优点:交易成本低;市场透明度高。

缺点:不利于大宗交易的顺利完成,且市场流动性和稳定性比做市商市场差。

在我国,竞价交易制度在沪、深证券交易所居于主导地位,大宗交易可以通过询价谈判来完成。

二、报价驱动系统

报价驱动系统是一种连续交易商市场,或称为做市商市场。在这一市场中,证券交易的买价和卖价都由做市商给出,做市商将根据市场的买卖力量和自身情况进行证券的双向报价。

报价驱动系统的特点如下。

第一,证券成交价格的形成由做市商决定。

第二,投资者买卖证券都以做市商为对手,与其他投资者不发生直接关系。

做市商制度优缺点如下。

优点:大大提高市场的流动性和稳定性,并有利于大宗交易的顺利完成。

缺点:交易成本高;信息透明度低。

在全球主要的场外交易市场中,大都实行做市商制度,或者是以做市商制度与竞价机制相结合的混合交易机制。作为做市商制度起源地的纳斯达克市场,在1997年采用新的委托处理规则后,又于2002年全面启动"超级蒙太奇"(超级电子自动对盘)交易制度改革方案,使所有投资者和做市商的限价委托与报价都由主机集中显示撮合。于是,在纳斯达克市场上一直处于垄断地位的做市商制度开始逐渐变为做市商与竞价交易相混合的制度。

三、做市商制度的种类

目前在国际证券市场上,存在两种形式的做市商制度:一种是多元做市商制(multiple dealer system),另一种是特许交易商制(specialist system)。

(一)多元做市商制

多元做市商制以伦敦股票交易所与美国纳斯达克市场最为典型和著名。美国全国证券商协会规定,证券商只有在该协会登记注册,遵守该协会的规定,达到最低的财务标准和清算标准,才能成为纳斯达克市场的做市商。但做市商提供做市服务完全是自愿的而不是指派的。在纳斯达克市场上市的每一种股票同时由很多个做市商来负责。

(二)特许交易商制

特许交易商制也称为专营商制。实行特许交易商制是纽约证券交易所区别于世界上其他证券交易所的重要特征之一。特许交易商是证券交易所指定的特种会员（专业会员），其主要职责是为其专营的证券交易提供市场流通性并维持价格的连续和稳定。[①] 在纽约证券交易所挂牌上市的每一种证券，均由交易所指定一家投资银行负责组织市场交易，但每家投资银行可负责多种证券的专营事务（对特别大的上市公司则由一家投资银行负责），该投资银行就被称为特许交易商（specialist）。因此，特许交易商是单一做市商，特许交易商制也被视为"垄断"做市商制。特许交易商具有多重职能和身份。它们是专家经纪人，可以与场内其他一般经纪人交易，撮合客户的买卖指令并收取一定的佣金。特许交易商又是交易商，可以自营买卖它们所专营的证券，即为自己的账户买卖证券，从而获得买卖价差，但是在成交时必须保证客户委托优先于自己账户同价位的报单。特许交易商同时还充当做市商，是合法的市场庄家。

四、投资银行充当做市商的动机

投资银行出于如下三个方面原因充当做市商。

（一）获利动机

做市商在维持市场流动性的同时，可从买卖报价中赚取价差，这就是市场对做市商提供服务的报酬。在市场价格波动较小的时候，做市商的活动很简单，它们提供买卖报价，应交易对手请求成交。只要定价准确，符合市场供需关系，那么它买后，继之以卖，卖后继之以买，如此往复，所持头寸就可保持相对稳定，同时又可赚取买卖价差。如果做市商的定价过高，则有更多的人愿意向其出售证券，从而使证券存货增加，在这种情况下，它就要降低定价；相反，如果定价过低，则会有更多的人从做市商处买进证券，于是其证券存货就将减少，甚至可能是负数（空头）。作为做市商是并不希望它所持有的证券存货大起大落的，所以它必须控制头寸并相应地调整证券价格。

（二）一级市场业务的配套需要

投资银行进入二级市场充当做市商，是为了发挥和保持良好的定价技巧，辅助其一级市场业务的顺利开展。在二级市场上积累了丰富经验的投资银行，往往拥有娴熟的定价技巧，投资银行将这种技巧运用在一级市场上的新股发行中，便能在承销和分销中为发行公司制定一个较适当的发行价，为发行公司尽可能地募集到更多的资金，而不必出售发行公司更多的股权和承担超常的风险。投资银行在定价方面声名鹊起，也能够有效地为自己赢得更多的发行业务。

（三）提升自身在市场中的形象

发行公司希望自己的证券在二级市场上市后具有较高的流动性和较佳的价格走向，为此，发行公司就要寻觅一个愿意为其证券"做市"的金融机构作为其主承销商。投资银

[①] 按纽约证券交易所（第104条款）的规定，不履行这一职责就会失去特种会员的资格。特许交易商存放在自己账户的资金数量不得低于交易所规定的最低资本要求。

行为了争取到发行业务，维系与发行公司良好的关系，一般都会在二级市场上为其发行的证券做市，以保持证券价格的大致稳定，直到有其他自营商进入该只证券，它才考虑退出。当然，投资银行在做市时，要根据市场条件向市场交易者提供报价，如果一味托市而开出偏离市场的高价，会让投资银行的做市证券的头寸大量增加。投资银行能否安然扮演做市商的角色，在很大程度上取决于它的发行定价是否合适，而后者又需要投资银行长期涉足证券二级市场，提高其定价技巧。所以证券二级市场也是投资银行一个不容忽视的业务领域，美国的各大投资银行无一不是周旋于证券二级市场的运作高手。

互联网券商/传统券商的区别与未来

一、互联网券商和传统券商区别仅仅是 App 吗

当我们理解了投行思维与免费思维，二八理论和长尾理论的差异后，回头再看互联网券商和传统券商在证券经纪业务上的区别，就可以明白其不仅仅是一个 App 的问题了。

互联网券商奉行免费理论，通过免费的行情软件、财经资讯服务、股吧社区论坛吸引用户聚集，然后以股票开户、收取佣金的方式进行变现，这大大有别于传统的营业部线下开户获客的方式，极大地降低了获客成本，同时也可以提供更低的佣金费率。

互联网券商奉行长尾理论，避免和头部券商竞争一、二线高净值客户，而是通过互联网的方式覆盖原本传统券商营业部无法覆盖的人群以及由于服务成本过高不愿覆盖的用户群体，获得了一个全新的蓝海市场。

互联网券商和传统券商，在网络金融部门上有以下区别。

（1）互联网券商可以做到不依赖营业部线下开户，独立依靠线上优质的服务，让用户先成为 App、PC（个人计算机）端的用户，然后再通过互联网用户运营的方法将用户转化为证券客户。此时网络金融部门既是一个中后台支撑部门又是一个营业收入创造部门，能直接为公司带来营业收入。由于前期这种模式最终带来了可观的盈利，公司上下对这个模式和道路充满了信心，愿意进行更多创新模式的探索和投入。

（2）传统券商的路径是先通过营业部线下进行股票开户，后提供 App、PC 端作为交易的平台，此时网络金融部门仅仅是一个中后台的支持部门、成本部门，并不能直接为公司创造营业收入。同时由于互联网获客并转化的模式并未得到验证，公司存在对该模式的迷茫与不坚定，不愿意对该业务进行长期的探索和投入。

有 App 的公司并非一定是互联网公司，核心问题是 App 背后是否有互联网的商业模式、组织架构和思想观念。

二、证券经纪业务未来的一些思考

在了解了免费理论和长尾理论，同时又了解了互联网券商和传统券商的本质差异后，证券经纪业务的未来其实已经逐步清晰了起来。

互联网流量巨头是否会拿到券商牌照？券商该如何应对？

腾讯系发起成立微众银行，阿里系发起成立网商银行，同时腾讯、阿里巴巴联合中国

平安发起成立众安保险。但是让人感到诡异的是,为什么腾讯、阿里巴巴一直无法拿到内地券商牌照?

其实恰恰是因为银行和保险业有大量线下场景与线下流程,互联网只能对原有流程进行优化和改造,很难替代原有流程。

但是证券经纪业务从开户到交易再到销户的几大主要流程基本上已经纯线上化了,实际上已经是被互联网渗透程度非常高的业务了。

此时拼的核心便是互联网的产品、运营、技术能力,这些能力恰恰是互联网流量巨头最擅长的。

微信10亿月活用户,支付宝6亿月活用户,而证券类App用户第一的同花顺仅仅3 000万月活用户,更不要说月活用户数量不超过千万的广大证券公司的App了。

一旦腾讯、阿里巴巴拿到证券牌照,基本上就切断了传统券商的用户增量,因为人手一个微信、支付宝,如果微信、支付宝直接能开户交易,那么何必去券商营业部或者下载券商的App进行股票开户和交易呢?股市的新增潜在用户基本上会被微信、支付宝所拦截。

另外,对于传统券商的存量用户也会形成逐步的流失,腾讯、阿里巴巴的产品及运营能力一流,App有更好的用户体验,有更强大的功能,有多样化的运营活动,有各种各样的补贴玩法。

虽然佣金有最低监管限制,但是试想一下,你股票开户可以提高支付宝会员等级,股票交易可以提高芝麻信用分,可以送虾米音乐VIP(贵宾)权益,可以有饿了么补贴券,可以有淘票票电影打折卡,把证券经纪业务彻底融入这个体系内,将是多么不可思议的竞争力。

一旦互联网流量巨头拿到证券经纪牌照,建立完全依靠流量变现的玩法,就可能对整个证券经纪业务产生巨大冲击,同时大部分证券公司的收入高度依赖证券经纪业务,必然导致大量证券公司收不抵支,同时影响大量相关从业者的就业。

另外,全民都很容易成为股票交易的用户,大量中小散户的进入更可能加剧股票市场的波动。这些都是监管层不愿意接受的情况。

由此可以看出,正是互联网流量巨头可能对证券经纪业务造成山呼海啸般的冲击,反过来导致了它们在可预见的未来不能拿到券商牌照从事证券经纪业务。

正是由于这个大前提的存在,券商和互联网流量巨头进行合作,从互联网流量巨头中进行引流,才能真正毫无顾忌、放心大胆——反正它们没办法从事这个业务,不会成为自己的竞争对手,那么为什么不使劲从它们那里获取流量呢?

三、0佣金时代是否会来到,0佣金来到之后该怎么办

近期美国的嘉信理财正式宣布了0佣金,这让0佣金再一次成为国内券商讨论的焦点。

诚然,美国的0佣金模式有其自身的特殊性,如嘉信理财的证券经纪业务收入占总收入的比重很低,更多依靠其他业务收入,而国内券商的大部分收入仍然需要依靠证券经纪业务。

但是美国资本市场作为更加发达成熟的资本市场,很多经验是中国资本市场未来的预兆,0佣金也许不适合目前的中国国情,但是从更长远的历史维度看,也是一种历史的必然。

有时候,公司或者人的命运不仅仅在于自身的努力,更在于历史的进程。也许目前暂时可以坐着收佣金,高枕无忧,但是历史的脚步终究会到来,只怕到来的那一天,便再也没有反抗命运的能力了。这真的是券商和证券经纪业务相关的从业者的结局吗?

0佣金表面上看不可思议,其实本质上仍然是免费理论在证券经纪业务的进一步衍化和发展。

0佣金实际上是通过佣金的免费来吸引用户,再通过融资融券、付费会员、有偿投顾、代销其他金融产品等方式进行变现,业内一直高喊的向财富管理转型,实质上也是免费理论的应用。

移动互联网的崛起让传统媒体风光不再,但是许多传统媒体人却依靠对媒体本质规律的深刻理解与多年积累的功底成为第一批自媒体作者,成为时代的弄潮儿。

同理,即使真的有一天佣金归零,真正懂投资、懂用户的从业者也绝不会走向失业的窘境,个人IP(知识产权)、社群经济、知识付费、投资顾问、独立经纪人,仍然有大量流量变现的方式待挖掘。

资料来源:证券经纪业务:互联网券商/传统券商的区别与未来[EB/OL].(2019-12-03). https://baijiahao.baidu.com/s?id=1651910509915322233&wfr=spider&for=pc.

材料1:河北国际信托投资公司假借他人名义从事自营业务案

从1997年2月至1999年3月,河北国际信托投资公司用"常俊香"的名义开立自营账户,并使用了300个股东账户申购新股61次,盈利2190万元。申购资金来源于公司历年积存未分配利润1600万元、省政府增拨改公司资本金8500万元、营业部运营资金5000万元和短期挪用代理企业债券发行款项25000万元。该公司所属中山路证券营业部以内部职工名义共开立11个账户用于股票自营买卖,所用资金全部为挪用客户保证金,最高挪用金额为530万元,共获利25.3万元。

材料2:利用操纵股价行贿洗钱

洗钱,是一个金融术语,简单说,就是将非法收入合法化的行为。这一术语最早诞生在20世纪20年代的美国,芝加哥黑手党的金融专家通过经营一个洗衣店,将非法赃款纳入营业收入,再向税务局申报纳税,这样,税后赃款就全部成了他的合法收入。根据国际货币基金组织(IMF)统计,全球每年非法洗钱的数额约占世界各国GDP总和的2‰～5‰,按照目前全球GDP 85万亿美元的总额计算,大约在1.7万亿美元至4.2万亿美元之间,这还不包括IMF所估计的每年1000亿美元的数额增加值。

随着经济发展,洗钱的手段也越来越多样化,艺术品或古董买卖、海外投资、赌博、地下钱庄、证券交易、影视投资、寿险交易等都有可能成为非法分子洗钱的工具。某企业高管为了向官员C行贿,预先大量购买交易量很小的D公司股票,选择该股票交易清淡时,让受贿官员C通过其妻弟的股票账户低价挂出买入委托单,该企业在该价格大量卖出D

公司股票,由于该股票交易清淡,受贿官员 C 的妻弟即时成交了大部分 D 公司股票。其后该企业通过大量购买该股票,拉升股价,受贿官员 C 的妻弟在短时间内获得巨大的价差收益,股票账户显示盈余 1 500 万元。C 的妻弟迅速将 1 500 万元通过其股票资金账户转入本人银行账户。

资料来源:证券业常见洗钱手法及案例[EB/OL].(2020-08-20). https://www.sohu.com/a/414307619_770185.

请思考:
证券业洗钱手段有哪些?

【本章小结】

证券交易是投资银行的传统业务之一,投资银行主要以三种角色来进行证券交易业务:证券经纪商、证券自营商和证券做市商。证券经纪商就是接受客户委托、代客买卖证券并以此收取佣金的投资银行;证券自营商是指以盈利为目的,运用自有资本进行证券买卖的投资银行;证券做市商是指运用自己的账户从事证券买卖,通过不断的买卖报价维持着证券价格的稳定性和市场的流动性,并从买卖报价的差额中获取利润的金融服务机构。

证券交易市场主要分为场内交易市场和场外交易市场两种形式。场内交易市场又称证券交易所市场,是指由证券交易所组织的集中交易市场,有固定的交易场所和交易活动时间。场外交易市场是指在交易所外由证券买卖双方当面议价成交的市场,它没有固定的场所,也没有正式的组织,实际上是一种通过电信系统直接在交易所外面进行证券买卖的交易网络。

证券经纪业务是指投资银行接受客户委托,按照客户的要求,代理客户买卖证券并从中收取佣金的证券中介业务。投资银行从事证券经纪业务时只是作为证券交易双方的代理人,本身并不持有任何的证券头寸,因而也就没有任何的价格风险。此时,投资银行所扮演的就是证券经纪商角色。

我国现阶段证券经纪业务一般有业务对象的广泛性、业务性质的中介性、客户指令的权威性和客户资料的保密性等特征。通常,证券经纪业务可分为柜台代理买卖和证券交易所代理买卖两种。但是证券经纪业务又因各国证券交易制度的不同而有不同的分类,并由相应的经纪人来办理。

证券自营业务就是指证券经营机构用自有资金或依法筹集资金在证券市场以盈利为目的并独立承担风险的证券交易活动。也就是说,证券自营业务是证券经营机构为了从价格变动中或从相对价值差异中获利而持有金融工具或头寸的行为。大多数投资银行都从事证券自营业务,此时,投资银行扮演的是证券自营商的角色。

证券做市商业务是指投资银行运用自己的账户从事证券买卖,通过维持证券交易报价的均衡性和连续性从而为证券市场创造证券价格的稳定性和市场的流动性,并从买卖报价的差额中获取利润的业务。

【复习思考题】

1. 什么是证券经纪业务？我国现阶段证券经纪业务有哪些特征？
2. 什么是证券自营业务？投行开展证券自营业务需要遵守哪些原则？
3. 按证券交易完成的交割期限的不同，证券交易方式可分为哪几种？各有什么特点？
4. 什么是证券做市商业务？做市商有哪些功能？

【进一步阅读书目】

1. 栾华.投资银行理论与实务[M].上海：立信会计出版社，2006：261-272.
2. 周莉.投资银行学[M].4版.北京：高等教育出版社，2017：101-118.
3. 李风云,崔博.投资银行理论与案例[M].北京：清华大学出版社，2022：198-210.

【即测即练】

第八章

兼并与收购

本章学习目标

1. 掌握兼并与收购的定义；
2. 理解投资银行在企业并购中的角色；
3. 熟悉上市公司并购重组类型；
4. 掌握反并购的对策。

企业上市与并购

当下跨境并购迅速扩增，新兴产业并购增加，伴随投资银行服务不断升级，金融资本渐成主力，企业并购大时代的序幕已然开启。数据显示，世界500强公司，都是采用并购模式。

在移动互联网时代，连续创业者王兴和他创立的美团无疑是幸运的。在过去10年内，美团正是凭借着三次成功收购，才获得了在O2O（线上线下电子商务）领域的翘楚地位。

2015年10月，美团与最大竞争对手大众点评完成合并，从此美团点评横空出世。而大众点评创始人张涛与同事相拥而泣的画面成为本次合并最为经典的背景，正所谓从来只有新人笑，有谁听到旧人哭。

2016年9月，美团网对外宣布已完成了对第三方支付公司钱袋宝的全资收购。第三方支付牌照的紧俏性，致使美团这家互联网新秀对为数不多的第三方支付公司展开了激烈的追逐，最终拿下了这一张重要的第三方支付船票。

2018年4月，在共享经济遭遇寒冬之际，美团以27亿美元的实际作价（12亿美元现金及15亿美元股权）收购了摩拜单车，从而在出行领域抢下市场份额。

如今，再次回首这三大战役，我们不禁要赞叹王兴独到的战略眼光和并购能力。不知道如此庞大的美团，在未来10年内能焕发出多大的动力。

资料来源：银发经济爆发时代，"上市与并购"将成为创业者的必修课[EB/OL]. (2022-07-09). https://m.thepaper.cn/baijiahao_18927504.

请思考：

企业并购的形式有哪些？

案例分析思路：

（1）整体收购目标公司。整体收购目标公司的具体做法与结果是收购方吞并目标公司的全部，在并购行为完结时，目标公司不复单独存在而成为兼并方的一部分。兼并方在接收目标公司时，也将目标公司的全部包括资产（有形与无形）、债权债务、职工人员等都接收过来，然后按照自己的经营管理方式进行管理经营。

（2）收购目标公司股权。收购目标公司的股权股票或股份是现今发生最多的一种公司并购形式。在这种形式下，收购方经协议或强行收购的方式发出收购要约，取得目标公司一定数量的股票或股份。目标公司照常存续下去，债权债务也不易手，但其股东人员、持股比例却发生了变化，目标公司的控制权发生了变化和转移，因之而起的则是经营目标、经营管理人员、经营方式、经营作风等均可能发生变化。

（3）收购目标公司资产。收购目标公司资产是指只获取目标公司的一部分或全部资产。资产除有形资产即不动产、现金、机械设备、原材料、生产成品等外，一般也包括无形资产，例如商誉、专利、许可、商号、商标、知识产权、商业秘密、机密信息、加工工艺、技术、诀窍等，以及向政府取得的企业经营所需的一切许可、批准、同意、授权等。

第一节 兼并与收购概述

企业的自身发展有两种途径，第一种是通过自我积累滚动发展，第二种是通过并购迅速扩张。由于金融市场的不断发展，企业并购方式日益多样化，并购技术日益成熟。对于企业而言，通过并购可以在短时间内从外部市场获得所需的技术、生产设备、营销网络、市场准入等多种资源，将这些资源进行优化整合可以提高企业的劳动生产力、盈利率和综合竞争力，加速优秀企业的发展，促使资源得到优化配置。

美国经济学家乔治·斯蒂格勒（George Stigler）在考察美国企业成长路径时指出："没有一个美国大公司不是通过某种形式的兼并收购成长起来的，几乎没有一家大公司是靠内部扩张成长起来的。"

"并购大师"布鲁斯·瓦瑟斯坦（Bruce Wasserstein）在《大交易》一书中写道："当一家公司步履蹒跚的时候，就会有成群的兀鹫在它头上盘旋。"

一、兼并与收购的界定

并购是兼并（merger）和收购（acquisition）的合称。

（一）兼并

狭义的兼并是指一家企业吸收另一家或几家企业的行为，被吸收企业的法人地位消失（称为被兼并公司），吸收的企业则存续（称为兼并公司），相当于《中华人民共和国公司法》中规定的吸收合并。广义的兼并除了包括吸收合并外，还包括新设合并和其他产权交易形式。

(二) 合并

合并是指两家或以上公司并为一家公司的经济行为。《中华人民共和国公司法》第九章"公司合并、分立、增资、减资"第一百七十二条规定:"公司合并可以采取吸收合并或者新设合并。一个公司吸收其他公司为吸收合并,被吸收的公司解散。两个以上公司合并设立一个新的公司为新设合并,合并各方解散。"由此可见,《中华人民共和国公司法》将合并分为吸收合并和新设合并。

1. 吸收合并

吸收合并即兼并,在吸收合并中,吸收方保留法人地位,称为存续公司,被吸收方则取消法人资格,其资产、负债均由吸收方承继,表现形式为 A+B=A。

2. 新设合并

新设合并又称创立合并或联合,在新设合并中,原先各公司均取消法人地位,其资产和负债均并入新设公司,表现形式为 A+B=C。

对于公司而言,吸收合并更加方便快捷。这是因为吸收合并是原公司的拓展,无须设立新公司,从程序上看比较便捷。同时吸收合并也可以节约合并费用。对于存续公司而言,吸收合并保证了公司经营的连续性。但是吸收合并也存在缺点:第一,财务不安全。如果被吸收方的资产质量较差,或者有大量隐藏的不良资产及负债,会影响到吸收方的财务安全。第二,吸收方与被吸收方的摩擦。吸收并购后,被吸收方处于被动局面,往往会面临在人事关系、企业文化等方面的摩擦。

而新设合并的优缺点则与吸收合并相反。新设合并的优点是有利于合并双方在人事关系、企业文化等方面的融合,缺点是程序比较复杂、合并费用较高。

因此,在一般情况下,大公司或者强势公司对小公司或者弱势公司往往会采用吸收合并的方式。而在合并双方规模相当、实力相当的情况下,往往采用新设合并。

3. 购受控股权益

购受控股权益即收购,是指一家企业购受另一家企业使之达到控股百分比股份的合并形式。在理论上,A公司持有B公司51%的股份,即取得绝对控股权,可直接对B公司的经营活动行使决策权,而B公司的法人地位并不消失。但在股份分散的情况下,A公司只需取得30%或更少的股份,如5%,就可以达到控股的目的。

(三) 收购

收购是指一家企业即收购企业(acquiring firm)与另一家企业即目标企业(target firm)进行产权交易,由收购企业通过某种方式主动购买目标企业的大部分或全部股权或资产的商业行为,其目的是获得该企业的经营控制权。收购之后,被收购企业纳入收购企业体系之中,是否将被收购企业解散,则取决于收购企业的经营战略。通常情况下,被收购企业仍保留其法人地位,作为取得控股权的收购企业的子公司而存在。《中华人民共和国证券法》第四章"上市公司的收购"第六十二条规定:"投资者可以采取要约收购、协议收购及其他合法方式收购上市公司。"

(四) 兼并、合并与收购的联系和区别

兼并与收购的共同点是将若干企业体的资源整合成一个整体来运营,且企业的(资本)结构发生了重大变化。尽管人们对兼并与收购作出了区分,但这两个术语却常常被互换使用,并把两者简称为并购。并购一词有时也被人们当作对企业重组等相关活动的统称而加以使用。

兼并、合并与收购通常有如下区别:①兼并和合并是两家或多家企业结合为一家企业。兼并或合并企业获得被兼并或合并企业的全部资产和业务,并承担全部债务和责任,一般只有一个法人,被兼并或合并企业作为经济实体已不复存在;而收购则是一家企业通过收购资产或股权以实现对其他企业的控制,收购后通常只进行业务整合而非企业重组,对被收购企业的原有债务不负连带责任,只以控股出资的股本金为限承担风险,收购后两家企业仍为两个法人,只发生控制权转移,即被收购企业的经济实体依然存在。②兼并与合并是以现金购买、债务转移为主要交易条件的;而收购则是以所占有企业股份额达到控股或控制为依据,进而实现其对被收购企业的产权占有。③兼并与合并范围较广,任何企业都可以自愿进入兼并与合并交易市场;而收购则一般发生在股票市场中,被收购的目标企业通常是上市公司。④兼并与合并发生后,其资产和业务一般需要重新组合、调整;而收购是以股票市场为中介进行的,收购后的企业变化形式比较平和。⑤兼并一般是善意的,而收购则多数是恶意的。

二、企业并购分类

企业并购根据不同的标准可以划分多种类型。

(一) 根据行业:横向并购、纵向并购和混合并购

1. 横向并购

横向并购(horizontal merger)是指具有竞争关系的、经营领域相同或生产方面相同的同行业之间的并购行为。例如两家食品公司、两家石油公司或两家汽车公司组成一家公司。横向并购的优点是可以扩大企业生产规模,降低生产成本,消除重复设施,实现规模经济;同时也可以减少竞争对手,提高行业集中度,增强产品的竞争力,控制或者影响同类产品市场。横向并购的缺点是容易导致行业垄断,限制市场竞争,很可能引起反垄断调查。

2. 纵向并购

纵向并购(vertical merger)是指从事相关行业或某一项生产活动但处于生产经营不同阶段的企业之间的并购行为,即在生产和经营上互为上下游关系的企业之间的并购行为。例如,一家石油开采公司并购一家石油炼化公司,一家食品加工公司并购一家农产品生产公司。纵向并购分为前向并购和后向并购两种形式。前向并购是朝向最终消费者的并购,比如前文的石油开采公司并购一家石油炼化公司。后向并购是朝向供应商的并购,比如前文的食品加工公司并购一家农产品生产公司。纵向并购的目的在于控制某行业、某部门生产与销售的全过程,加速生产流程,缩短生产周期,减少交易费用,获得纵向一体

化的综合效益。同时,纵向并购还可以避开横向并购中经常遇到的反托拉斯法的限制。与横向并购不同,纵向并购可以产生更高的质量和效率,避免产品和生产的重复。其缺点是企业生存与发展受到市场因素的影响较大。

3. 混合并购

混合并购(conglomerate merger)是指从事不相关业务类型经营活动的企业之间的并购行为,即一家企业有意地并购另一家完全不同行业企业的行为,也就是生产和经营没有直接联系的产品或服务的企业之间的并购行为。混合并购也称复合并购,即横向并购与纵向并购相结合的企业并购。它又可以分为三种具体并购方式:一是产品扩张型并购(product extension merger),是指一家企业以原有产品和市场为基础,通过并购其他企业进入相关产业的经营领域,达到扩大经营范围、增强企业实力的目的,也称为"同心圆式并购";二是地域市场扩张型并购(geographic market extension merger),是指生产同种产品,但产品在不同地区(或区域)的市场上销售的企业之间的并购,以此扩大市场份额、提高市场占有率;三是纯粹混合型并购(pure conglomerate merger),是指生产和职能上没有任何联系的两家或多家企业的并购,这种并购又称为集团扩张,目的是规避经济气候变化的风险,进入更具潜力和利润率较高的领域,实现投资多元化和经营多元化。这种膨胀的集团将大量不相关行业整合,收罗于它的旗帜下,其做法如同个体投资者积累普通股的投资组合,以多样化来分散商业风险。如果一些企业经营不良,另一些企业则可能呈现相反情况,这样可以使收益保持平稳,同时通过先进的财务管理和集中化的行政管理来取得规模经济。

(二)根据委托方式:直接并购和间接并购

1. 直接并购

直接并购(direct merger)是指由并购方直接向目标企业提出所有权要求,双方通过一定的程序进行磋商,共同商定完成并购的各项条件,在协议的条件下达到并购的目标。直接并购分为向前和反向两种方式。向前并购是指目标企业被买方收购后,买方为存续企业,目标企业的独立法人地位不复存在,目标企业的资产和负债均由买方企业承担的并购;反向并购是指目标企业为存续企业,买方企业的法人地位消失,买方企业的所有资产和负债由目标企业承担的并购。并购双方究竟谁存续、谁消失,主要取决于会计处理、企业商誉、税负水平等相关因素。

2. 间接并购

间接并购(indirect merger)是指并购企业首先设立一个子公司或控股公司,然后再以子公司或控股公司的名义并购目标企业,具体又有三角并购和反三角并购两种方式。三角并购是指并购企业首先设立一个子公司或控股公司,然后再用子公司或控股公司来并购目标企业。此时,目标企业的股东不是并购企业,因此并购企业对目标企业的债务不必承担责任,而由其子公司或控股公司负责。并购企业对子公司的投资是象征性的,资本可以很小,因此又称为空壳公司(shell corporation)。其设立的目的完全是并购目标企业而不是经营。并购企业通常是股份有限公司,其股票和债券是适销的。采取三角并购,可以避免股东表决的繁杂手续,而母公司的董事会则有权决定子公司的并购事宜,简便易行、决策迅速。反三角并购比较复杂,并购企业首先设立一个全资子公司或控股公司,然后该子公司被目标企业并购,并购企业用其拥有的子公司的股票或股份交换目标企业新发行的股票。同时,目标企业的股东获得现金或并购企业的股票,以交换目标企业的股票,其结果是目标企业成为并购企业的全资子公司或控股公司。

(三) 根据并购动机:善意并购和敌意并购

1. 善意并购

善意并购(friendly acquisition)又称友好并购,并购者也被形象地称为"白衣骑士"(white knight)。善意并购通常表现为并购者事先与目标企业所有者或经营者商议,征得同意后,目标企业主动向并购者提供必要的资料等,并劝其股东接受公开并购要约,出售股票或股份,从而完成并购行动。由于并购者与目标企业在自愿、合作、公开的前提下进行并购活动,善意并购成本较高。善意并购的一个重要特征是,并购者为表示友好诚意,一般不会在提出并购建议前一段时期购买目标企业的股票。使用善意并购方式有许多优点:首先,不会损害并购双方的财务健康。并购企业不仅可以获得目标企业更多的非公开信息,重要的是能够避免敌意并购方式下因遭受目标企业的抵御而承担过高的并购成本;目标企业的资源也不会因采取反并购防御措施而产生损失浪费。其次,并购后的企业管理层能建立协调融洽的工作关系,更有利于企业资源整合和提高经营管理效率。最后,善意并购使得并购者有机会与目标企业管理层和重要的核心职员会面洽谈,签订雇佣合约,以免人才流失和挫伤目标企业员工的士气。

2. 敌意并购

敌意并购(hostile acquisition)又称为恶意并购,是指并购方在未与目标公司达成协议时,强行通过收购公司的股份达到并购公司的目的的并购。并购者也常常被称为"黑衣骑士"(black knight)。在企业并购中,善意并购往往很少。而且许多善意并购往往会因并购条件未达成一致又转化成敌意并购。面对敌意并购,目标公司会采取各种反并购手段,以提高并购者的并购成本。主要有如下几种反并购防御:资产重估、股份回购、白衣骑士、金色降落伞(golden parachute)、锡降落伞、皇冠上的明珠、毒丸计划(poison pills)、帕克曼防御术、反接管修正、清算等。因此,敌意并购开出的并购价格一般要比股票的市价高出 20%~40%,以此吸引股东不顾经营者的反对而出售股票。敌意并购的主要优点是,在某些情况下由于代理问题的存在,当企业的多数管理人员反对任何兼并收购建议,而大多股东乐于接受合理价格的兼并收购时,敌意并购者就可以利用管理层与股东之间的分歧,避开管理层的反对而实施敌意并购。此外,敌意并购的收购方可以掌握主动性。敌意并购的明显缺点有:第一,不能得到非公开的信息;第二,可能会激起目标公司高级管理人员和其他雇员的强烈反感,甚至愤怒和拼死抵抗;第三,目标企业可能会采取任何可能的措施来避免被兼并收购;第四,敌意并购者的声誉在同行中将受到损害;第五,敌意并购可能会引起股价的大幅波动。因此敌意并购成为证券市场监管的重要内容之一,主要强调信息的披露和及时停牌。敌意并购一般针对股权比较分散的上市公司。

(四) 根据并购方式：协议收购和要约收购

1. 协议收购

协议收购（takeover by agreement）一般是指由收购企业与目标企业的董事会或管理层进行磋商、谈判，达成协议，经过股东大会同意后，按照协议所规定的收购条件、收购价格、期限以及其他规定事项，收购目标企业股份的收购方式。协议收购的法定形式是协议，一旦达成协议，双方均应接受。达成协议后，双方须向证券交易所及证券主管部门报告并公告。《中华人民共和国证券法》第七十一条规定：采取协议收购方式的，收购人可以依照法律、行政法规的规定同被收购公司的股东以协议方式进行股份转让。以协议方式收购上市公司时，达成协议后，收购人必须在三日内将该收购协议向国务院证券监督管理机构及证券交易所作出书面报告，并予公告。在公告前不得履行收购协议。新《中华人民共和国证券法》第七十二条规定：采取协议收购方式的，协议双方可以临时委托证券登记结算机构保管协议转让的股票，并将资金存放于指定的银行。《中华人民共和国证券法》第七十三条规定：采取协议收购方式的，收购人收购或者通过协议、其他安排与他人共同收购一个上市公司已发行的有表决权股份达到30％时，继续进行收购的，应当依法向该上市公司所有股东发出收购上市公司全部或者部分股份的要约。但是，按照国务院证券监督管理机构的规定免除发出要约的除外。

协议收购通常在善意收购时使用，其过程短、法律手续简便、不易产生纠纷，并且协议收购所涉及的股份多为场外转让，交易成本低且不易造成股价剧烈波动。不过协议收购在信息公开、交易公正等方面存在不足，亟待司法完善加以控制。

2. 要约收购

要约收购（tender offer）是指收购方向目标企业的管理层和股东发出收购该企业股份要约，并按照依法公告的收购要约中所规定的收购条件、收购价格、收购期限以及其他规定事项，收购目标企业股份的收购方式。要约收购不需要事先征得目标企业董事会、经理层的同意。这里的"要约"是指收购方向目标企业的管理层和股东发出购买其持有的该企业股票的书面文件。要约收购多用于敌意收购中。新《中华人民共和国证券法》第六十三条规定：通过证券交易所的证券交易，投资者持有或者通过协议、其他安排与他人共同持有一个上市公司已发行的有表决权股份达到5％时，应当在该事实发生之日起三日内，向国务院证券监督管理机构、证券交易所作出书面报告，通知该上市公司，并予公告，在上述期限内不得再行买卖该上市公司的股票，但国务院证券监督管理机构规定的情形除外。投资者持有或者通过协议、其他安排与他人共同持有一个上市公司已发行的有表决权股份达到5％后，其所持该上市公司已发行的有表决权股份比例每增加或者减少5％，应当依照前款规定进行报告和公告，在该事实发生之日起至公告后三日内，不得再行买卖该上市公司的股票，但国务院证券监督管理机构规定的情形除外。投资者持有或者通过协议、其他安排与他人共同持有一个上市公司已发行的有表决权股份达到5％后，其所持该上市公司已发行的有表决权股份比例每增加或者减少1％，应当在该事实发生的次日通知该上市公司，并予公告。

新《中华人民共和国证券法》第六十五条规定：通过证券交易所的证券交易，投资者持有或者通过协议、其他安排与他人共同持有一个上市公司已发行的有表决权股份达到30%时,继续进行收购的,应当依法向该上市公司所有股东发出收购上市公司全部或者部分股份的要约。收购上市公司部分股份的要约应当约定,被收购公司股东承诺出售的股份数额超过预定收购的股份数额的,收购人按比例进行收购。

《中华人民共和国证券法》第七十条规定:采取要约收购方式的,收购人在收购期限内,不得卖出被收购公司的股票,也不得采取要约规定以外的形式和超出要约的条件买入被收购公司的股票。

上述法律规定的意图是,进行整个收购事件和过程的信息披露,使小股东能够在获得公开信息的情况下,以较高的价格售出其持有的股票,从而保护小股东的利益。

《上市公司收购管理办法》第二十五条规定:收购人依照本办法第二十三条、第二十四条、第四十七条、第五十六条的规定,以要约方式收购一个上市公司股份的,其预定收购的股份比例均不得低于该上市公司已发行股份的5%。

(五)根据并购的出资方式:现金购买式并购、承担债务式并购、吸收股份式并购和控股式并购

1. 现金购买式并购

现金购买式并购(cash-for-asset)是指并购企业用现金购买被并购企业的资产或股权(股票)。

2. 承担债务式并购

承担债务式并购(assuming debts)是指在被并购企业资不抵债或资产与债务相等的情况下并购企业以承担被并购企业全部或部分债务为条件,取得被并购企业的资产所有权和经营权。

3. 吸收股份式并购

吸收股份式并购(stock-for-stock)实际上是股票互换并购方式的结果。并购方通过与目标企业交换股票达到控股目的,同时目标企业也成为自己公司的股东,两者"一荣俱荣,一损俱损",实际上也达到了并购的目的。

4. 控股式并购

控股有两种含义:一种是绝对控股,即掌握目标企业50%以上的股权;另一种是相对控股,即掌握的股份比例最大,俗称"第一大股东",对公司经营决策能实施决定性的影响,往往只要持股20%~30%即可达到控制目的。目标企业在被并购后仍具有法人地位,并购方只是目标企业的最大股东,不承担原有公司的债务,其风险责任也仅以出资额为限,并且其股份在二级市场上可以转让。所以这种并购方式操作灵活,在企业并购中采用得最为广泛。

(六)根据并购支付的对价形式或采用的支付工具:现金购买、股权购买、混合购买

1. 现金购买

现金购买(cash tender offer)是指并购方用现金购买目标企业部分或全部资产或股

份以获得目标企业控制权的并购行为。

2. 股权购买

股权购买(exchange tender offer)是指以并购方股票收购全部或部分目标企业或以并购方股票按一定比例交换目标企业股票以达到控制目的的并购行为。

3. 混合购买

混合购买(conglomerate tender offer)是指并购方以现金、股票(包括优先股和普通股)、债券(包括普通债券和可转换债券)等多种支付工具购买或交换目标企业的资产或股份以达到控制目的的并购行为。这种方式由于比较灵活,所以在实际企业并购中采用得比较多。

(七) 根据并购动机:战略并购、财务并购和混合并购

1. 战略并购

战略并购(strategic merger)是企业从发展战略角度出发的并购。战略并购的目的是通过并购获取经营协同效应,优化资源配置,提升公司价值。战略并购往往需要很长的时间来进行双方的整合,其价值的增长也要经过较长的时间才能体现。企业的横向并购、纵向并购,为提高产品市场占有率、减少竞争对手等发生的并购活动,均属于战略并购。

2. 财务并购

财务并购(financial merger)也称为金融并购,是指收购方将收购作为公司的一项财务战略而发生的并购。这类并购的主要动机在于并购方相信目标企业的价格低于其资产的内在价值,或者,可能是出于与并购有关的税收所得。财务并购被认为不强调通过经营协同效应而提升公司业绩,更多地着眼于通过资本运作或者价值发现而使资产价值得到提升。这类并购多以杠杆收购的形式实现。

3. 混合并购

混合并购(conglomerate merger)是对其他并购动机的一种综合归类。它没有明显的经营协同效应,更可能是出于财务协同效应,或者是受减少税赋的驱动,以及出于企业主要管理人员的利益或者动机。

(八) 其他分类:杠杆收购与管理层收购

1. 杠杆收购

杠杆收购(leveraged buyout)是指收购公司以目标企业的资产为担保进行融资,并通过收购成功后出售目标企业的资产或依赖目标企业的收益来偿还债务。杠杆收购是融资收购的一种方式,即收购公司通过将目标企业作为融资的重要责任体,一旦融资成功,则完全由目标企业承担本金和利息,通过收购后的经营产生效益或者出售企业资产来偿还。具体的收购过程如下:由收购人设立一家控股公司,控股公司向金融机构获得过桥贷款(bridge loan),收购人和其他风险投资者在控股公司中投入一定数量的资本作为收购目标公司的股本资金。然后,控股公司以此资金收购目标公司,在收购完成之后将控股公司与目标公司合并,并注销目标公司的法人资格,以控股公司为存续公司。在此之后,控股公司(存续公司)已经获得了目标公司的资产,然后向其金融机构办理抵押贷款或发行债

券,以偿还过桥贷款,并在随后的一段时间内重组公司资产,在此基础上重组公司的债务,在控股公司(存续公司)的债务比例降至合理的水平内之后,杠杆收购即告完成。

2. 管理层收购

管理层收购(management buyout,MBO)是指企业管理人员在投资银行的帮助下,出资收购所经营或管理的企业或者它们的子公司。在这种收购过程中,管理人员通常只需要出一部分资金,而其他资金则由投资银行设法垫付。其与杠杆收购的不同在于,管理层收购的收购人由目标公司的管理人员组成,在收购完成之后,管理人员获得目标公司的股权和控制权。

管理层收购具有以下特点:①管理人员对目标公司内部信息的了解程度较高,占有信息优势,能够提高收购之后的重组效率;②管理人员在完成管理层收购后,将获得目标公司的所有权和经营权,实现所有权和经营权的统一,降低目标公司的代理成本(agency cost),提高经营效率。

第二节 企业并购动因及其作用

一、企业并购动因

并购是指能扩大企业规模及经营范围的企业扩张行为中的主要方式。并购是公司经营的重要决策。在理论方面,经济学家给出了企业并购行为产生与发展的多种解释。总的来说,企业并购的根本目的是通过取得目标企业的经营控制权而最终获取利润,在内部为企业提供更多利润,在外部可以缓解企业竞争压力。具体地说,企业并购的动因及其依据主要包括以下几个方面。

(一)效率理论

该理论认为企业并购活动能够提高各自的效率,从而提高企业的价值。这种效率提升通常体现在协同效应上,主要由以下几方面组成:管理协同效应、经营协同效应、财务协同效应、多元化效应和价值低估动因。效率理论比较直观和贴切地解释了企业的并购动机。

1. 管理协同效应

由于两家公司管理效率不同,具有管理优势的公司可以并购管理差的公司,取得管理协同效应,获得"1+1>2"的效果。企业在并购后,需要对新企业的整体资源进行整合,提高资源的利用效率,并建立新的组织结构和管理体系,加强管理的现代化和信息化,提高管理的能力,为企业带来规模效益。这种并购面临的最大风险是管理融合,如果不能有效提高被并购公司的管理水平,那么就会导致并购失败,适得其反。

2. 经营协同效应

经营协同效应理论认为,企业经营存在规模经济和范围经济。规模经济指的是通过扩大生产规模而使单位产品的成本下降,从而获得收益。规模经济还体现在通过企业并购从而扩大规模后其市场控制能力的提高,包括对价格、生产技术、资金筹集、顾客行为等各方面的控制能力的提高以及同政府部门关系的改善。这些对于企业的生存和发展是有利的。追求规模经济在横向并购中体现得最为充分。范围经济指的是企业通过多种产品经营而使单位产品的成本降低,从而获得收益。

3. 财务协同效应

财务协同效应是指企业并购后,由于税法、会计处理惯例、证券市场投资理念和证券分析人士偏好等作用而产生的财务改善效应。这种效应主要表现在以下三个方面。

1) 通过并购合理节税

这主要通过两个途径实现:一是可以调整内部转移价格控制利润水平,从而少缴企业所得税。所谓转移价格是指同一跨国集团内的两家企业发生交易时所支付的价格。二是并购后企业的财务报表的合并,可以利用税法中的亏损递延条款来达到节税目的,减少纳税义务。亏损递延条款指的是,如果某企业在1年中出现了亏损,该企业不但可以免去当年的所得税,它的亏损还可以向后递延若干年,以抵消以后几年的盈余,企业根据抵消后的盈余缴纳所得税。因此,如果某企业在1年中严重亏损,或该企业连续几年亏损,企业拥有相当数量的累积亏损但前景较好,这家企业往往会被其他企业作为兼并收购对象来考虑。同时,该亏损企业也会希望出售给一个盈利企业来充分利用它在纳税方面的优势,因为通过亏损企业和盈利企业之间的兼并收购,盈利企业的利润就可以在两个企业之间分享,这样就可以大量减少纳税义务。

2) 通过并购获得较低的内部资金成本

企业通过并购可以获得较低的内部资金成本,从而带来财务上的好处。具体来说,有两类企业:一类拥有大量的超额现金流,但是缺少投资机会;另一类内部资金较少,但是拥有大量的投资机会。这两类企业通过并购就能获得较低的内部资金成本。

3) 通过并购提高公司的财务运作能力

公司合并之后,可以通过机构和人员的裁减调整来减少公司的管理费用,从而减少公司的支出,带来财务上的改善。并购后企业的财务运作能力大于并购前两个企业财务运作能力之和。

4. 多元化效应

多元化效应指的是企业通过并购与自身产业无关的公司,从而使得资产配置多样化,以此来分散风险、获取收益。多元化效应的理论基础是马柯维茨的资产组合理论,通过持有不同行业的资产,可以防范个体风险,降低资产组合的非系统性风险。公司进行多元化并购理论上也能达到这种效果。但是,公司并购是更加复杂长期的事情,不像基金在证券市场中进行资产组合那么简单快捷。由于多元化并购的是与自身产业无关的公司,收购方会面临了解不足、资源整合困难等问题。当被收购方出现经营困难时,收购方也难以退出,出现多元恶化的情况。因此,进行多元化并购前,并购方应该有充分的准备和了解。

5. 价值低估动因

价值低估是公司被收购的一个重要原因。价值低估的第一个重要来源是市场价值与重置成本的差异。1969年,经济学家托宾提出了著名的托宾 Q 理论:如果公司的市场价值小于重置成本,那么收购这家公司比新建公司更有利。此时收购目标公司有助于刺激市场重新认识目标公司的价值,从而为并购双方创造价值。

此外，价值低估的另一个重要来源是定价套利。如果 A 公司规模较大且市盈率较高，而 B 公司的规模小且市盈率较低，则 A 公司并购 B 公司以后，证券投资者通常会以 A 公司的市盈率来确定并购后的新公司的市盈率。收购方 A 公司通过发行本公司的新股，以少换多取得目标企业 B 公司的股票，不断并购市盈率比自己低的公司。这样，并购以后企业的证券价格就会上涨。

（二）代理理论

代理理论最初由迈克尔·简森（Michael Jensen）和威廉姆·梅克林（William Meckling）于 1976 年提出。代理理论认为，经济资源的所有者是委托人，负责使用及控制这些资源的经理人员是代理人。委托人与代理人在利益上是不一致的，而且代理人的动机难以验证，因此容易出现经理人员追求个人私利而非公共利益的情况。这种情况下的成本将由公司的所有者承担。

在利益差异的前提下，公司的管理层和股东的目标存在冲突。管理层会努力扩张企业，从而提高他们的薪金、津贴和地位。然而盲目地扩张会导致股东财富的损毁。Mueller 和 Sirower(2003)以 1978—1990 年 168 起大公司之间的并购案为样本，发现几乎没有证据表明并购产生了协同效应，反而有证据表明并购是因为管理人员的自利和自大。

（三）实现公司战略目标

有些并购行为是企业出于其发展战略的考虑，为了进行战略收缩、战略防御和战略进攻，而不是仅仅考虑短期财务目标等因素。战略目标应是企业并购的主要考虑因素，只有当企业具有一定的战略目标时，并购才能给企业带来深远的影响。目标企业可能符合收购方的长远战略发展需要，或者对收购方的发展起着关键性的作用。战略性并购通常使收购方的整体盈利能力在短期内下降，具有较高的财务风险，可能受到证券市场的压力。进行战略性并购一般要考虑下列因素。

1. 实现分散化、多元化经营

企业并购是实现行业扩张的有效途径。并购可以降低进入壁垒，并且成本相对较低，可以使企业成功地进入一个新的行业或市场。通过企业并购，并购方可以利用现成的原材料供应渠道、产品销售渠道，以及被并购企业的设备、厂房、人员和技术，能在较短的时间内使经营走向正轨。公司通过混合并购，吸纳行业周期不同、相关性不高的各类企业，可以实现分散化和多元化经营，有助于平抑企业年度业绩的剧烈波动。此外，在公司主营业务不景气的情况下，混合并购其他公司可以实现多元化运营，实现战略转移，寻找新的发展契机。

2. 获取关键的尖端技术

通过购买许可证或者国外技术转让途径得到的技术往往不是最先进的。同时，技术的转让涉及很多问题，如技术的评估定价、技术的保密、交易费用等，而通过并购拥有专有技术的公司，可以获得该企业最尖端的技术，增强企业技术上的竞争力。

（四）利用经验曲线效应

经验曲线效应是指企业的生产单位成本随着生产经验的增多而有不断下降的趋势。

经验是在企业的长期生产过程中形成和积累下来的,因此在企业与经验之间就形成了一种固有联系,而且这种经验也是其他企业通过复制、聘请其他企业雇员、购置新技术和新设备等手段所无法取得的。若企业通过并购方式来进行扩张,不仅可以获得原有企业的生产能力,还将获得原有企业的经验。因此,在企业需要发展壮大时,许多企业都是采取兼并与收购其他企业的扩张形式。

二、投资银行在企业并购中的作用

企业并购是一项复杂的、专业性很强的工作,它涉及资产、财务、政策、法律等方面的问题,如目标企业搜寻及尽职调查,对目标企业的资产评估、财务审计、价格确定、融资安排、法律事宜处理等。同时并购还涉及并购双方股东、债权人、员工及政府等方面的利益,处理好各方面的利益关系,也是并购成功的保障。此外,企业并购活动一般需要筹备相当长的时间,中间要撰写多种材料,这就需要技术、财务会计、法律等专业人员参与,尤其是涉及国有资产时,还要经过各个管理机关层层审批,这一过程庞杂多变,需要有统一的规划设计、控制、协调、指导和操作。因此,在企业并购实践中,投资银行可能担任并购企业的财务顾问或代理,也可能担任被并购企业的财务顾问或代理。在这两种不同的情况下,由于委托人不同,投资银行的立场不同,因而其具体的业务内容也会有所差异。

(一)筹划并购——对并购方的角色

投资银行在企业并购业务中的一项重要业务是充当并购方也就是常说的猎手公司的并购顾问,代理一系列企业并购事宜,如参与并购企业战略结构设计、协助并购方确定并购基本原则并评估并购方自身的并购能力和并购战略计划的合理性,为客户寻找合适的目标企业即猎物公司;对目标企业进行分析并提出并购的可行性报告,协助客户策划并购方案;与目标企业经理层或者大股东联系,参与交易协议的谈判,为并购定价和收购对价提供咨询与公正意见;编制公告并详述并购事宜;为并购方提供融资安排,以及协助并购后的企业进行企业重组等方面的金融服务。

(二)选择买方企业(即并购方)与反并购——对目标企业的角色

在企业并购活动中,卖方企业(被并购方)总是希望自己被并购后能够有一个良好的经营状况,比如改善经营管理、提高生产效率、提升市场占有率等。所以,选择买方企业是极为关键的一环。此时,目标企业往往会聘请投资银行前来帮助自己选择买主。在买方企业确定以后,卖方的投资银行就可以协助并购过程的完成,即代表目标企业与买方的投资银行进行洽谈,协商最优的并购条件,并最大限度地保证原各利益集团的利益不受损失。以上是投资银行在善意并购条件中为卖方企业所提供的服务。但是并购往往以敌意接管的形式展开,此时猎物公司就会聘请投资银行进行反并购操作:一方面监控可能发生的并购事件,另一方面制定一系列反并购策略,使得潜在的并购者丧失兴趣或者对目标企业望而却步。在敌意接管的时候,投资银行启动其先前设置好的种种反并购策略,造成并购方的并购失败或者至少不顺利。

(三)制定并购价格——投资银行对买卖双方的共同角色

在企业并购中,最重要和最为关键的问题是并购价格的制定。目标企业价值多少,无论是对于买方企业还是对于卖方企业来说都是十分重要的。一般说来,卖方总是希望并购价格越高越好,而买方则希望并购价格越低越好,这就产生了交易中的矛盾。所以,在大多数特别是大额并购交易中,双方都要聘请投资银行来对目标企业进行估价,帮助其制定公平价格,尤其是在双方对价格的估测差别很大时,投资银行的作用就更为明显了,投资银行和交易双方的谈判能力的大小,往往成为影响成交价格的主要因素。

第三节 上市公司的并购重组[①]

一、分拆上市与整体上市

(一)分拆上市

狭义的分拆上市是指已上市公司将其部分业务或某个子公司独立出来另行公开发行股票上市,如图8-1所示。广义的分拆上市还包括一个非上市公司将部分资产和业务分拆出来单独发行股票并进行上市的过程。

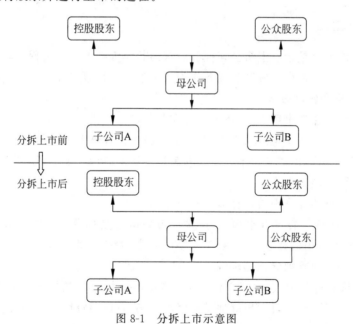

图8-1 分拆上市示意图

分拆上市的经济效应包括对母公司的效应和对分拆上市的子公司的效应。

1. 对母公司的效应

(1)股价提升。首先,分拆上市往往能够给母公司带来巨大的市场效应,而推动母公

---

① 窦尔翔,冯科.投资银行理论与实务[M].北京:对外经济贸易大学出版社,2013:200-210.

司股价的上涨；其次，母公司通过所持股份的变现或收取高额的红利，能够带来业绩的改善；最后，分拆上市还会对母公司的财务状况产生影响，例如增加每股资产等。

（2）主业转型。分拆上市的子公司往往是原来的已上市公司的优良资产，且具有广阔的发展潜力。随着分拆上市的子公司的逐渐壮大，原来的已上市公司不断地注入优良资产，从而为处于衰退行业公司的主业转型提供了一条途径。

（3）市场拓展。分拆上市，特别是在境外证券交易所的分拆上市，为原来的已上市公司提供了一个市场拓展效应，以分拆上市的子公司建立与其他市场的联系，从而达到拓展原来的已上市公司市场范围的目的。

2. 对分拆上市的子公司的效应

（1）股本变化。分拆上市是指在原来的已上市公司继续保留的情况下派生出一个新公司。因此，原来已上市公司的股本不变，分拆出去的子公司则因新股东加入而发生变化。

（2）股价提升。在分拆上市的子公司上市之后，不仅可以提高资源管理效率，而且主业清晰，有利于投资者对其价值的正确评估，减少由于信息的不对称或效率低下产生的误判，从而产生股价提升效应。

（3）融资渠道。分拆上市能够增加分拆上市的子公司的融资渠道，达到开辟新的融资渠道的目的。

（二）整体上市

狭义的整体上市是指已上市公司控股股东的其他资产上市的过程。广义的整体上市包括一个非上市公司将全部资产和业务作为一个整体发行股票并上市的过程。

1. 整体上市的经济效应

在一个有效的证券市场上，整体上市存在各种各样的优点，例如，杜绝关联交易、完善公司的治理结构等。在一定的条件下，公司会适时选择整体上市。但是，在一定经济条件约束下，一个公司选择整体上市不一定能够满足整体上市理论上的所有经济理由，而是某个或某几个方面的经济理由。

选择整体上市的经济理由是什么呢？

（1）独立性效应。在证券市场上，许多上市公司与控股股东或母公司之间存在大量的关联交易，上市公司的独立性差，缺乏完整的生产、管理体系。整体上市可以在一定程度上消除上市公司缺乏独立性的弊端。

（2）增强核心竞争力效应。整体上市适应证券市场具备的资源配置与产业整合功能，实现整体上市的公司，可以更好地借助资本市场，发挥融资优势、产业优势、品牌优势、管理优势和规模优势，建立完整的经营体系，不断增强市场竞争力。

（3）消除关联交易效应。由于历史和现实的原因，许多上市公司与控股股东之间存在"剪不断、理还乱"的人、财、物等利益关系和关联关系，关联交易和恶意担保等市场痼疾在资本市场上盛行，从而损害了其他股东的利益。整体上市的一个好处是能够在一定程度上解决，至少是缓解关联交易、恶意担保等市场痼疾，提高证券市场的有效性和配置资源的效率。

(4) 产业整合功能。整体上市有利于优质企业做大、做强、做好,以进一步发挥企业集团的产业优势、产品优势与管理优势,降低企业与市场的交易费用和交易成本,进而有利于提升市场的资源配置功能与产业整合功能。

2. 整体上市模式

整体上市需要根据已上市公司和控股股东的资产规模、资产的产业关联性和其他情况选择恰当的模式。究竟存在哪几种可供选择的整体上市模式呢?

(1)"反向吸收"模式,如图 8-2 所示。

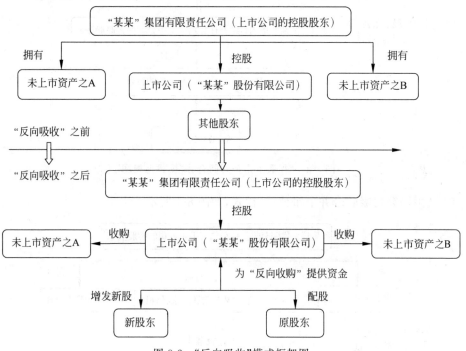

图 8-2 "反向吸收"模式框架图

此模式的起点是集团公司不是上市公司,而其控股子公司是上市公司,且存在一个控股上市子公司。其操作方式是将集团的非上市资产注入上市公司,从而实现整体上市。其要求条件是,集团资产的发展前景明朗、资产质量总体较好。然后在对少量非经营性资产和不良资产进行适当处置的基础上,由上市的子公司对集团公司的资产进行重组、整合,甚至进行"增发"募集资金收购母公司的资产,以实现集团公司的整体上市。

其缺点是存在规模限制。资产规模较大的集团公司意欲通过"借壳"的方式实现整体上市的难度较大,因为无论控股子公司是以定向增发还是以增发新股的方式都无法获得足够的收购资金。

(2)"控股上市公司间合并"模式,如图 8-3 所示。

此模式的起点是一个控股集团公司存在两家或两家以上上市公司,其几乎没有实质性业务,上市子公司之间存在横向或者纵向上下游产业链之间的业务关系,通过控股上市子公司之间实行吸收合并或者新设合并,从而实现集团公司的整体上市。

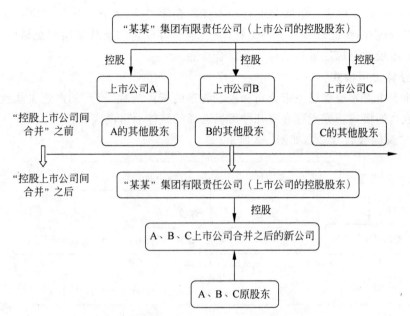

图 8-3 "控股上市公司间合并"模式框架图

（3）"集团公司吸收合并上市公司"模式，如图 8-4 所示。

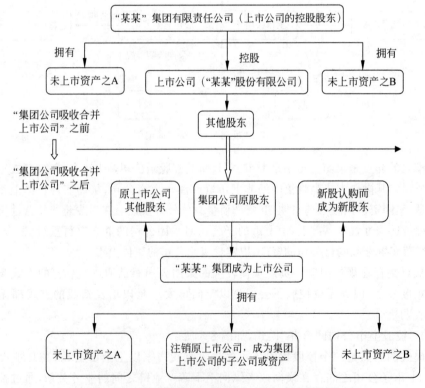

图 8-4 "集团公司吸收合并上市公司"模式框架图

此模式的起点同样是集团公司(控股股东)不是上市公司,而其控股子公司是上市公司,且存在一个控股上市子公司或多个上市子公司。其操作步骤是集团首先完成股份制改造,然后吸收合并其控股上市子公司(收购或者换取其全部股权),并安排整个集团公司的IPO。实际上,从方案设计的角度分析,"IPO"和"吸收合并"互为前提条件。在完成"IPO"之后,原来的上市子公司在集团整体上市的同时完成退市。其条件是集团公司满足上市的条件,优点是不受资产规模的限制。

二、买壳上市与借壳上市

(一) 买壳上市

所谓买壳上市,是指非上市公司通过收购上市公司股份获得上市公司的控制权,然后以反向收购方式注入自己的相关业务的资产。买壳上市是间接上市的一种方式,是非上市公司低成本、高效率、快捷上市的一种方式。所谓壳,是指上市公司的资格,是种形象的称呼。

1. 买壳上市对象的选择

买壳上市的对象是壳公司,所谓壳公司是指在资本市场上拥有上市资格,但业务规模较小或停业、业绩一般或较差、总股本与可流通规模较小或即将停牌终止交易、股价较低或股价趋于零的上市公司。根据资产的质量,壳公司可分为实壳公司、空壳公司和净壳公司。

(1) 实壳公司。实壳公司是指保持上市资格,业务规模相对较小,业绩一般或较差,总股本与发行在外的流通股规模较小、股价较低的壳公司。其形成原因主要是业务规模小,公司产品处于成熟期或之后,公司业绩一般。

(2) 空壳公司。空壳公司是指主营业务陷入困境或遭受重大损害,公司业务萎缩或即将停业,公司已无发展前途,但股票仍在市场上流通、交易,而股价持续下跌或股票即将停牌交易的壳公司。其形成的主要原因是公司产品的生命周期处于衰退期,且没有完成产品转型;公司所属行业不景气,转业无望等,导致公司经营举步维艰、濒临关闭。

(3) 净壳公司。净壳公司是指无法律纠纷、无负债、无遗留资产的壳公司。其形成的主要原因是,空壳公司的股东决定解散员工、出售资产、清理债务、处理法律纠纷以清理公司,使其只维持上市资格,便于待价而沽,卖给意欲借壳上市的公司。

从本质上看,任何一个上市公司都有壳公司,但并不是所有的上市公司都能成为理想的目标壳公司。考虑一个上市公司能否成为目标壳公司,通常可通过下列因素判断、权衡和分析。

(1) 股本规模。股本结构对借壳上市的成功与否至关重要。股本规模大小在一定程度上反映了借壳的成本高低,过大的股本规模有可能导致借壳上市公司因借壳的成本过高而难以完成最终目标。从该视角分析,股本规模越小的上市公司越易成为壳公司。

(2) 股价的高低。股价的高低直接关系到借壳上市公司的成本高低。对于通过二级市场收购壳公司一定比例股份以实现收购壳公司的操作而言,股价越低,其收购成本自然越小。在其他经济条件一致的情况下,借壳上市的成本越低,越容易成为壳公司。

(3) 经营业绩和经营业务。经营业绩的好坏在一定程度上反映了公司经营管理水平的高低。经营业绩比较差，在同行业中缺乏竞争能力，位于中下游水平的上市公司，往往成为目标壳公司。

上市公司经营业务情况，对上市公司是否是理想的目标壳公司具有一定的参考意义。一般而言，经营业务比较单一、产品重复、缺乏规模经济效益和新的利润增长点、处于夕阳产业的上市公司容易成为壳公司目标。通过壳的转让有助于实现壳公司产业产品结构的优化调整。

(4) 财务结构。上市公司财务状况是借壳上市交易中需要考虑的一个相当重要的因素。壳公司财务结构情况如何，直接关系到交易能否获得成功。一般来说，财务结构状况好的上市公司不易成为借壳的对象，财务结构状况过分差的上市公司因借壳方借壳上市后资产重组成本过高而不宜成为借壳对象。财务结构状况一般的上市公司成为目标壳公司的可能性最大。

2. 买壳上市的三种模式

1) 买壳上市一般模式

买壳上市一般模式的操作流程包括三个步骤：买壳、清壳和注壳。但清壳这个步骤并不是必需的，在实际操作中，也有只包括买壳和注壳两个步骤的情况。一般模式又分为置换模式和定向发行模式。

(1) 买壳。非上市公司通过收购获得上市公司的控制权，即买到上市公司这个壳，如图 8-5 所示。

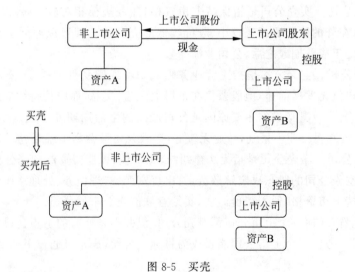

图 8-5　买壳

(2) 清壳。上市公司将其全部或部分资产通过出售，即对上市公司这个壳进行清理，如图 8-6 所示。

(3) 注壳。上市公司向非上市公司收购其全部或部分资产，从而将非上市公司的资产置入上市公司，实现上市，如图 8-7 所示。

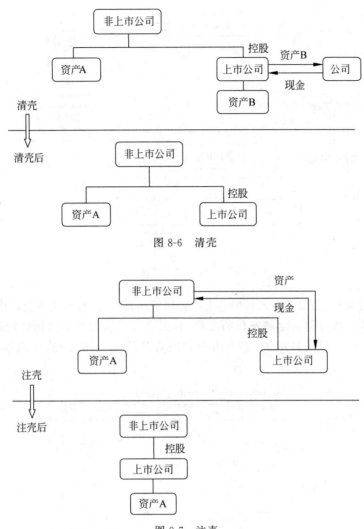

图 8-6　清壳

图 8-7　注壳

2）买壳上市置换模式

买壳上市置换模式是将一般模式的清壳和注壳两个步骤合并成资产置换一个步骤,即买壳上市的操作流程包括两个步骤:买壳和资产置换。

(1)买壳。买壳上市置换模式的买壳步骤与买壳上市一般模式一样,可参见上文,这里不再赘述。

(2)资产置换。对非上市公司的资产与上市公司的资产进行置换。通过资产置换,上市公司资产从上市公司置出,实现清壳,同时,非上市公司资产置入上市公司,实现注壳。因此,通过资产置换这一个步骤,实现了清壳和注壳,如图 8-8 所示。

3）买壳上市定向发行模式

买壳上市定向发行模式是将一般模式的买壳和注壳两个步骤合并成定向发行一个步骤。

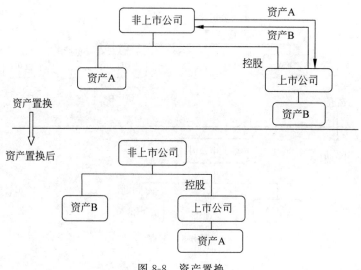

图 8-8 资产置换

所谓定向发行,是指上市公司向非上市公司定向发行股份,非上市公司用资产支付购买股份的对价。通过购买定向发行的股份,非上市公司获得上市公司的控制权,实现买壳,同时通过用资产支付对价,非上市公司的资产注入上市公司,实现注壳,如图 8-9 所示。

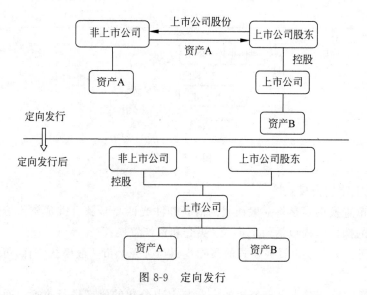

图 8-9 定向发行

至于清壳这个步骤,也如买壳上市一般模式中一样,并不是必需的。

(二) 借壳上市

1. 借壳上市的定义

借壳上市,就是非上市的集团公司将其全部或部分非上市资产置入其控股的上市公司中,从而实现上市,如图 8-10 所示。

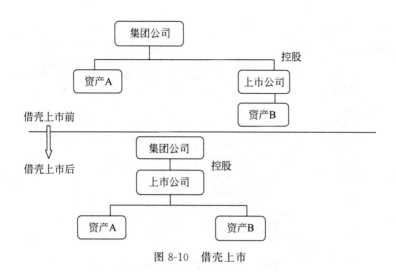

图 8-10　借壳上市

所谓借壳，就是非上市公司借助其控股的上市公司实现非上市资产的上市。

2. 借壳上市的三种模式

1）自有资金收购模式

在自有资金收购模式中，上市公司以其自有资金向其控股股东非上市集团公司收购资产，从而实现集团公司的全部或部分非上市资产上市，如图 8-11 所示。

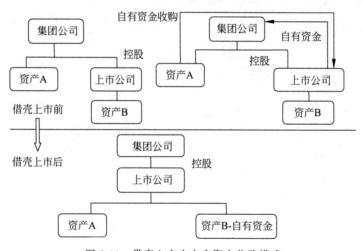

图 8-11　借壳上市之自有资金收购模式

这种模式适用于上市公司自身资金实力较强，而拟上市的资产总额不大的情形。

2）定向发行模式

在定向发行模式中，上市公司向其控股股东非上市集团公司定向发行股票，集团公司以其资产为认购定向发行股票的对价，从而实现集团公司全部或部分资产进入上市公司，如图 8-12 所示。

中国股票市场全流通后，这种模式得到了非常广泛的应用。这种模式有如下几个好处：一是置入的资产可以获得较大的净资产溢价；二是上市公司不需要掏出现金，容易

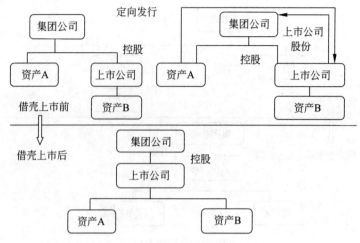

图 8-12 借壳上市之定向发行模式

被中小股东接受;三是集团公司可以提高上市公司的控股比例。

3)"定向发行＋公开发行＋收购"模式

在"定向发行＋公开发行＋收购"模式中,上市公司以向集团公司定向发行与向社会公众公开发行相结合的方式募集资金,再以这些资金收购集团公司的资产,从而实现集团公司全部或部分资产进入上市公司,如图 8-13 和图 8-14 所示。

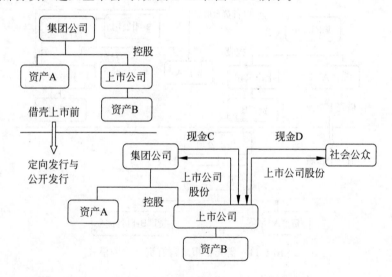

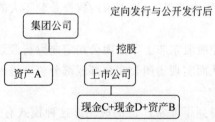

图 8-13 第一步:定向发行＋公开发行

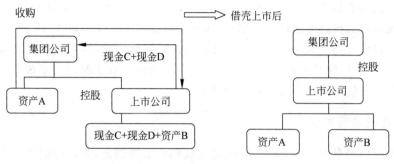

图 8-14　第二步：收购

这种模式主要适用于实力强的企业集团整体上市，便于集团实施统一管理，理顺集团产业链关系。

3. 买壳上市和借壳上市的异同

买壳上市和借壳上市的共同之处在于，它们都是一种对上市公司壳资源进行重新配置的行为，都是为了实现间接上市。其不同点在于，买壳上市的公司首先需要获得一家已上市公司的控制权，而借壳上市的公司已经拥有了对上市公司的控制权。

第四节　反收购对策及其应用

反收购是指目标公司为了防止收购的发生或挫败已发生的收购而采取的一系列行为。具体而言，此概念具有如下含义：①反收购的目的是防止或阻止收购方通过购买一定数量公司股份的方式达到对公司的控制，从而维护控制权的稳定。②反收购的措施具体可划分为两大类：其一，为防范收购方的收购所采取的事前预防措施。例如，目标公司可以事先在公司章程之中就董事任职资格作出限制，此种规定往往可以使潜在的收购者望而却步，因为它使收购方无法立即获得控制权。其二，为阻止收购方收购成功所采取的事后反收购措施。例如，目标公司为了打消收购方的收购念头，采取将引发收购企图的优良资产剥离或出售的措施。

一、预防性措施

预防性措施有时被称为驱鲨措施（shark repellant），其目的往往是增加收购的难度，以打消收购方的收购意图。预防性措施主要有三种：毒丸计划、修改公司章程和金色降落伞。

（一）毒丸计划

所谓毒丸计划，是指目标公司通过发行证券以降低公司在收购方眼中的价值的措施，它在对付敌意收购时往往很有效。当出现敌意收购时，该措施将会导致目标公司股东能够以较低价格购买公司的股份或债券，或以较高价格向收购人出售股份或债券。其关键作用是稀释收购方的表决权比例或大大提高收购方的收购成本，以阻止敌意收购的发生。

毒丸计划还有其他形式。一种是公司给股东一个比市价略高的既定价格，将公司股票转换为现金或其他高等级债券的期权，这一期权也称作支撑计划（back-end plans）。另一种被称作投票计划（voting plans），其内容是公司发行优先股，当面临敌意收购时就使优先股有投票权，以降低收购方的控股比例。在采用这一方法时应先修改公司章程以适应发行优先股及优先股可以改变身份的要求。

（二）修改公司章程

通过修改公司章程以阻止敌意收购是反收购的重要措施，其具体的修改内容往往是增加收购难度的条款，譬如绝对多数条款（super-majority provision）、董事会成员的任期错开等。公司章程的修改会受到相关法律法规的约束。由于许多重要的事项需要股东大会的批准，毒丸计划也可以在股东大会中解除，因此，目标公司也可以通过修改公司章程，提高召开股东大会的门槛，以应对敌意收购。

其修改内容主要包括：①董事轮换制（staggered board election）。公司章程中规定，每年只能改选一定比例的董事。这样，收购者即使收购到了"足量"的股权，也无法对董事会作出实质性改组，即无法在管理层中形成控制权，使得被收购公司的管理者有机会实行反收购，对收购者造成损失。②绝对多数条款。在公司章程中规定，涉及重大事项的决议须经过绝大多数表决权同意通过。如果公司章程中规定更改公司章程中的反收购条款，也须经过绝对多数股东或董事同意，这就增加了收购者接管、改组目标公司的难度和成本。《中华人民共和国公司法》第一百零三条规定：股东大会作出修改公司章程、增加或者减少注册资本的决议，以及公司合并、分立、解散或者变更公司形式的决议，必须经出席会议的股东所持表决权的2/3以上通过。③公平价格条款。在公司章程中规定，要求出价收购人对所有股东支付相同的价格，这主要是针对一些收购者希望通过溢价形式吸引部分股权，公平价格条款大大提高了这一企图的成本。

（三）金色降落伞

金色降落伞是公司给予高管的一种特殊补偿。金色意味着补偿是丰厚的，降落伞则意味着高管可以在并购的变动中平稳过渡。目标公司对高管作出金降安排，并在敌意收购时触发它，其目的还是要增加收购公司成本，增加收购的难度，以应对反收购。由于在大型并购中，用于金降的费用在整个并购中的比例很小，因此，它的反收购的效果是有限的。

二、主动措施

反收购的预防性措施可以增加收购的难度和成本，但并不能确保反收购的成功。目标公司面对敌意收购还需要采取更主动的措施。这些措施包括多种形式，例如，焦土战术、绿色邮件（green mail）、白衣骑士、白衣护卫（white squire）、帕克曼防御术和诉诸法律等。

（一）焦土战术

焦土战术是指目标公司在遇到收购袭击而无力反击时，所采取的一种两败俱伤的做法。此法可谓"不得已而为之",因为要除掉企业中最有价值的部分,即对公司的资产、业务和财务进行调整与再组合,以使公司原有"价值"和吸引力不复存在,进而打消并购者的兴趣。

焦土战术的策略可分为售卖冠珠和虚胖战术。①售卖冠珠。在并购行当里,人们习惯性地把一个公司里富于吸引力和具收购价值的"部分"称为冠珠。它可能是某个子公司、分公司或某个部门,可能是某项资产,可能是一种营业许可或业务,可能是一种技术秘密、专利权或关键人才,更可能是这些项目的组合。冠珠富于吸引力,诱发收购行动,是收购者收购该公司的真正用意所在,将冠珠售卖或抵押出去,可以消除收购的诱因,粉碎收购者的初衷。②虚胖战术。一个公司,如果财务状况好,资产质量高,业务结构又合理,那么就具有相当的吸引力,往往诱发收购行动。在这种情况下,一旦遭到收购袭击,它往往采用虚胖战术作为反收购的策略。其做法有多种,或者是购置大量资产,该种资产多半与经营无关或盈利能力差,令公司包袱沉重,资产质量下降;或者是大量增加公司负债,恶化财务状况,加大经营风险;或者是一些长时间才能见效的投资,使公司在短时间内资产收益率大减。

(二) 绿色邮件

绿色邮件又称作对收购方的定向回购,指目标公司通过协商从收购方处溢价回购自己的股票,以促使收购者在赚取一定利润的前提下把股票出售给目标公司,从而放弃收购计划。这种策略有损股东的利益,受益者则是目标公司的管理者,因此存在争议。

(三) 白衣骑士

白衣骑士是目标公司更加愿意接受的买家。目标公司在面临收购的威胁时寻求友好公司的帮助,友好公司即白衣骑士。白衣骑士往往会承诺不解散公司或不辞退管理层和其他雇员,目标公司则会向白衣骑士提供一个更优惠的股价。

(四) 白衣护卫

白衣护卫是一种与白衣骑士很类似的反收购措施。这里不是将公司的控股权出售给友好公司,而是将公司很大比例的股票转让给友好公司。出售给白衣护卫的股票有时是优先股股票,有时是普通股股票。如果是前者,白衣护卫并没有投票权;如果是后者,白衣护卫需要承诺不会将这些股票出售给公司的敌意收购者。

(五) 帕克曼防御术

帕克曼防御术是指当遭到敌意收购者收购时,目标公司针锋相对,也对收购者发起进攻,提出收购要求。帕克曼(20世纪80年代初期流行的一个电子游戏的名称)防御术是一种非常残酷的收购战,最后胜利者往往是实力雄厚、融资渠道广的公司。如果收购战双方实力相当,该种战略的结果很可能是两败俱伤,没有明确的研究结果表明收购双方股东能从中受益。

（六）诉诸法律

诉诸法律即与并购方打官司，这也是目标企业在收购防御中经常使用的一种对策。法律诉讼策略的第一步往往是目标企业请求法院禁止收购继续进行。于是，收购方首先给出充足的理由证明目标企业的指控不成立，不能继续增加持有目标企业的股票，这就使得目标企业有机会采取有效措施进一步抵御收购。不论成功与否，都为目标企业争得了时间，这是该策略被广泛采用的主要原因。

三、我国反收购政策

目前，我国法律法规对反收购并无明确、可操作性较强的规定，个别原则性的规定散见于《上市公司收购管理办法》（2020年修订）、交易所股票上市规则、规范运作指引等。

《上市公司收购管理办法》第七条规定：被收购公司的控股股东或者实际控制人不得滥用股东权利损害被收购公司或者其他股东的合法权益。被收购公司的控股股东、实际控制人及其关联方有损害被收购公司及其他股东合法权益的，上述控股股东、实际控制人在转让被收购公司控制权之前，应当主动消除损害；未能消除损害的，应当就其出让相关股份所得收入用于消除全部损害作出安排，对不足以消除损害的部分应当提供充分有效的履约担保或安排，并依照公司章程取得被收购公司股东大会的批准。《上市公司收购管理办法》第八条规定：被收购公司的董事、监事、高级管理人员对公司负有忠实义务和勤勉义务，应当公平对待收购本公司的所有收购人。被收购公司董事会针对收购所作出的决策及采取的措施，应当有利于维护公司及其股东的利益，不得滥用职权对收购设置不适当的障碍，不得利用公司资源向收购人提供任何形式的财务资助，不得损害公司及其股东的合法权益。

A股上市公司在遭遇敌意收购之前通常采用的反收购措施主要包括修改章程、交叉持股、原控制人择机增持股份等。值得注意的是，根据《上市公司股东大会规则》的规定，"单独或者合计持有公司百分之三以上股份的普通股股东（含表决权恢复的优先股股东），可以在股东大会召开10日前提出临时提案"。这就意味着，敌意收购者可以在原本准备审议公司章程修订议案的股东大会上，提出罢免董事对其有利的提案，动摇上市公司原大股东或管理层的控制权，实现"倒打一耙"。通常而言，通过修订公司章程实现反收购，比较稳妥的时机是在公司遭遇敌意收购之前。

（一）A股上市公司通过修改公司章程条款反收购需要注意的问题

（1）修改公司章程的议案内容应当符合法律法规、中国证监会规范文件、证券交易所业务规则、公司章程等有关规定。

（2）通常而言，修改公司章程的条款如果涉及股东大会、董事会、监事会的权限或议事规则等，上市公司应当同步修改《股东大会议事规则》《董事会议事规则》《监事会议事规则》等有关的公司内部制度。

（3）另外，2016年8月26日中国证监会新闻发布会强调，上市公司章程中涉及控制权条款的约定需遵循法律、行政法规的规定，不得利用反收购条款限制股东的合法权利。

（二）A 股上市公司在公司章程中设置的反收购条款

1. 绝对多数条款

绝对多数条款，是指公司章程中规定，公司进行并购、重大资产转让或者经营管理权变更时必须取得绝对多数股东同意才能进行，并且对该条款的修改也需要绝对多数股东同意才能生效。绝对多数条款一般规定目标公司被并购必须取得 2/3、3/4 或以上的投票权，有的甚至高达 90% 以上。

2. 分期分级董事会制度

分期分级董事会制度是指公司章程中规定董事的更换每年只能改选 1/4 或 1/3 等，这样即使收购者已收购了足量的股权，也无法对董事会作出实质性改组，难以获得对董事会的控制权。为防止收购人在获得控股地位后通过修改公司章程废除分期分级董事会制度，公司章程还可设置特定的绝对多数条款，规定必须一定比例（如 1/3 或过半数）股东出席股东大会且取得出席会议的绝对多数（如 3/4）股东同意才能修改分期分级董事会制度。

3. 限制董事资格条款

限制董事资格条款是指公司章程中规定公司董事的任职条件，非具备某些特定积极条件者不得担任公司董事，具备某些特定消极条件者也不得进入公司董事会，通过这些条款增加收购方选送合适人选出任公司董事的难度。实践中，可以具体从股东提名董事的权限、提名人数、董事会人选产生等方面来设计限制董事资格的条款，如规定董事长必须从任职连续 3 年以上的执行董事中产生，或规定公司董事长应由任职满两届的董事担任，副董事长由任满一届的董事担任等。

4. 限制股东提案权条款

限制股东提案权条款是指股东在股份取得一定时间以后才能行使召集和主持股东会权利、提案权及董事提名权，以维持公司管理层和经营业务的稳定。限制股东提案权条款有助于阻止收购人在取得上市公司股份后立即要求改选董事会，但是此举获得争议较多，存在不当限制股东权利之嫌，比较容易被监管机构关注。

（三）A 股上市公司通常采用定向增发、发行股份购买资产等具体措施应对正在发生的敌意收购

1. 定向增发

上市公司特定对象（包括公司大股东、管理层）非公开发行股票，增加公司股本，公司大股东、管理层增持股份，摊薄收购人持股比例。

2. 发行股份购买资产

上市公司向大股东、友好方发行股份购买其资产，若交易金额巨大，大股东持股比例大幅增加，引入友好公司作为主要股东大力摊薄收购人持股比例。

3. 二级市场增持股份

上市公司大股东、管理层通过竞价交易、大宗交易、要约收购方式增持股份，巩固控制权和管理权。

4. 联合一致行动人作为"白衣骑士""白衣护卫"[①]

上市公司大股东、管理层及其关联方或友好方缔结一致行动关系,增加表决权,巩固控制权。

5. 股权激励及员工持股计划

上市公司可以向管理层实施股权激励,实现管理层增持股票,或者设立员工持股计划,通过员工持股计划买入公司股票,从而提高可控的股份表决权数量。

6. 行政举报和司法诉讼

上市公司及大股东、管理层向证券监管部门举报收购人收购行为违法、未按有关法律规定向公众及时、充分或准确地披露信息等,向法院提起诉讼判决停止收购行为、收购行为无效、赔偿公司损失。通过举报、诉讼、提请监管部门及司法部门介入,运用国家强制力制止、处罚收购人违法收购行为。

A股上市公司为应对正在发起的敌意收购,采取定向增发、发行股份购买资产、二级市场增持股份、联合一致行动人、实时修改章程等反收购手段,可以与成熟市场的股权摊薄、白衣护卫、驱鲨剂等反收购措施相对应。但是在激烈的反收购斗争中,相关A股上市公司多数采取了向证券监管部门举报或提起诉讼的反收购手段,收购人也针锋相对地运用了向证券监管部门举报或提起诉讼的对抗手段。从运用广度和强度看,向证券监管部门举报或提起诉讼可以说是国内独有的。

此外,在现行法律制度下,国际上通用的毒丸计划、焦土战术及帕克曼防御术等反收购措施不宜在我国使用。

万科股权之争

万科股权之争是中国A股市场历史上规模最大的一场公司收购与反收购攻防战。2015年12月17日,一份王石内部讲话公开挑战宝能系,万科股权之争正式进入正面肉搏阶段。

按照万科公告披露,宝能系持股比例已经达到了25.04%,距离控股股东地位仅一步之遥。2017年6月9日晚,中国恒大转让14.07%万科股权予深圳地铁,终破"万宝之争"僵局。此次转让后,深圳地铁正式成为万科第一大股东,万科大股东再次易主。

一、宝能增持

2015年1月,前海人寿(宝能系)通过证券交易所买入万科A股股票。根据披露的信息,前海人寿于2015年1月、2015年2月、2015年3月、2015年4月、2015年6月和2015年7月都有交易。2015年7月,第一次构成举牌。万科公告显示,截至7月10日,前海人寿(宝能系)通过二级市场耗资80亿元买入万科A股约5.52亿股,约占万科A股

[①] 投资者有下列情形之一的,视为一致行动人:投资者之间有股权控制关系;投资者受同一主体控制;投资者的董事、监事或者高级管理人员中的主要成员,同时在另一个投资者担任董事、监事或者高级管理人员等共十二条,见《上市公司收购管理办法》(2020年修订)第八十三条。

总股本的 5%。7 月 24 日,前海人寿及其一致行动人钜盛华对万科二度举牌,持有万科股份 11.05 亿股,占万科总股本的 10%。而前海人寿与钜盛华的实际控制人均为姚振华。值得注意的是,在完成本次增持后,姚振华方面持有的万科股票数量与万科第一大股东华润的持股数量已经非常接近。2015 年 8 月 26 日,前海人寿、钜盛华通知万科,截至当天,两家公司增持了万科 5.04% 的股份,加上此前的两次举牌,宝能系合计持有万科 15.04% 的股份,以 0.15% 的优势,首次超越了万科原第一大股东华润集团。

然而,9 月 4 日,据港交所披露,华润耗资 4.97 亿元,分别于 8 月 31 日和 9 月 1 日两次增持,重新夺回万科的大股东之位。截至 11 月 20 日,华润共持有万科 A 股 15.29% 的股份。11 月 27 日至 12 月 4 日,钜盛华买入万科 5.49 亿股,合计持有万科 A 股股票约 22.1 亿股,占总股本的 20.008%,再次取代华润成为万科第一大股东。宝能系"买买买"的节奏根本停不下来。截至 12 月 24 日,宝能系对万科的持股比例增至 24.26%。2016 年 6 月 26 日万科公告,收到宝能系要求罢免万科包括王石、郁亮在内的 10 名董事、2 名监事。至此,宝能系亮出了底牌,旨在终结万科的"王石时代"。在万科 A 股复牌后,宝能系再度"买买买",将持有万科的股份比例提至 25.04%。

二、万科反击

2015 年 12 月 17 日,王石在北京万科内部谈话中表示,宝能系增持到 10% 的时候,自己曾在冯仑的办公室见过宝能系的老板姚振华,双方谈了 4 个小时。宝能系掌门人姚振华曾经承诺,宝能系成为大股东之后,王石还是旗手。生性直白的王石当时表态,在那个时间点上选择万科的股票、增持万科是万科的荣幸,"但是你想成为第一大股东,我是不欢迎的。"

王石称,宝能系用短债长投方式强行进入万科,风险极大,就是一场赌博。当时王石表明不欢迎宝能的四大理由是:信用不足,能力不够,短债长投,风险巨大以及华润作为大股东角色重要。就在王石表明"不欢迎"宝能的第二天,万科总裁郁亮也发声表明自己的立场,表示和王石在同一战线,并称敌意收购都是不成功的。在公开叫板宝能系后,王石曾于 2015 年 12 月 23 日在中国香港拜访瑞士信贷并与投资者交流。席间,王石表示不会用毒九计划击退宝能,但也承认"按照宝能现有的股权,进万科董事会是迟早的事"。2015 年 12 月 23 日深夜,万科以及安邦同时发布公告,表达双方结盟意图。万科表态欢迎安邦成为万科重要股东,而安邦也发布声明称看好万科发展前景,会积极支持万科发展,希望万科管理层、经营风格保持稳定。2015 年 12 月 24 日平安夜,王石一行至少去了两家机构继续进行拜票。2015 年 12 月 24 日,宝能系实际控制人姚振华在参加深圳市第四届金融发展决策咨询委员会全体会议时,回应称:"王石是我非常尊敬的人,他是地产界的老大哥。其实没有那么激烈,主要是媒体炒作,我们一直与万科在做良好的沟通。"而此前姚振华极少在媒体公开露面。

三、停牌——先发制人

2015 年 12 月 18 日,万科 A 股发布临时停牌公告,称正在筹划股份发行,用于重大资产重组及收购资产。这也被视为王石及万科管理团队对宝能系的正式反击。彼时,宝能系已经通过二级市场连续增持万科,合计持有后者 22.45% 股份。2015 年 12 月 18 日,宝能集团在官网发表声明称,公司重视风险管控,重视每一笔投资,恪守法律,尊重规则,相信市场的力量。万科停牌时间历时6个月之久，重组对象始终扑朔迷离。直至停牌后的4个月，才首次公布了重组对象深圳地铁。

四、重组——寻找靠山

2000年，王石在万科经历了君安之争之后主动引入央企华润集团，希望在股权结构上进行调整，吸引有实力的财团进入，成为战略性大股东。在此后的10多年，王石和郁亮多次公开表示，华润是万科最好的大股东，后者给万科提供了律师、会计方面的专业人士，在万科的组织建设管理架构和监督机构上，起到至关重要的作用。万科在2015年遭遇宝能系持股的时候，也一度求助于大股东，但是华润并未介入。因此，万科转向另一家国企深圳地铁，以解自身的危机。按照万科发布的交易预案公告，万科拟以发行股份的方式购买深圳地铁持有的前海国际100%股权，初步交易价格为456.13亿元。万科将以发行股份的方式支付全部交易对价。万科的计划是通过发行股份，稀释宝能系的股份。但令万科意外的是，这同时也稀释了华润的股份，直接导致华润的激烈反对。在6月17日的董事会上，华润系的三位董事对重组预案直接投了反对票，表明了态度。

重组预案需要召开第二次董事会和股东大会，而如今宝能系和华润的持股比例高达40%，可以否决万科提出的任何议案。面对华润的翻脸，王石在微博上坦言，最后的遮羞布被撕掉了。万科与宝能系的战争，突然杀入华润，使得这场管理权之争的前景更为复杂难测。君万之争后，万科引入华润这个曾经最好的大股东，但是这一招显然不是万能的。

五、舆论——员工、股东齐上阵

2016年7月，宝能系要求罢免万科现有管理层，直接激起了万科的强烈反对。万科工会委员会起诉宝能损害股东利益，深圳市罗湖区人民法院已经受理此案。根据《民事诉讼状》，万科工会的诉讼请求主要有五个，包括请求判令5名被告持有万科A股股票达到5%及其继续增持万科A股股票的行为属于无效民事行为；要求不得对其违法持有的万科A股股票行使表决权、提案权、提名权、提议召开股东大会的权利及其他股东权利。万科工会的诉讼理由主要有三个：钜盛华、前海人寿等涉及未履行向国务院证券监督管理机构书面报告的义务，未严格按照《中华人民共和国证券法》《上市公司收购管理办法》的要求履行信息披露义务以及增持属于无效民事行为。除此之外，越来越多第三方加入该阵营。万科第一大自然人股东向证监会、银监会、保监会等七个监管部门实名举报华润、宝能，质疑二者之间的关联关系，包括质疑华润和宝能系之间到底有多少重大利益关联；华润和宝能系就万科第一大股东地位的问题何时开始谈判交易；双方在深铁重组事件上联手反对的原因；双方达成第一大股东易主的秘密协议是否已涉嫌内幕信息交易和市场操纵以及质疑宝能用于收购的资金来源是否合法。

此外，万科独董华生也曾在微博上公开质疑华润和宝能一致行动人的关系。相比上一次，万科的盟军阵容显然更强大。

六、揭底宝能——寻找阿喀琉斯之踵？

2016年7月19日，万科发布了一份《关于提请查处钜盛华及其控制的相关资管计划违法违规行为的报告》。在这份报告中，万科把宝能系的持股量、持股成本，乃至9个资管计划的金额细节等底牌全部揭开。这9个资管计划，即宝能在持股比例达25%的举牌线后公布的用于收购万科A股的资金来源，并称这9个资管为一致行动人。该报告透露，

9个资管计划利率区间为6.5%～7.2%，宝能购入万科A股票的均价为18.89元/股，按平均利率以及已存续期8个月计算，考虑融资成本后的平均股价约19.83元/股。这是万科方面首次准备披露的宝能持仓成本。有分析称，万科自7月4日复牌以来，股价累积跌幅已经达30%，万科此时公布宝能的持仓成本，无疑让股价继续承压。

七、盖棺定论

2017年6月9日晚，中国恒大发布公告称，其持有的15.53亿股万科股份，以292亿元悉数转让予深圳地铁。中国恒大转让14.07%万科股权终破"万宝之争"僵局。中国恒大公司于2017年6月9日作为转让方与受让方深圳地铁签订协议，据此将持有的共15.53亿股万科A股出售予受让方，总对价约为人民币292亿元，每股转让价格18.80元。预期将就出售事项产生亏损约为70.7亿元，唯以最终审计为准。本次转让后，中国恒大此前所持14.07%万科股份全部出清，深铁持股由15.31%变为29.38%，超过宝能25.4%持股成万科第一大股东。

万科各方股东持股比例依次为：第一大股东深圳地铁29.38%、第二大股东宝能系25.4%、第三大股东安邦6.73%。此前3月份，中国恒大已经将所持万科股份表决权、提案权及参加股东大会的权利，不可撤销地委托给地铁集团行使，期限1年。此次转让后，深圳地铁正式成为万科第一大股东，万科大股东再次易主。

资料来源：万科股权之争是怎么回事？始末过程分析！[EB/OL]. (2016-06-29). https://www.touzi.com/news/75034.html.

请思考：

1. 何为敌意收购？宝能系收购万科的行为是否构成敌意收购？面对宝能系收购，万科集团可采取哪些反收购策略？

2. 什么是股权结构？股权结构的主要类型有哪些？万科集团被攻击的主要原因在于股权结构欠缺合理性，试分析万科集团的股权结构。

【本章小结】

兼并是指一家企业吸收另一家或几家企业的行为，被吸收企业（称为被兼并公司）的法人地位消失；合并是指两家公司或两家以上公司结合后全部不存在，而是在原来企业资产的基础上创立一家新企业；收购是指一家企业（即收购企业）与另一家企业（即目标企业）进行产权交易，由收购企业通过某种方式主动购买目标企业的大部分或全部股权或资产的商业行为。一般来说，合并、兼并与收购依其产权组合的有偿性和竞争性，是一个逐级递进的过程。企业并购是指能导致企业规模及经营范围扩大的企业扩张行为，主要包括兼并、合并、收购等方式。

企业并购根据行业分为横向并购、纵向并购和混合并购；根据委托方式分为直接并购和间接并购；根据并购动机分为善意并购和敌意并购；根据并购方式分为协议收购和要约收购；根据并购的出资方式分为现金购买式并购、承担债务式并购、吸收股份式并购和控股式并购；根据并购支付的对价形式或采用的支付工具分为现金购买、股权购买、混合购买；根据并购的动机分为战略并购、财务并购和混合并购；此外，还有杠杆收购与管理层收购。

投资银行在企业并购中扮演三个角色：对并购方而言是筹划并购方案；对目标公司

来说是选择并购方及制定反并购策略;在制定并购价格方面,投资银行则扮演中介人的角色。

在企业并购中,善意并购往往很少,而且许多善意并购还会因双方在并购条件上的讨价还价不欢而散而又转化成敌意并购。目标企业一旦遭受收购公司的敌意袭击,通常都会进行反收购防御,其主要手段包括毒丸计划、修改公司章程、焦土战术、绿色邮件、白衣骑士、白衣护卫、帕克曼防御术和诉诸法律等。

杠杆收购是指一小群投资者以目标企业的资产为抵押进行大量的债务融资,来收购公众持股公司所有的股票或资产。杠杆收购一般具有如下特点:高杠杆性,特殊的资本结构,高风险与高收益并存。典型的杠杆收购往往使目标企业的性质发生根本性的变化,由公众持股的上市企业转变为私人控制的私有企业,企业的所有权与控制权再度结合;杠杆收购能够极大地提高收购企业的股权回报率,也能够减少收购企业的税赋。

【复习思考题】

1. 企业并购的动因有哪些?
2. 买壳上市和借壳上市的区别是什么?

【进一步阅读书目】

1. 威斯通,米切尔,马尔赫林.接管、重组与公司治理[M].张秋生,张海珊,陈扬,译.北京:北京大学出版社,2006:102-110.

2. 德帕姆菲利斯.兼并、收购和重组[M].黄瑞蓉,罗雨泽,译.北京:机械工业出版社,2004:9-18.

3. 窦尔翔,冯科.投资银行理论与实务[M].北京:对外经济贸易大学出版社,2013:200-210.

4. 阿扎克.兼并、收购和公司重组[M].李风云,等译.北京:机械工业出版社,2011:211-216.

【即测即练】

第三篇

投资银行风险管控

第九章

投资银行风险管理

本章学习目标

1. 了解什么是投资银行风险管理、投资银行风险的类别;
2. 了解投资银行风险管理的办法及其模型;
3. 熟悉投资银行风险管理的措施。

投行业务还有这些"风险点"

2022年5月,北京证监局披露了信达证券投行领域的一些问题:公司在开展ABS业务过程中未建立有效的约束制衡机制,ABS业务开展环节违规,风险管理缺位,部分ABS项目存续期信息披露不完整。公司投行业务合规人员配备不足、薪酬管理不健全,投行业务内部控制有效性不足,对同类业务未执行统一标准,合规检查和利益冲突审查不规范。因为这些问题,监管部门对信达证券采取了责令改正的行政监管措施,对其总经理进行了监管谈话。投行业务近几年一直是券商问题多发的领域,监管对此也一直保持着高压态势。券商中国记者梳理发现,投行业务处罚多与券商IPO业务相关,包括对发行人信息核查不充分、内部控制有效性不足、未勤勉尽责督促发行人等。相关投行业务人员则是被采取监管谈话、出具警示函等监管措施。信达证券注册地位于北京,公司大股东为中国信达,持股比例为87.42%。截至2021年末,该公司共有16家分公司、87家证券营业部(含1家撤销中)。信达证券2021年实现营业收入38.03亿元,同比增长20.27%;净利润12.12亿元,同比增长41.57%,公司实现归母净利润11.72亿元,同比增长42.95%。

投行业务方面,2021年,该公司投行团队克服发行放缓等困难,实现投行业务净收入4.4亿元,较好地完成了公司的经营计划,为公司经营业绩的稳定作出突出贡献。投行协同团队业绩提升显著,积极参与上市公司纾困、并购重组,切实做好集团综合服务,推动财务顾问收入提升;持续进行业务创新,发行专项用于碳中和的信达致远6号绿色ABS、中国铁路投资有限公司绿色公司债券,取得较好的经济效应和社会效应。

资料来源:信达证券总经理祝瑞敏被监管谈话:涉ABS业务违规[EB/OL].(2022-

05-07). http://finance.sina.com.cn/jjxw/2022-05-07/doc-imcwipii8566944.shtml.

请思考：

面对信达证券的违规行为，监管当局可以采取哪些措施进行监管和处罚？

案例分析思路：

此次信达证券所暴露出来的投行问题，只是该业务领域的一个案例。注册制的推进，对投行业务及其从业人员的要求越来越高，监管对此也一直保持着高压态势。

监管层对于投行违规下发的罚单中除了保荐人，还包括负有管理责任的人员，如分管高管、业务负责人、部门负责人及内核负责人等。此次信达证券处罚的就是分管高管。

第一节 投资银行风险管理概述

一、投资银行风险管理的含义

风险，是指由于事物的不确定性而遭受不利结果或经济损失的可能性。按照性质不同，风险通常可以分为纯粹风险和投机风险。纯粹风险是指只有损失机会而无获利可能的风险。投机风险是指既有损失机会又有获利可能的风险。在当今的经济生活中，我们所指的风险多为投机风险。

投资银行的风险是指各种不确定因素使得投资银行的实际收益与预期收益发生偏离，从而蒙受损失或降低获取收益的可能性。而投资银行的风险管理就是通过发现和分析公司面临的各方面风险，实现公司的经营目标，降低失败可能性，降低影响公司绩效的不确定性的全部过程。① 总体来讲，风险管理经历了原始管理模式、分散管理模式、集中管理模式和全面管理模式四个阶段。目前，大型的投资银行都采取了全面管理模式。

二、风险类别

从风险性质和触及的范围角度而言，可以将其归结为两类：一是系统性风险，二是非系统性风险。投资银行的风险是复杂多样的，要想控制住风险，必须弄清各种风险的特点与相互之间的关系。投资银行的风险是有层次的、相互影响的系统。

（一）系统性风险

系统性风险是指政治、经济及社会环境变动而影响证券市场上所有证券的风险。它一般包括利率风险、购买力风险、政治风险等。

1. 利率风险

利率风险是指市场利率变动而引起证券价格波动的风险。利率的变化会引起证券价

---

① 马晓军. 投资银行学：理论与案例[M]. 2版. 北京：机械工业出版社，2014：325-335.

格变动,并进一步影响证券收益的确定性。

2. 购买力风险

购买力风险又称通货膨胀风险,是指物价水平持续上升、货币贬值、货币购买力下降而使投资者承担的风险。

购买力风险是由价格总水平变动而引起资产的总购买力的变动,投资者应该具有理智地处理购买力风险的能力。否则,通货膨胀将会把投资者财富的购买力侵蚀光。

3. 政治风险

政治风险指由于证券所属国家的政治事件,如领导人的变动、大政方针的转变、法令规章的更改等给投资者带来的损失。

4. 外汇风险

外汇风险又称汇率风险,是指经济主体持有或运用外汇的经济活动中,因汇率变动而蒙受损失的可能性。当然,汇率的变动也有可能使外汇持有者或运用者获利。但是稳健的经济主体一般不愿意让经营成果蒙受这种自身无法预料和控制的汇率变化的影响,投资银行也不会例外,同样要将外汇风险防范作为经营管理的一个重要方面。

5. 社会风险

这是指社会要素引起的资本运营风险。所谓社会要素,是指文明、宗教、品德、就业与失业等。

(二) 非系统性风险

非系统性风险是指只对某个行业或个别公司的证券产生影响的风险,它通常由某一特殊的因素引起,与整个证券市场的价格不存在系统、全面的联系,而只对个别或少数证券的收益产生影响。它一般包括财务风险、违约风险、操作风险和法律风险等。

1. 财务风险

财务风险有时也称拖欠风险或公司风险,其主要是企业经营状况变化而引起盈利水平改变,从而产生投资者收益下降的可能。上市公司经营不善时,常会使股票狂跌或无法分配股利,或使债券持有人无法收回本金和利息,更有甚者,会导致公司破产倒闭而使投资者血本无归。

2. 违约风险

违约风险也称信用风险,是指合同的一方不能正常履行合约所规定义务的可能性,它包括贷款、掉期、期权以及在结算过程中的交易对手违约带来损失的风险。投资银行在很多方面都会面临违约风险,如在签订贷款协议,以及签订场外交易合同和授权时。

3. 操作风险

操作风险是指信息系统失灵或者内部控制缺陷而导致意外损失的风险。内部失控的表现包括:人为的错误、系统的失灵、操作程序的设计或应用发生错误等,它主要由财务风险、决策风险、人事管理风险以及信息系统风险构成。1995年2月英国著名银行巴林银行的倒闭就是由操作风险造成的,其新加坡分行经理尼克·里森(Nick Leeson)因为越权从事证券衍生品交易而给银行造成了13.3亿美元的损失。

4. 法律风险

法律风险来自交易一方不能对另一方履行合约的可能性。法律风险的表现形式有：合约不能受到法律应予的保护而无法履行或合约条款不周密；交易一方或双方可能因找不到相应的法律保护而遭受损失等。法律风险随着金融创新的发展而变得日益突出，有些金融衍生工具的创立就是从规避法律管制开始的。

三、投资银行业务风险

（一）承销业务风险

证券承销是投资银行的传统业务。承销业务风险是指银行在承销股票、债务、金融衍生工具等经营活动时，由于不能按照约定的条件完成承销而造成损失的可能性。发行失败的主要原因可能来自项目选择的失误、定价失败、项目风险控制不足或者证券市场发生未预计的变化等。

（二）经纪业务风险

经纪业务是指证券公司接受客户委托，为其代理股票和其他有价证券交易的中介业务，是投资银行主要业务和利润收入的重要来源。经纪业务涉及的主体比较多，环节复杂，因而风险种类多，发生频繁。

经纪业务风险主要包括以下几种。

（1）开户规模及佣金费率风险。开户规模过小以及交易佣金恶性竞争而带来的风险称为开户规模及佣金费率风险，具体包括：开户者本身质量不符合规定而影响券商正常业务的开户对象风险；佣金标准下降引起的佣金收入风险等。

（2）交易保障风险。在业务高峰时，操作人员处理能力不足可能导致客户委托未能及时执行，使客户转向别的投资银行。

（3）交易差错风险。由于操作人员往往可能忙中出错，发生操作失误、反向操作或委托内容不全等事故，产生业务纠纷，给投资银行造成损失。

（4）信用交易风险。在向客户融资融券过程中，风险失控所引起的风险称为信用交易风险。

（5）电脑处理风险。电脑处理系统是证券营业部的枢纽，它不仅要向客户提供即时的数据传输，而且要和总公司保持联系，有的还直接与证券交易所保持联系，进行指令传送、交易回报等实时数据处理。电脑系统一旦出现故障，可能引起交易瘫痪，造成的损失是难以估量的。[①]

（三）自营业务风险

证券自营业务风险是指投资银行在进行证券自营买卖或投资活动中面临的风险。在现代投资银行中，自营业务已经成为最主要的利润来源，同时其面临的风险也是巨大的，

---

① 马晓军. 投资银行学：理论与案例[M]. 2版. 北京：机械工业出版社，2014：325-328.

包括：投资产品本身内含风险、证券市场价格异常波动的风险、投资决策不当风险等。

投资银行的自营业务风险主要有以下几种。

（1）市场风险。它是指一个或多个市场的价格、利率、汇率、波动率、相关性或其他市场因素水平的变化，导致投资银行自营业务受到损失的可能性。

（2）经营管理风险。它是指投资银行在证券自营买卖过程中经营水平不高、管理不善所带来的风险。

（3）违规风险。它是指在自营业务中由于违反有关法律法规而遭受损失的可能性。

（4）金融衍生产品风险。它是指在金融衍生产品交易中，使得投资银行自营业务亏损的风险。广泛地运用金融衍生产品可以增加投资银行的利润渠道，但同时也会带来风险，尤其是衍生产品往往有着巨大的杠杆，容易引起巨额亏损。不仅如此，金融衍生产品风险的监管对于监管机构来说也是一项挑战。

四、投资银行风险管理流程及组织架构

（一）投资银行风险管理流程

投资银行风险管理的流程常常由四个部分组成，包括风险识别、风险分析与评估、风险控制和风险决策。

1. 风险识别

风险识别是风险管理的首要环节。它是指投资银行实行经营管理过程中识别出可能给投资银行带来意外损失和额外收益的风险因素。风险识别主要采用由上至下分析法，由风险控制部门识别，由风险管理委员会进行研究。风险识别要求投资银行对经营环境有充分的了解以及敏锐的洞察力。

2. 风险分析与评估

风险分析是指风险管理专业人员对投资银行的各项业务可能存在的风险种类、风险性质、风险的大小、风险发生的概率以及风险的数量额度进行分析和研究。风险评估是指管理者根据风险发生的可能性以及可能造成损失和收益的大小进行评估，它包括：各业务岗位或工作流程中的风险评估；整体风险的评估。

3. 风险控制

风险控制就是指在投资银行的风险发生之前或已经发生时，采取一定的措施减少风险损失或增加风险收益。它包括风险规避、风险分散、风险转移、风险补偿等多种方式。风险规避主要指通过对资产期限结构进行比例管理等方式来规避风险，在资产的选择上可以选择低风险资产；风险分散主要指通过投资组合的形式将相关性较弱的资产进行搭配，以达到降低风险的目的；风险转移是指通过合法的交易方式和业务手段将风险转移到其他人的手里；风险补偿是指当投资银行发生损失时，可以通过一系列措施来弥补损失。

4. 风险决策

投资银行风险决策是风险控制的基础。它是指根据投资银行的经营风格或领导人的偏好，投资银行的决策层在不同风险和收益的对应关系中作出选择的过程。理论上投资

银行应当追求给定收益的风险最小,或者是给定风险的收益最大。当然,不同风险偏好的投资银行所作出的风险决策也会不同。

(二)投资银行风险管理组织架构

投资银行因业务的偏重点不同会有不同的风险管理体系,但其组织架构是基本一致的。其架构的核心是设立直属于公司董事会的风险管理委员会,投资银行的总体风险由风险管理委员会统一管理,并且一般由财务总监或执行总裁负责。

风险管理委员会的职责在于:设计或修正公司的风险管理政策和程序,签发风险管理准则;规划各部门的风险限额,审批限额豁免;评估并监控各种风险暴露,使总体风险水平、结构与公司总体方针相一致;在必要时调整公司的总体风险管理目标。

下面以美林证券为例,说明其风险管理组织架构,如图9-1所示。

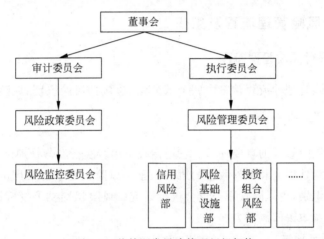

图 9-1 美林证券风险管理组织架构

在美林证券的风险管理组织架构中,风险管理委员会独立于其他运营部门而存在,其负责管理总体风险并且向董事会报告工作。在风险管理委员会下还设了很多风险部门,如信用风险部、投资组合风险部等,各部门也将进行自己职责之内的风险管理。另外,还设立了由高级业务经理组成的风险政策委员会和风险监控委员会,它们的作用在于监管整个风险管控的运行,对所有机构的交易活动进行监控。

第二节 投资银行风险管理办法

一、投资银行风险管理指标体系

要想对投资银行的风险进行有效管理,首要的就是设立一套合适的风险管理指标体系。指标体系主要适用于度量风险的识别和评估,将投资银行的风险进行量化,为以后的风险控制打好基础。

可度量风险的指标体系分为两个层次:一是总层次上的,反映投资银行整体风险情况,作为一级指标;二是各个业务部门的风险指标,作为二级指标。

（一）一级指标体系

1. 充足率指标

资产负债率＝负债期末余额/资产期末余额

资产权益率＝净资产期末余额/总资产期末余额

2. 流动性风险度量指标

流动比率＝流动资产期末余额/流动负债期末余额

速动比率＝（流动资产－应收账款）/流动负债期末余额

固定资本比率＝（固定资产期末净值＋期末在建工程）/所有者权益

3. 市场风险度量指标

权益类自营比率＝权益类自营证券期末余额/所有者权益

委托资产倍率＝委托资产账户购入的权益类证券的期末余额/所有者权益

4. 风险资产指标

应收账款比率＝应收账款总额/资产总额

未变现投资与未销售证券比率＝（未变现投资＋未销售证券）资金总额/股东权益

风险投资比率＝风险投资额/长期投资额

或有债务比率＝或有债务/总资产

（二）二级指标体系

根据不同业务部门，设定不同二级指标，主要反映各部门的可度量风险。

1. 证券自营部门和投资管理部门的主要监控指标

重点投资项目的风险值、投资组合的风险值、流动资产比率、单一证券投资比率、单一证券投资占比率等。其中：

流动资产比率＝（现金＋国债）/自营资产总值

单一证券投资比率＝在单一证券品种上的投资金额/自营资产总额

单一证券投资占比率＝持有单一证券数量/该品种流通份额总量

2. 经纪业务主要监控指标

代理交易赔偿率、交易出错率、内部拆入资金占营运资金比率、违规代客理财资金占营运资金比率、担保资金占营运资金比率等。

3. 承销业务主要监控指标

承销股票收益率、承销债券未兑付率、包销留存证券比率、核心项目人员流失比率、过桥贷款逾期比率、项目内核未通过比率等。

另外，对于尚未能够进行量化的风险指标，如操作风险、政策风险等，则只有通过标准化程序进行控制。这样通过这一套完整的风险管理指标体系，基本上就可以使度量投资银行风险有一个标准。

二、投资银行风险管理模型

风险评估作为风险管理最重要的环节之一，已经越来越受到投资银行的重视。在近年来的风险管理技术的发展过程中,有很多风险管理模型为投资银行所使用,如 VaR(value at risk)模型、信用计量模型和 KMV(以 Stephen Kealhofer、John McQuown、Oldrich Vasicek 三人名字的首字母命名)模型。我们在此主要介绍 VaR 模型,对其他风险模型则从略。

(一) VaR 模型

VaR,直接翻译为"处于风险中的价值",一般翻译为风险价值。该模型 1994 年由 J. P. 摩根银行提出,其以适用广泛、简洁实用的特点而深受欢迎。目前,在各大投资银行所使用的风险管理技术工具中,VaR 模型已经成为行业普遍的选择。

从定义出发,其是指在正常的市场条件、给定的置信水平(通常是 95% 或 99%)以及给定的持有期间内,用于评估和计量任何一种金融资产或证券投资组合所面临的市场风险大小和可能遭受的潜在最大价值损失。其用公式可以表示为

$$\text{Prob}(r_p < -\text{VaR}) \leqslant 1 - c$$

式中,Prob 为资产价值损失小于可能损失上限的概率;r_p 为该项金融资产在持有期 Δt 内的损失;VaR 为置信水平 c 下处于风险中的价值。

VaR 模型的关键参数主要包括持有期限、观察期间、置信水平。

持有期限指的是衡量回报波动性和关联性的时间单位,也是取得观察数据的频率,如日收益率、周收益率或者月收益率等。具体的持有期限需要根据组合调整的速度来决定,组合调整速度快的,可以选用较短的期限;调整速度相对较慢的组合,可以采用更长的持有期限。当然,期限越长,观察所得的数据就越少,越容易影响到 VaR 模型对风险反应的质量。国际上投资银行一般采用 1 天作为 VaR 的持有期限。

观察期间是指对给定持有期限的回报的波动性和关联性考察的整体时间长度,观察期间的选择要在历史数据的可能性和市场发生结构性变化的危险之间进行权衡。历史数据越长,对应的时间越长,收购兼并等市场结构性变化的可能性也就越大,而这则会使历史数据越来越难以反映现实和未来的情况。

置信水平是指总体参数值落在样本统计值某一区间内的概率。置信水平越高,超过 VaR 值的概率就会越低,但是过高的置信水平会使 VaR 估计的准确性下降;相反,置信水平越低,发生超过 VaR 值的损失的概率越高,预测失去意义。VaR 的准确性和模型的有效性可以通过返回测试来检验。

VaR 作为投资银行广泛采用的风险管理方法,具有如下几个特征。

(1) VaR 适用的范围广,根据不同类型的风险来源和风险管理环境,VaR 模型可以修正为不同类型的衍生模型。VaR 方法适用于包括利率风险、汇率风险、股票价格风险、商品价格风险以及衍生工具风险在内的各种市场风险的衡量,因而投资银行用一个具体的指标数值就可以概括银行整体风险状况,加快了以盯市报告为基础的风险信息交流,而且通过对不同市场上风险状况的比较,可以合理地配置资源,大大地方便了投资银行高层管理人员和监管当局随时掌握机构的整体风险状况。

(2) VaR 是一种动态风险管理技术,这表现在:VaR 随时按照市场价格进行重新定价,而且 VaR 技术采用的时间间隔通常较短,报告的时间间隔可以灵活选取。同时,VaR

既可以测度单个金融资产的风险水平,也可以测定整个公司面临的风险水平,而且,VaR 技术以价值的形式给出风险水平,易于理解。

(3) VaR 是以规范的统计技术来全面综合衡量风险的方法,较传统风险管理方法更为客观、准确和及时,因而其逐渐演变成为现代金融风险管理的标准方法。

(4) VaR 可以简化信息披露程序,应用这一技术手段,金融机构只需要计算交易资产的 VaR。同时,VaR 的一个重要特征是透明性,仅仅一个 VaR 值就可以让任何人明白潜在的风险大小。

当然,VaR 也存在一定的局限性,比如 VaR 主要适用于正常条件下对于市场风险的衡量,在市场出现极端情况的时候则无能为力;由于 VaR 对数据的要求比较严格,所以对缺乏流动性的资产适用性较差;使用 VaR 衡量市场风险会存在模型风险;VaR 对历史数据有很强的依赖性等。下面介绍的压力测试法和情景分析法则是对 VaR 的补充。

(二) 压力测试法

压力测试法,是指将投资银行置于某一特定的极端市场情况下,测试该银行在这些关键市场变量突变情况下的表现状况的方法。压力测试法可以暂时作为新的模型尚未研究出来或过渡期间的辅助工具,与 VaR 模型互为补充。

压力测试法具有它自己的优点:①由于极端测试对象的选择建立在主观基础之上,因而可以模拟市场因素任何幅度的变动。②压力测试法不需要对每一种变化确定一个概率,因此没有涉及复杂的算法,应用起来较为简便。③压力测试法可以为管理层明确地指出导致资产组合价值发生变化的本质原因和风险因素,所以很适合作为高级风险管理工具。

(三) 情景分析法

情景分析法是假定某种现象或某种趋势将持续到未来的前提下,对预测对象可能出现的情况或引起的后果作出预测的方法。VaR 模型和压力测试法都忽略了潜在灾难性后果的发生,而情景分析法则弥补了这一缺陷。这个方法不仅着眼于特定市场因素的波动导致的直接影响,而且从战略的角度分析在特定的背景下、特定的时间段内发生的一系列偶然事件对商业银行的直接和间接影响,也就是说,这个方法可以从更广阔的视野和更长远的角度帮助投资银行衡量风险。

第三节 投资银行风险管理措施

一、风险管理内部控制措施

风险管理内部控制是指投资银行为了实现其经营目标,依据经营环境的变化,对投资银行经营与管理过程中的风险进行识别、评价和管理的制度支配、组织体系和控制措施。其具体措施有以下几个方面。

(一) 建立完善的内部控制机制

(1) 投资银行应该明确风险管理机构和人员的权利与责任,明确各岗位的职责以至于对各项风险决策都有切实监督和控制。其要做到以下两点。

① 建立完善的岗位责任制度和规范的岗位管理措施。在明确不同岗位的工作任务基础上,赋予各岗位相应的责任和职权,建立相互配合、相互制约、相互促进的工作关系,以达到风险管理的目标。

② 建立科学的授权批准制度和岗位分离制度。各业务部门和分支机构必须在授权基础上实行恰当的责任分离制度,直接的操作部门或经办人员和直接的管理部门或控制人员必须相互独立、相互牵制。

(2) 建立有效的信息反馈机制。通过及时的信息反馈,可以不断发现投资决策、执行及管理中存在的风险,并且可以为进一步调整策略提供依据。

(3) 投资银行必须建立严密有效的风险管理系统,包括主要业务的风险评估和监测办法、分支机构和重要部门的风险考核指标体系以及管理人员的道德风险防范系统等。另外,还要制定相应的奖惩制度,以减少可能出现的操作风险。

(二) 建立顺序递进、严密有效的监控防线

(1) 建立以一线岗位双人、双职、双责为基础的第一道监控防线。直接与客户、电脑、资金、有价证券、重要空白凭证、业务用章等接触的岗位,必须实行双人负责的制度。属于单人单岗处理的业务,必须有相应的后续监督机制。

(2) 建立相关部门、相关岗位之间相互监督制衡的第二道监控防线。公司必须在相关部门和相关岗位之间建立重要业务处理凭据顺畅传递的渠道,各部门和岗位分别在自己的授权范围内承担各自职责。

(3) 建立内部稽核部门对各岗位、各部门、各项业务全面实施监督反馈的第三道监控防线。内部稽核部门独立于其他部门和业务活动,并对内部控制制度的执行情况实行严格的检查和反馈。

(三) 优化人力资源管理机制

人力资源是投资银行的重要组成部分。实现人力资源的市场化、专业化、流程化和信息化,优化人力资源管理体系和创新人力资源队伍,是实现风险管理目标的重要手段。其具体有以下几个方面。

(1) 以绩效考核为核心,强化绩效管理的作用。把坚持第一,突出业绩,坚持客观、公正、完整、真实作为绩效管理的原则,优化绩效管理流程、明确角色分工,以确保总体目标的实现。

(2) 重视对员工的教育培训。投资银行应该把教育培训的重点放在完善培训体系和全员持证上岗等方面,以提升员工的综合素质和能力,也就是为投行今后的可持续发展打下了基础。

(3) 实现薪酬与业绩的匹配。投资银行应该不断优化薪酬结构,使其与员工的业绩

相匹配,实行以岗位为主的薪酬激励制度。贯彻以岗定薪、岗变薪变、分配向效益倾斜、合理拉开差距的原则,使薪酬体现员工的价值。

(四)建立隔离墙制度

随着投资银行风险管理意识的加强,隔离墙制度日益受到重视。隔离墙的设立既是法定要求,也对投资银行的持续健康发展有着重要意义。建立隔离墙包括:①岗位隔离制度。在各部门之间建立隔离制度,以确保信息的隔离与保密。②保密制度。不宜公开的信息必须对外界及公司内部保密。其主要内容有:实行空间隔离制度;根据对象不同设定不同的密级;防止投资计划、交易资料、检验成果等不宜公开的资料被泄密等。③信息筛选制度。投资银行各业务部门之间进行信息传递时,必须对信息进行甄别。

(五)建立反洗钱制度

反洗钱是针对犯罪所得及其起源和特征进行的措施,旨在防止洗钱活动。这些活动涵盖了各种非法来源的资金,包括但不限于毒品犯罪、黑社会组织犯罪、恐怖主义犯罪、走私犯罪、贪污贿赂犯罪以及破坏金融管理秩序等。其核心目标是追踪和揭示这些非法资金的路径,确保其无法通过合法渠道流通或被合法化。投资银行应当建立健全反洗钱内部控制制度并设立反洗钱专门机构,以及遵守《中华人民共和国反洗钱法》的其他规定。

二、风险管理外部配套措施

投资银行的风险管理不仅需要内部控制的制约,还需要外部的配套措施的共同作用,使得风险管理更加高效和透明化。

(一)建立投资银行信息披露制度

完善的信息披露制度能够加强投资银行内控外部监督,提高投资银行内部控制有效性。健全的信息披露制度不仅影响投资银行的信誉与发展能力,而且本身就是对管理层的一种制衡约束手段,也是对投资银行进行市场监督的基础。投资银行必须披露的重大信息包括:公司的经营成果和财务状况;公司的发展战略和计划;公司股权结构及变化等。实现信息披露制度要做到如下三个方面。

(1)确保外部中介机构对投资银行内控评审工作的独立性,如中介机构对证券公司的内控真实情况应向公司董事会和证券监管部门报告等。

(2)证券监管部门应了解投资银行内控状况。比如引导投资银行健全内控制度,完善内控措施。

(3)健全相关法律法规,强制推行投资银行信息披露制度,将财务信息、治理结构等方面的详细情况,通过媒体定期向投资者公开披露,以接受各方监督。

(二)建立健全投资银行保险制度

投资银行保险制度是指通过建立投资银行保险机构及保险基金,为防止投资银行过失行为、经营不善或投资银行之间相互兼并而造成利益损害,保障整个证券市场乃至国家整体经济的正常运行和健康发展而建立的保险制度。目前很多国家都建立了投资银行保险制度,如美国《证券投资保护法》规定在证券交易所注册的投资银行都要加入证券投资者保护协会并交会费,以成立保险基金;新加坡《证券法》规定证券交易所必须建立会员保险基金。

投资银行保险制度的建立能够保证整个证券市场的稳定。由于证券市场竞争激烈,一些管理水平低、人员素质差的投资银行会在竞争中被淘汰,但其若宣告破产倒闭会对客户造成损失并且使市场动荡,所以通过投资银行保险制度能够最大限度地防范风险和维护证券市场的稳定。

为履行投资银行保险制度,应要求证券交易所会员缴纳保费,保费的收缴和赔付实行统一标准。如保险基金以固定费率和浮动费率相结合的方式收取;保险基金的提取方式和资金来源采取动态调整原则等。

(三)建立投资银行退出机制

投资银行的退出往往会威胁投资者的安全,甚至影响整个市场的稳健运行,给金融体系造成巨大影响,所以成熟的市场基本建立了完备的投资银行退出机制。建立健全投资银行退出机制的意义有以下几点。

(1)有助于资源从劣质公司向高效的优质公司流动,促进资源的合理配置。

(2)有助于产生警示效果和压力效果。其对于那些业绩一般甚至处于亏损边缘的投资银行是一种挑战。

(3)有助于投资银行规范化和制度化管理,建立起科学的现代公司治理结构,形成有效的制约机制。

(四)健全投资银行资信评级制度

资信评级制度是指评级机构对投资银行的信用状况进行评级,将其用简单的方式公之于众,使公众对信用信息有一定的了解与把握。一般来说,信用等级高的投资银行更能获得市场认同,而信用等级低的投资银行则难以开拓市场。健全投资银行资信评级制度的作用有以下几点。

(1)可以为投资者的决策提供参考依据,保护投资者免于因信息量不足而蒙受损失,还能节省投资者寻求信息所投入的成本。

(2)通过资信评级,投资银行能够降低筹资成本,拓宽筹资渠道,提高新证券发行的效率,还能够树立良好的信用形象。

(3)资信评级制度为监管部门的分级分类管理提供依据,提高监管效率。另外,其还能加强监管部门对投资银行的指导监督,提高证券市场的透明度。

我国证券公司风险控制指标完善

为推动证券行业持续稳健发展,进一步增强证券公司风控指标体系的有效性和适应性,2020年1月23日,证监会发布了《证券公司风险控制指标计算标准规定》,于2020年

6月1日正式施行。

1. 制定背景

2016年6月16日,证监会修订发布了《证券公司风险控制指标管理办法》及配套风控指标计算标准,进一步完善了以净资本和流动性为核心的证券公司风控指标体系,并明确证监会可对各项风控指标计算标准和计算要求进行必要的逆周期调节。从3年的实践经验看,现行风控指标体系基本完备,在引导证券公司提升风险管理水平、有效防范和控制风险方面发挥了重要作用。但随着市场情况的变化以及行业不断发展,证券公司业务类型日趋多样化,部分新业务未被指标体系所涵盖;个别业务的风险特征发生变化,相关指标的计算标准与业务的风险特征不完全匹配。因此,有必要进一步完善风控指标计算标准,以适应新形势下风险管理和行业发展的需要。

2. 主要完善内容

(1) 鼓励价值投资,引入长期增量资金。对证券公司投资政策性金融债、指数基金、成分股等适度"松绑",推动资本市场引入长期增量资金。

(2) 有针对性地强化资本约束,防范突出风险点。重点规制股票质押、私募资产管理、私募基金托管和代销服务等高风险业务,并对高杠杆、高集中度资管产品,第一大股东高比例质押、履约保障比例较低等特定情形,进一步优化了计算标准。

(3) 结合市场发展实践,提升指标体系完备性。结合"资管新规"以及近年来相继推出的沪伦通、科创板、信用衍生品、股指期权等新业务,明确风控指标计算标准,实现对证券公司业务和风险的全覆盖。

(4) 满足差异化发展需求,择优释放资本空间。结合证券公司分类评价结果,将"连续3年A类AA级及以上的证券公司"的风险资本准备调整系数由0.7降至0.5,进一步提升优质券商的资本使用效率。

(5) 从三个方面做了适度放宽:一是为引导行业防范股票质押业务增量风险、稳妥化解存量风险,对该业务的信用风险计算标准设置了"新老划断"的安排;二是优化信用债券投资的计算标准,将AA级信用债券的市场风险计算比例由50%降至15%,将BBB级信用债券的计算比例由80%降至50%,并适当放宽上述信用债券的流动性指标计算标准,有利于行业在风险可控的前提下,进一步支持各类企业特别是民营企业债券融资;三是为满足母子证券公司风险管理的合理需求,允许证券公司为其投行、资管等证券业务子公司提供的流动性担保承诺,计入子公司可用流动性资产转移。

资料来源:证券监督管理委员会.证券公司风险控制指标计算标准规定[Z].2020.

摩根大通巨亏事件

摩根大通银行总部位于纽约,目前是美国按资产计算最大的银行,也是盈利能力最强的银行,一直以良好的风险控制和稳健的投资风格著称。作为全球历史最长、规模最大的金融服务集团之一,摩根大通银行由大通曼哈顿银行、摩根银行和富林明集团在2000年合并组成。目前该行拥有超过2.5万亿美元的总资产,为超过9 000万名客户提供投资银行、金融交易处理、投资管理、商业金融服务和私人银行等业务,业务遍及全球50多个国家和地区。

材料1:摩根大通银行成立了CIO(首席投资办公室),CIO专门负责运用银行的额外储蓄资金进行投资。CDS、CDX(组合型信用保护)这些金融工具被放在合成信用衍生品交易组合之下,成为金融工程领域又一新的金融衍生工具。自2012年的第一季度,CIO开始采用SCP(合成信贷投资组合)从事相关交易,这个新的投资组合使CIO的业务延伸到公司债务衍生品和住房抵押贷款债务衍生品等市场。

材料2:摩根大通的管理层根据《巴塞尔协议一》的规定,要求CIO团队降低250亿美元的风险权重资产。如果不得不平仓的话,在当时的市场条件下,它的组合将损失5.16亿美元。但其通过设计了新的VaR模型,在保证组合依然合规的前提下,几乎可以将其承担的风险翻一倍。

材料3:2012年1月19日,柯达公司申请破产。所有的CDS指数都因此上扬,伊科希尔的投资级CDS的空头头寸损失了大约2 200万美元。一周之内,亏损上升至6 700万美元。但伊科希尔仍认为市场将有利,在2012年3月的最后一天,投资级指数较年初整整上涨了38BP(基点)。在"保卫头寸"的行动中,他们的空头持仓膨胀至1 570亿美元,2012年底整体损失高达62亿美元。

材料4:摩根大通的巨亏引起了美国监管当局的重视,美国检察官在2013年8月对事件涉及的摩根大通CIO企业信贷产品交易小组前负责人、伊科希尔的顶头上司马丁·阿塔约(Martin-Artajo)和初级交易员朱利安·格劳特(Julien Grout)提出了证券欺诈、通信欺诈、共谋、向美国证券交易委员会提交虚假文件、伪造账簿及记录等五项刑事罪名的指控,他们涉嫌试图隐藏62亿美元的交易损失,错误记录他们管理的信贷投资组合中交易头寸的价值。

资料来源:从摩根大通巨额亏损事件反思当前银行风险管理的不足[EB/OL].(2012-07-02). https://finance.sina.com.cn/roll/20120702/134012455154.shtml.

请思考:

1. 投资银行风险按业务分主要有哪几类?摩根大通所面临的是哪种风险?
2. 此次事件暴露出摩根大通银行在风险管理中存在哪些不规范行为?
3. 此次亏损一定程度上是VaR模型运用不当导致的,你认为VaR模型在计量风险时存在哪些缺陷?
4. 投资银行应该如何吸取摩根大通银行的惨痛教训,加强内部控制和风险管理,推动自身稳健经营?

【本章小结】

投资银行的风险是指各种不确定因素使得投资银行的实际收益与预期收益发生偏离,从而蒙受损失或降低获取收益的可能性。从风险性质的角度,投资银行的风险分为系统性风险和非系统性风险。从投资银行业务的角度,其风险主要可以分为承销业务风险、经纪业务风险和自营业务风险。

投资银行的风险管理就是投资银行能够识别风险、衡量风险、分析风险,进而有效地控制风险的过程。当今世界投行的风险管理模式是全面管理模式。

投资银行风险管理的流程常常由四个部分组成,包括风险识别、风险分析与评估、风险控制和风险决策。投资银行风险管理的架构核心是风险管理委员会,其职责有设计或修正公司的风险管理政策和程序,签发风险管理准则;规划各部门的风险限额,审批限额豁免等。

VaR模型是一种风险管理模型,它在一定条件下评估和计量任何一种金融资产或证券投资组合所面临的市场风险大小和可能遭受的潜在最大价值损失。其关键参数主要包括持有期限、观察期间、置信水平。VaR模型既有优点又有局限性,而压力测试法和情景分析法可以与其互为补充。

投资银行风险管理内部控制措施包括:建立完善的内部控制机制;建立顺序递进、严密有效的监控防线;优化人力资源管理机制;建立隔离墙制度;建立反洗钱制度。

投资银行风险管理外部配套措施包括:建立投资银行信息披露制度;建立健全投资银行保险制度;建立投资银行退出机制;健全投资银行资信评级制度。

【复习思考题】

1. 从风险性质的角度,投资银行的风险可以分为哪几类?
2. 简要叙述投资银行风险管理的流程。
3. 投资银行风险管理内部控制措施有哪些?
4. 投资银行风险管理外部配套措施有哪些?

【进一步阅读书目】

1. 马晓军.投资银行学:理论与案例[M].3版.北京:机械工业出版社,2020:325-335.
2. 栾华.投资银行理论与实务[M].上海:立信会计出版社,2006:820-827.
3. 任淮秀.投资银行业务与经营[M].5版.北京:中国人民大学出版社,2019:216-228.

【即测即练】

第十章

投资银行监管

本章学习目标

1. 了解投资银行市场准入的监管；
2. 了解投资银行业务活动的监管；
3. 对比政府监管和自律监管的异同；
4. 熟悉英、美及我国的监管体制。

原油期货结算价历史首次出现负值事件

美东时间2020年4月20日下午5时，即将在5月交货的美国轻质原油期货WTI（西得克萨斯中质原油）价格创下历史新低，截至收盘时下跌55.90美元，报价—37.63美元/桶，跌幅高达305.97%，首次收于负值。

WTI是北美地区较为通用的一类原油，以其为基础产品衍生出的WTI期货在美国芝加哥商业交易所进行交易，交割方式为管道和直接罐内转让，交割地点为美国库欣油库。正式交割前，多方需要预订美国库欣油库，如果库欣油库处于饱和状态，多头方将面临无法交割现货的风险。但现实交易过程中，大部分期货交易都不会走到实物交割这一步，更多的投资者是在利用期货市场的杠杆作用，获取买卖价差收益。此次出现"负油价"交易的合约为5月WTI期货合约，交割日为4月21日，按照合约要求，对于不想进行实物交割的多头方，需要在21日前完成移仓，否则将面临实物交割或强制平仓风险。比如，全球最大的石油ETF——USO（美国石油指数基金）就是在4月14日前完成了移仓，提前一周将合约转移至6月WTI期货合约。此外，我国的工商银行、建设银行，也是在14日前完成了移仓。

美东时间4月20日，WTI05合约规定的实物交割前最后一个结算日，还有多头方未对合约进行移仓。上午10点，投机方开始在场内开空单。这时，一部分多头方发现形势不对平仓逃跑，一部分多头方因保证金不够出现爆仓，WTI期货价格很快被砸了下来。截至4月20日下午2点半，有77 076手合约最终按照—37.63美元/桶的结算价成交，按照WTI规则，合约一手等于1 000桶原油，结算最后几分钟成交规模直接接近了高峰期一天的产油量。保守估算,此次多头方总共损失超过 315 亿元人民币。

资料来源:【首席视野】中银国际管涛:我们从原油期货结算价跌为负值看到了什么?[EB/OL].(2020-04-22). https://finance.ifeng.com/c/7vsqgj3aeMS.

请思考:

1. 中国银行在原油宝事件中是否存在风险管控不力?为什么?
2. 原油宝事件对监管部门和被监管机构在金融衍生工具市场的风险防范方面有哪些启示?

案例分析思路:

(1) 产品设计和运营本身存在缺陷,特别是移仓(从即将到期合约换到下一个合约)日期的选择。原油宝直到交割日前一天才换月,作为一个投资/机者(不参与交割)而言,这样设定显然是不合理的。一般而言,投资者会在交易所提高即将到期合约保证金要求前(出于对资金使用效率的考虑),或活跃合约切换时(出于对流动性的考虑)完成移仓。而规模较大的被动投资者,往往会选择更早地移仓从而防止交易本身难以执行或者对市场造成过大的影响,或者选择更为合理的持仓结构。

(2) 机构投资者对已经存在的市场流动性风险视而不见。4 月中旬,大部分产业客户、机构投资者和散户都已经从 5 月合约中撤离,该合约流动性已经快速枯竭,这让中国银行的持仓变得格外突兀。对于必须要执行的交易,需要时刻评估可能面临的流动性风险,这是专业机构投资者必备的素质,特别是在自身市场仓位占比很高的背景下。

(3) 机构投资者漠视市场环境的改变,风控部门和具体操作人员没有采取应有的任何风险应对措施,而且在积极误导投资者购买产品。在正常的情况下,"原油宝"可以在现行规则下运行,只是移仓成本可能偏高。新冠疫情带来国际原油需求大幅下降,库存迅速上升,市场格局出现了很大变化。

(4) 审视类似产品的真正价值,提供投资者"适当性匹配"指引。任何产品的设立,都应考虑其对社会和用户的价值。"原油宝"严格意义上属于一个"搭桥平台",对标的是 WTI 和布伦特原油。设定 100%保证金,并且做市商确定交易标的,相当于通过限制投资者的选择来满足监管和确保自身安全性的需要。除了投机,类似产品对于个人投资者并没有投资意义,既不能对冲通胀风险(由于换月价差支出已经消耗了长期价格上升预期),普通投资者也难以利用产品达到优化资产配置的目的,只是让中行这样的金融机构通过降低交易门槛,将原本无能力,以及不熟悉国际市场的交易者带到国际能源市场的博弈中去。监管部门应限制相关产品持仓,并且提供明确且严格的投资者"适当性匹配"原则指引,规范相关产品发行与推广。

(5) 建立投资产品一体化和全生命周期管理机制。大型金融机构往往由专门的部门设计产品、由法务和合规部门负责合规检查、由交易部门负责产品执行、由庞大的分支机构负责推广产品。

(6) 对现有产品进行风险压力测试。在产品设计时明确其假设前提并提供清单,包括市场环境(包括价格体系、波动性等)、适当性投资者的确定以及其他监管规则。产品压力测试可以分为定期和条件触发两类,后者设定的假设前提发生改变时就需要马上启动压力测试。

（7）监管机构（国家金融监督管理总局和证监会）应迅速介入，以规则为基础，透明公正地处理这一机构投资者显然的"低能"事件，并借此机会建立跨监管部门产品（机构属国家金融监督管理总局监管、产品属证监会监管）的监管和处理机制，为塑造更好的市场规则、投资能力和市场文化奠定基础。

第一节 市场准入及经营活动监管

一、市场准入的监管

所谓市场准入的监管，也就是对投资银行资格的监管。这是因为投资银行业是一个高风险行业，在其业务经营过程中，会面临市场风险（主要是利率风险、汇率风险和股票价格波动风险）、流动性风险、信用风险等。所以，对投资银行进行监管极为重要。从监管体系角度来看，对市场准入的控制是保证整个投资银行业平稳发展的预防性措施。各国对投资银行都设立了最低的准入要求，但是其参与的程度和方式存在差异。

各国投资银行市场准入监管制度可以分为两种：一种是以美国为代表的注册制，另一种是以日本为代表的特许制。[①]

（一）注册制

在注册制条件下，监管部门的权力仅限于保证投资银行所提供的资料无任何虚假事实，投资银行只要符合法律规定的设立条件和有关资格规定，在市场准入监管相应的证券监管部门及证券交易部门注册并提供全面、真实、可靠的资料，便可以设立并经营投资银行业务。

美国《证券交易法》规定，投资银行必须取得证券交易委员会的注册批准，并成为证券交易所或证券业协会的会员，才能开展经营业务活动。实质上，美国投资银行的注册必须经过证券交易委员会和证券交易所两道程序才能完成。

1. 在证券交易委员会登记注册

投资银行必须填写注册申请表，内容包括投资银行的注册资本及构成、经营活动区域、经营的业务种类、组织管理机构等。接到投资银行的注册申请后，证券交易委员会对投资银行进行考察，主要有以下几个方面：投资银行的交易设施是否具备，自有资金是否充足，来源是否可靠；投资银行管理人员的资格是否具备，尤其是要考虑其是否曾违反证券法规和其他法律；投资银行是否具备从事其申请的业务能力。然后，证券交易委员会将在45天内（必要时可以延长90天）予以答复。同时，投资银行还要向证券交易委员会缴纳一定的注册费。

2. 在证券交易所登记注册

在证券交易所申请注册的程序与在证券交易委员会的注册程序基本相同。投资银行

---

① 日本在1999年以前实行的是特许制，1998年12月1日，通过新的《证券交易法》，将特许制改为注册制。

必须经过证券交易委员会的注册批准之后,才能在证券交易所注册。同时证券交易所还要考察其是否能够遵守证券交易所的规章制度。投资银行被批准成为交易所的会员后,要按规定交纳会员费。

从美国注册制中,我们可以看出注册制更多地强调市场机制的作用,通过市场机制和交易所席位的限额来控制投资银行的数量。其理论依据是"太阳是最有效的防腐剂,灯光是最有效的警察"。如果市场机制不完善,或交易所限额失控,进入金融市场的投资银行数量将会失控,进而造成金融体系的混乱。因此,实行注册制的前提是要有一个成熟、有效和完善的证券市场乃至金融市场。

(二) 特许制

特许制是较为严格的行业准入模式。在特许制条件下,投资银行必须向有关监管机构提出申请,经监管机构核准之后才能设立;同时,监管机构还将根据市场竞争情况、证券业发展目标、该投资银行的实力等考虑批准经营何种业务。下面具体说明日本的特许制。

在日本,根据《证券交易法》的规定,任何从事证券业的投资银行在进入证券业之前,必须向银行监管部门提出申请,银行监管部门在考察其资本金、业务水平、未来的盈利性以及市场竞争状况和证券业发展目标等因素之后,根据不同的业务种类来发放不同的许可证。如对从事证券经纪、自营、承销等业务者授予综合类业务的许可证,对从事证券经纪业务者授予经纪业务的许可证等。日本对投资银行的最低资格要求主要有以下几个方面:①拥有足够的资本金,而且资本金的来源是稳定可靠的。例如,规定从事证券承销业务的投资银行最少要有30亿日元的资本金。②投资银行的管理人员具有良好的信誉,有良好的素质和证券业务水平。③投资银行的业务人员必须受到良好的教育,并且与管理人员一样必须具有相当的证券业务知识和实践经验。④投资银行具有比较完备、良好的硬件设施。

除日本以外,法国、韩国以及我国也采取特许制。特许制相较注册制而言,对投资银行的市场准入资格的要求更加严格。政府在特许制的运行中起着主导作用。另外,对于从事自营买卖业务的投资银行,各国的监管机构会给予其更高的准入门槛,如更高的资本金和对从业人员更高的要求。

《中华人民共和国证券法》第一百一十九条规定:证券公司应当自领取营业执照之日起15日内,向国务院证券监督管理机构申请经营证券业务许可证。未取得经营证券业务许可证,证券公司不得经营证券业务。

二、主要业务活动的监管

投资银行业监管是指监管机构依法对投资银行及其金融活动进行直接限制和约束的一系列行为的总和。投资银行业务是一个不断发展的行业,其定义有狭义和广义之分。从狭义的角度来看,其包括的业务范围则较为传统,主要指证券承销和经纪业务。从广义的角度来看,其包括宽泛的金融业务,如项目融资、风险投资、公司理财、资产管理、咨询服务、投资基金业务等资本市场业务。下面是投资银行主要业务活动的具体监管内容。

(一)对证券承销业务的监管

证券承销是投资银行最本源、最基础的业务活动。投资银行相当于证券发行者和证券投资者的中介,为它们提供资金的流动性。正是由于投资银行在承销时很容易通过掌握大量的证券来操纵市场价格,所以有监管的必要性。

具体而言,对投资银行承销业务的监管有如下几个方面的内容:①禁止投资银行在承销过程中欺诈、舞弊、操纵市场和任何形式的内幕交易。具体来说,严禁投资银行和证券发行者制造、散布虚假或使人迷惑的消息,严禁通过合资或者集中资金来影响证券的发行及发行价格。②证券公司承销证券,应当对公开发行募集文件的真实性、准确性、完整性进行核查。发现有虚假记载、误导性陈述或者重大遗漏的,不得进行销售活动;对于已经销售的,必须立即停止销售活动,并采取纠正措施。③禁止投资银行在承销过程中放大风险,即去承销超过自己能力范围的证券。④禁止投资银行高收费,从而造成企业的筹资成本过高,侵害发行企业的利益。⑤要求投资银行在承销过程中尽职调查、发挥保荐人和保荐机构的作用,并在失职时追究其责任,以保护投资者的利益。

(二)对证券经纪业务的监管

证券经纪业务是指证券公司通过其设立的证券营业部,接受客户委托,按照客户要求,代理客户买卖证券的业务。其特点是投资银行只需按投资者的指令行事而不用承担任何风险,所以为了投资者的利益不被侵害,应该加以监管。

监管的主要内容如下:①禁止投资银行诱劝客户买卖证券。《中华人民共和国证券法》第一百三十五条规定:证券公司不得对客户证券买卖的收益或者赔偿证券买卖的损失作出承诺。②禁止投资银行泄露顾客的交易信息,不得以任何方式向第三人公开(接受行政机关调查除外)。③投资银行在经营证券经纪业务时必须坚持诚信的原则,保证提供资料的真实性,禁止任何私自牟利的行为。④在接受客户委托方面,未经委托,投资银行不得自主替客户买卖证券;接受委托,从事证券买卖之后,必须将交易记录交付委托人。《中华人民共和国证券法》第一百三十四条规定:证券公司办理经纪业务,不得接受客户的全权委托而决定证券买卖、选择证券种类、决定买卖数量或者买卖价格。⑤不得私自决定收费标准和佣金比例。在很多国家,佣金费一般为其交易额的5%。如果政府监管机构没有规定的话,可以自行决定,但决策时要坚持诚信原则。

(三)对证券自营业务的监管

证券自营业务,就是证券经营机构以自己的名义和资金买卖证券从而获取利润的证券业务。由于自营业务是投资银行自负盈亏,所以投资银行在利益驱使下很可能忽略对风险的防范。另外,投资银行还可能利用信息不对称去操纵市场,侵犯投资者的利益。

证券自营业务的主要监管内容如下:①投资银行必须实名经营。《中华人民共和国证券法》第一百二十九条规定:证券公司的自营业务必须以自己的名义进行,不得假借他人名义或者以个人名义进行。证券公司的自营业务必须使用自有资金和依法筹集的资金。证券公司不得将其自营账户借给他人使用。②要求投资银行在自营业务和经纪业务之间建立"防火墙"。也就是说两个业务必须严格分开,防止投资银行兼营而损害客户利益。《中华人民共和国证券法》第一百二十八条规定:证券公司应当建立健全内部控制制度,采取有效隔离措施,防范公司与客户之间、不同客户之间的利益冲突。证券公司必须将其证券经纪业务、证券承销业务、证券自营业务、证券做市业务和证券资产管理业务分开办理,不得混合操作。③禁止投资银行通过交易操纵证券的价格。在这方面一般规定某一投资银行所能购买的证券数量,不得超过该证券发行企业所发行的证券总量的一定百分比,或者不得超过该发行企业资产总额的一定百分比。④对自营交易提取一定的风险准备金。《中华人民共和国证券法》第一百二十七条规定证券公司从每年的业务收入中提取交易风险准备金,用于弥补证券经营的损失,其提取的具体比例由国务院证券监督管理机构会同国务院财政部门规定。⑤在交易中实行客户委托优先原则。当客户和自营部门同时递交相同的委托时,即使投资银行叫价在先,也要按客户的委托优先成交;在同一交易时间,不得同时对一种证券既接受委托买卖又自行买卖。

(四) 对金融衍生产品业务的监管

金融衍生产品是指从过去传统的金融业务中派生出来的交易形态,它是金融创新的产物。金融衍生产品业务给投资银行带来新的利润增长点的同时也带来了许多风险。因此,各国监管机构都很重视投资银行金融衍生产品业务的监管。

其具体监管内容如下:①对投资银行某些金融衍生产品提出指导性意见。同时还要加强机构投资者与投资银行,以及投资银行之间的协调合作。②限制投资银行对某些风险较大的金融衍生品的交易或者对其持仓量进行限制。③重视对电子信息系统的安全性管理,要在技术上加强安全保障,以避免重大损失。

(五) 对基金管理业务的监管

基金管理业务是指投资银行根据专业的投资知识与经验投资运作基金资产的行为,基金的运作涉及投资人、基金管理人以及基金托管人之间的委托代理关系和信托关系。由于基金管理中当事人的关系复杂,且一般基金池里的资金较大,所以为充分保障广大投资者的权益,对基金运作的监管也十分严格。

其监管内容主要有以下几方面:①基金募集申请的监管。基金的设立有两种方式,即注册制和核准制。在注册制下的监管属于一种形式管理,只有符合条件方可设立。所谓核准制,是指设立基金的申请需经审核批准方可发行,属于一种实质管理。②基金信息披露的监管。基金信息披露监管的原则是以制度形式保证基金做到信息披露的真实、准确、完整和及时,最终实现最大限度保护基金持有人合法权益的监管目标。③对基金运作的监管。在基金运作过程中,各个方面都受到了规范,如持有比例、持有规模和收益分配等。同时监管部门还会通过定期检查和临时检查来确保规定得到遵守。④对行业组织与基金组织本身进行监管。对行业组织的监管,包括检查这些行业组织的监管系统、调查工作的手法和程序以及违法行为的处分惩罚制度是否得到有效实行。此外,还通过证券交易所、清算机构等组织来保证基金交易的合法性。对投资基金本身进行监管包括监管部门应对投资企业和投资顾问的有关文件进行选择性审查,并对其中规模和社会影响较大的基金公司的文件和报告做详细检查。①

（六）对收购与兼并业务的监管

收购与兼并业务是指投资银行帮助有意向收购的公司制订并购及反并购计划。收购与兼并是投资银行的核心业务之一，为其带来了可观的收益。为了保护投资者合法权益，促进上市公司规范运作以及维护证券市场秩序，各国都对投资银行的收购与兼并业务进行有力监管。

其主要监管内容如下：①遵守信息披露制度。其披露的内容包括上市企业重大的购买或出售资产行为、董事会决议、中介机构报告、监事会意见等信息。另外，持续时间较长的并购必须定期连续公告。②股东持股披露义务。股东获得某一企业有投票权的股份达到一定数量时，必须公开一定的信息，以此防止大股东暗中操纵市场。③严禁内幕交易行为。内幕交易是指内幕人员根据内幕消息买卖证券或者帮助他人的行为。所谓内幕人员是指投资银行的相关人员，他们利用自己的信息优势能够帮助公司实施并购。内幕交易行为必然会损害证券市场的秩序，所以应该禁止这种行为。《中华人民共和国证券法》第五十三条规定：证券交易内幕信息的知情人和非法获取内幕信息的人，在内幕信息公开前，不得买卖该公司的证券，或者泄露该信息，或者建议他人买卖该证券。其中适用这个规定的包括：持有或者通过协议、其他安排与他人共同持有公司5％以上股份的自然人、法人、非法人组织收购上市公司的股份以及本法另有规定的。

（七）对金融创新的监管

金融创新促进了经济发展，它促进了金融业的竞争，使得金融体系的效率提高，还丰富了金融交易品种，促进金融市场一体化。同时，金融创新也使金融风险加大，它使金融系统变得更加脆弱，因而需要更加强有力的金融监管来加以防范。

对金融创新的监管内容如下：①监管内容与时俱进。随着金融创新的发展，投资银行的业务种类逐渐增多，监管的范围也应加大。同时，金融监管机构需要调整来应对创新。②加强国际合作。金融创新使得投资银行业务国际化趋势加强，监管更需要各国监管部门的配合，以规范投资银行的运作。③加强电子信息系统的安全管制。随着金融市场的国际化和电子化，成交速度和交易的规模发生了根本性的改变。而对电子信息系统的管制就是从技术层面对投资银行进行监管，以防止这种变化所带来的"机器故障"。④新的会计制度的运用。用代表市场价值的会计核算制度来代替原有的只反映资产账面价值的核算方式，可以对投资银行的财务报告进行更准确的评估。

三、投资银行监管目标和原则

（一）投资银行监管目标

1. 保护投资者的合法权益

投资者是投资银行业的服务对象，对投资决策具有重要意义的信息进行充分披露是

---

① 栾华.投资银行理论与实务[M].上海：立信会计出版社，2006：790-791.

保护投资者利益的最重要的方法。此外,资本市场的投资者特别容易被中介机构或其他人的违法行为侵害,但个人投资者采取行动的能力有限。

对投资银行依法进行监管,限制其承担过高的风险和从事不良经营活动,禁止其弄虚作假等欺骗投资者的行为,同时禁止内幕交易、操纵股市、扰乱证券市场等行为,这样才能保护投资者的合法权益,避免公众利益受到损害而引起社会动荡。投资者的信任和信心是金融市场及投资银行业生存与发展的前提。

2. 保障投资银行业的公平竞争

对投资银行的监管能为其提供一个公平的竞争环境。合理竞争、防止垄断是促使投资银行不断提高服务质量和服务效率的前提条件。通过对投资银行业的监管,才能够创造一个公平、公开、公正及高效统一的市场环境,防止垄断,维护正常的金融秩序,使投资银行在公平竞争的基础上提供高效率、多样化的金融服务,最终促进资本形成和经济增长。

3. 降低系统风险,维护投资银行业及整个金融体系的安全稳定

一家投资银行因经营不善而倒闭或违法违规经营时,基于"多米诺"骨牌效应,将会影响到公众对其的信心,造成恐慌,危及证券市场的健康发展和投资银行业的安全与稳定,甚至波及整个金融体系的安全、稳定。这就需要通过市场准入的监管、业务活动内容监管以及投资者保护基金等措施,促使投资银行依法稳健经营,防范和降低风险,保障投资银行乃至整个金融体系的安全稳定。

(二) 投资银行监管原则

1. 依法管理

依法管理原则是投资银行业监管的前提。首先,投资银行的监管主体必须由法律确定,其对投资银行的监管权力和范围必须由法律规定与授予;其次,在行使投资银行监管权力时,必须遵守相关的法律、法规。

2. 公开、公平、公正

1) 公开(公平、公正原则的前提)

公开原则指的是市场信息要公开,透明度要高。一方面,要求在内容上凡是影响投资者决策的信息,投资银行都应当公开,例如:公司章程、有关财务会计资料、本次发行证券的发行对象、发行品种、发行条件、发行价格、招股说明书等;另一方面,要求形式公开,采取社会公告的形式,在指定的媒体上公开发表或置于公开场所,以便查阅。公开原则要求信息披露及时、完整、真实、准确。

2) 公平

公平原则是指资本市场中,交易双方应该处于公平地位,所有投资者都公平地获得有关公司的信息、市场的信息,公平地获得交易的机会,公平地得到法律的保护。在此原则下,反对欺诈、反对市场操纵和内幕交易、反对大户垄断等成为重要的市场制度。

3) 公正

公正原则要求监管当局公正地对待市场参与各方,不得采取歧视性的政策。在具体监管实践中,以法律法规为依据,严格执行相关规定,不徇私枉法。在处理违规事件时,一视同仁,不采用双重标准,不私下处置。由此原则出发,相应地要求监管人员立场公正,不得从事证券交易、不得接受不正当利益。

3. 协调性

协调性原则要求：首先，同一监管主体的不同职能部门之间以及上下级机构之间的职责明确合理，相互协调；其次，不同监管主体之间的职责范围合理划分，执法时加强协调等。多重监管体制不应该导致监管对象过重的负担。

4. 透明度

资本市场监管的核心是信息披露原则，它也是保证资本市场的"三公"原则得以实施的具体体现。首先，监管主体在重大的监管政策和监管规则出台或变动前应征求市场主体的意见；其次，监管主体要监管投资银行，使之在经营过程中充分披露信息。

5. 效率性

效率性原则有两方面：一方面是监管效率，要注重建立有效的监管机制，使得监管成本最小化和效益最大化；另一方面是通过监管，规范竞争，防止垄断，提高投资银行业体系的整体效率。

6. 监督与自律相结合

监督与自律相结合原则是指在加强政府、证券主管机构对证券市场监管的同时，也要加强自律性监管，充分发挥投资银行在投资者与政府部门之间的纽带作用，促进投资银行业的规范、健康发展。

第二节　投资银行业监管体制

一般来说，在世界范围内，投资银行业的监管体制可以分为政府主导型、自律型和综合型。

一、政府主导型监管体制

（一）政府主导型监管体制的定义

政府主导型监管体制也称为国家集中统一监管体制或简称为集中型监管体制，是指政府（国家）通过制定专门的法律，并设立隶属于政府（国家）或直接隶属于立法机关的全国性证券监管机构对投资银行业进行集中统一监管，而各种自律性组织，如证券业协会、证券交易所等只起协助性作用。这种监管体制以美国、日本、韩国等国家为代表。中国目前投资银行业的监管体制也属于这种类型。[①]

（二）政府主导型监管体制的特点

政府主导型监管体制主要有以下两个特点。

（1）有一套完善的对投资银行业进行监管的专门性法律。由于政府主导型监管体制以国家立法为基础，所以相应的法规制度完善。如美国出台了一系列专门性法律来规范

---

① 马晓军.投资银行学：理论与案例[M].2版.北京：机械工业出版社，2014：325-328.

投资银行业的业务活动,包括《证券法》《证券交易法》《玛隆尼法案》《投资公司法》《投资者咨询法》《证券投资保护法》等。我国也颁布了《中华人民共和国证券法》《中华人民共和国公司法》等法规。

(2) 具有权力高度集中统一的全国性的专门监管机构。其中,以独立监管机构为主体。如美国设立了证券交易委员会,并将其作为全国统一管理证券活动的最高管理机构。我国设立了证券监督管理委员会对投资银行业进行监管。

(三) 政府主导型监管体制的优点

政府主导型监管体制有如下三个方面的优点:①具有统一的证券法律和专门的法规,使得证券市场行为和投资银行业务活动有法可依,这能够有效提高监管的权威性;②拥有统一的监管机构。监管机构作为超脱市场参与者的存在,能够使监管公平、公正发挥作用并且能够有效防范市场失灵的情况;③监管者地位超脱,有足够的能力去维护证券市场的正常运行以及在某些金融机构出现问题的时候出手相救,有足够的权威性使投资者的权益得到保障。

(四) 政府主导型监管体制的缺点

政府主导型监管体制的缺点具体体现在:①监管机构超脱于市场,可能会造成监管行为与市场变化不同步,出现监管滞后的问题,从而降低监管的效率;②监管机构的绝对权威性以及其利益在于防止违规,很可能产生对证券市场的过度干预;③监管机构的超脱地位和帮助金融机构解决问题的能力与财力,使得一些证券经营机构对其产生依赖,造成逆向选择和道德风险,从而增加监管机构的间接成本。

二、自律型监管体制

(一) 自律型监管体制的定义

自律型监管体制是与政府主导型监管体制相对应的,是指国家除了颁布某些必要的立法之外,较少干预投资银行业,主要是通过证券交易所、投资银行自律组织和投资银行自身进行监管。实行这种监管体制的国家和地区有英国、荷兰、爱尔兰、新加坡等。

(二) 自律型监管体制的特点

自律型监管体制有两个显著特点。

(1) 通常没有制定专门规范投资银行业和证券市场管理的法律、法规,而是通过一些间接的法律法规来调整和制约证券市场的各项活动。如英国没有专门的《证券法》和《证券交易法》,而是通过《公司法》《防欺诈(投资)法》《公平交易法》《证券交易所上市条例》等间接商法规范投资银行业。

(2) 不设立专门的全国性的政府证券监管机构,而是依靠证券市场的参与者,如证券交易所、证券商协会等自律组织进行监管。如英国的投资银行业的自律管理系统主要由证券交易所协会、股权转让与合并专业小组和证券业理事会组成。

(三) 自律型监管体制的优点

自律型监管体制的优点有如下三个方面：①与政府主导型监管体制相比，自律型监管体制更注重发挥市场的作用，更有利于发挥市场的竞争意识和创新性。②由于投资银行在从事业务活动中更贴近市场，在信息资源方面具有更大的优势，因此监管更符合实际，制定的监管规则具有更大的灵活性和更高的效率；还能对证券市场突发事件作出更为及时的反应。③相较于统一的监管机构，自律组织与投资银行在利益方面是一体的，因此在政策制定和事件处理时，更能考虑投资银行的利益，给予金融机构更加灵活的空间。

(四) 自律型监管体制的缺点

自律型监管体制的缺点在于：①正是因为自律组织与被监管者是一体的，所以其监管重点通常放在维护市场运转和保护成员利益上，忽视了对投资者利益的保护；②由于缺少了法律保障的监管权力，所以监管的力度较弱，同时立法监管的不足也影响了监管的权威性；③由于缺乏集中的监管机构，因而难以实现全国证券市场的协调和统一，而监管机构的非超脱性难以保证监管的公正。

(五) 政府主导监管与自律监管的联系

1. 自律组织是政府监管机构和投资银行的桥梁与纽带

自律组织既能行使监管权，也能代表行业向监管机构反映问题、提出意见，政府监管机构还可以通过自律组织对投资银行进行检查和监督。

2. 自律监管是对政府监管的有益补充

自律组织通过提供会员服务，可对投资银行进行法律、法规、政策宣传，督促其自觉遵纪守法。

3. 自律组织本身必须接受政府监管机构的监管

自律组织的设立要得到政府监管机构的批准，其日常业务活动也要接受政府监管机构的检查、监督和指导。

(六) 政府机构监管和自律监管的区别

（1）监管的性质不同。一个是行政管理，具有强制性；一个是自我监管组织，具有自律性。

（2）处罚手段不同。政府监管机构处罚较重，自律监管处罚较轻。

（3）监管的依据不同。前者依据国家有关法律、法规、规章和政策进行监管，后者除了这些，还依据自律组织制定的章程、业务规则、细则对投资银行进行管理。

（4）监管的范围不同。前者监管全国范围的证券业务活动，后者监管其会员。

三、综合型监管体制

综合型监管体制，又称中间型监管体制，是政府主导型监管体制和自律型监管体制相互渗透、相互结合的产物。这种体制既设有专门性的立法和政府监管机构来进行集中管理,又设有自律型组织来进行自律监管。这种监管体制又称为分级监管体制,包括二级管理和三级管理两种模式。二级管理指的是政府监管机构与自律型组织互相结合的管理;而三级管理指的是中央政府、地方政府和自律型组织三者相结合的管理。德国、法国、意大利是综合型管理体制的典型代表。

相较于单独的政府主导型监管体制和自律型监管体制,综合型监管体制综合了两者的优点:一是具备了强有力的法律保障和权威的监管机构;二是发挥了自律组织的积极作用,使监管更加灵活。目前,世界上大多数国家都逐渐向综合型监管体制过渡或靠拢,以便同时发挥自律型监管体制和政府主导型监管体制的优势。

四、美、英监管体制比较

(一)美国的监管体制

美国目前采用的是政府主导型监管体制,即政府在监管中占有举足轻重的地位。但即使如此,自律监管也是美国监管体制中不可或缺的一部分。美国监管体系分为三个层次:政府监管、自律监管和受害者司法救济。

美国的政府监管首先体现在法律层面上,其颁布了《证券法》《证券交易法》《投资公司法》《证券投资保护法》等一系列证券监管的基本大法。政府监管的另一个关键则是成立证券交易委员会,它是直属美国联邦的独立准司法机构,负责美国的证券监督和管理工作,是美国证券行业的最高机构。

美国的自律监管主要体现在行业自律,其行业自律的主体包括全国性证券交易所、证券协会、清算机构、市政证券管理委员会,这些自律组织负责建立、审查和实施自律组织成员的行为规章,这类规章包括证券商规章、证券交易行为规章、证券行为规章等。

美国的监管体系的第三个层次是受害者司法救济,受害者司法救济是指利益受害者可以通过司法途径,根据市场参与者违反法规的行为而提起赔偿诉讼。

(二)英国的监管体制

英国投资银行监管体制属于自律型,其自律型监管的形成主要分为两个部分。

(1)由英国证券交易所协会、英国企业收购和合并问题专门小组与英国证券业理事会三个机构组成的管理体制。英国证券交易所协会由在交易所大厅内从事营业的证券经纪商和自营商组成,负责整个英国证券业的管理;英国企业收购和合并问题专门小组负责解释与执行《伦敦城收购与合并准则》以及平时进行咨询和发布消息等活动;英国证券业理事会是根据英格兰银行提议而形成的"自我管理"组织,主要负责制定规则并实行这些规则。

(2)证券交易所。伦敦证券交易所是证券交易的中心,其运行是完全自治的,不需要政府的干预,并且在长期的运行过程中形成了一套相对完整的自律体制。

上述两个方面共同组成了英国的自律型监管体制。三个机构与伦敦证券交易所的地位相对独立,且不受政府的控制,两者共同管理从而实现监管的目的。

在国家立法方面,英国制定了规范证券市场的法规,包括专门的证券法案和与证券业相关的法案,主要有《1984年证券交易所上市条例》《1948年公司法》《1967年公司法》《1986年金融服务法》和《1988年财务服务法案》等。其中《1986年金融服务法》涉及所有类型的投资活动,对处于相互竞争地位的各类金融服务业给予同等待遇,将对自动调节的依赖限制在法律范围之内。该法只适用于投资业务,共分十个主要部分,主要内容包括:投资业管理的主要原则;贸易和工业国务大臣在何种情况下可以对被授权人的事务进行干预,甚至在必要时给予取缔;定义和规定"共同投资计划"的运作;要求自动调节组织将它们的规则呈交给公平交易总理事;等等。《1988年财务服务法案》把监督有价证券市场的责任分成两大部分:一是"自律监管组织",负责对投资业务的授权并监督获得授权者同客户之间的关系;二是"核准的投资交易所",负责操作交易市场以及该市场内的投资公司业务。

除国家立法外,英国的自律监管机构还制定了自律性规定,主要有《证券交易所监管条例和规则》《伦敦城收购与合并准则》及证券业理事会制定的一些规定。

总之,英国证券市场法制建设的一个突出的特点就是强调"自律原则",其证券市场虽然没有专门的立法体系,但却有较为完善的管理体系。

五、我国投资银行业监管体制

(一)我国投资银行业监管体制的演变

我国的投资银行业监管体制随着投资银行业的发展经历了三个阶段,大体上可以概括为由分散、多头监管到统一监管的过程。

1. 第一阶段:中国人民银行集中统一监管时期

在1992年10月以前,中国人民银行承担着管理国家金融、稳定金融市场等任务。当时我国的证券市场只是一个区域性市场,证券发行与交易仅限于上海和深圳两市试点,对投资银行的监管没有形成集中统一的管理,是一种多头、分散的管理方式,主要由上海、深圳两地的地方政府管理。在此期间,为了规范证券发行与交易,中国人民银行上海和深圳分行相继出台了一系列规章。1984年10月17日,中国人民银行为了加强金融机构管理,颁布了《中国人民银行关于金融机构设置或撤并管理的暂行规定》,授权中国人民银行对金融机构进行管理,但这种管理并不是真正的监管,只是关于设置和撤并的管理。

2. 第二阶段:中国人民银行和中国证监会共同监管的时期

1992年10月至1998年6月为中国人民银行和中国证监会共同监管的时期。在此时期,监管模式逐渐向统一集中管理过渡。1992年5月,中国人民银行成立证券管理办公室,7月,国务院建立国务院证券管理办公会议制度,代表国务院行使对证券业的日常管理职能。随后为了顺应市场的发展,国务院决定成立国务院证券委员会和中国证监会,即中国证券监督管理委员会,与此同时将发行股票的试点由上海、深圳等少数地区推广到全国。国务院规定的证监会的主要职责是:根据国务院证券委员会的授权,拟定有关证券市场管理的规则;对证券经营机构从事证券业务,特别是股票自营业务进行监管;依法对有价证券的发行和交易以及对社会公开发行股票的公司实施监管。

同时,国务院赋予中央有关部门部分证券监管的职责,形成了多部门共管的局面。如财政部归口管理注册会计师和会计师事务所,对其从事与证券业有关的会计事务的资格由证监会审定;国家经济体制改革委员会负责拟订股份制试点的法规,组织协调有关试点工作,同企业主管部门负责审批中央企业的试点等。

另外,地方政府仍在证券管理中发挥重要作用。上海证券交易所、深圳证券交易所由当地政府归口管理,由中国证监会实施监督;地方企业的股份制试点,由省级或计划单列市人民政府授权的部门会同企业主管部门审批。并且中国证监会向隶属于地方政府的地方证券期货监管部门授权,让它们行使部分监管职责,如天津市、重庆市等。

3. 第三阶段:中国证监会统一监管时期

1998年6月到现在是第三阶段,即中国证监会统一监管时期。在此期间,国务院证券监督管理机构依法对全国证券市场实行集中统一监督管理,从而以证券市场基本大法的形式,肯定了国务院证券监督管理机构的法律地位,具体如下。

1997年8月15日,国务院正式作出决定,上海证券交易所、深圳证券交易所划归中国证监会直接管理;1997年11月,中共中央召开了全国金融工作会议,决定对银行业、信托业、证券业和保险业实行分业经营和管理;1998年4月,中国人民银行行使的对证券市场的监管职能(主要是对证券公司的监管)也移交中国证监会;1999年7月1日,《中华人民共和国证券法》开始实施,与此同时,中国证监会派出机构正式挂牌。这标志着我国集中统一的投资银行监管体制正式形成;2006年1月1日开始实施的《中华人民共和国证券法》规定证券业和银行业、信托业、保险业实行分业经营、分业管理,证券公司与银行、信托、保险业务机构分别设立;2006年1月6日,中国证监会加强对证券公司风险的监管,制定并公布了《证券公司风险控制指标管理办法》(征求意见稿)。

需要说明的是,2023年3月,《国务院关于提请审议国务院机构改革方案的议案》(简称《改革方案》)提出,中国证券监督管理委员会由国务院直属事业单位调整为国务院直属机构。为了强化资本市场监管职责,原先划入国家发展和改革委员会的企业债券发行审核职责,现在由中国证券监督管理委员会统一负责公司(企业)债券发行审核工作。

(二)我国投资银行业监管体制的框架

经过几十年的发展,我国目前已经建立了较为完善的监管体制,即以政府为主导、以自律为补充的集中统一的证券垂直监管体制。其监管机构框架如图10-1所示。

1. 中国证券监督管理委员会

中国证监会为国务院直属机构,依照法律、法规和国务院授权,统一监督管理全国证券期货市场,维护证券期货市场秩序,保障其合法运行。中国证监会在省、自治区、直辖市和计划单列市设立36个证券监管局,以及上海、深圳证券监管专员办事处。依据有关法律法规,中国证监会在对证券市场实施监督管理中履行下列职责。

(1)研究和拟订证券期货市场的方针政策、发展规划;起草证券期货市场的有关法律、法规,提出制定和修改的建议;制定有关证券期货市场监管的规章、规则和办法。

(2)垂直领导全国证券期货监管机构,对证券期货市场实行集中统一监管;管理有关证券公司的领导班子和领导成员。

(3)监管股票、可转换债券、证券公司债券和国务院确定由证监会负责的债券及其他

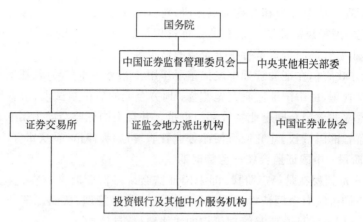

图 10-1　我国投资银行业监管机构框架

证券的发行、上市、交易、托管和结算;监管证券投资基金活动;批准企业债券的上市;监管上市国债和企业债券的交易活动。

(4) 监管上市公司及其按法律法规必须履行有关义务的股东的证券市场行为。

(5) 监管境内期货合约的上市、交易和结算;按规定监管境内机构从事境外期货业务。

(6) 管理证券期货交易所;按规定管理证券期货交易所的高级管理人员;归口管理证券业、期货业协会。

(7) 监管证券期货经营机构、证券投资基金管理公司、证券登记结算公司、期货结算机构、证券期货投资咨询机构、证券资信评级机构;审批基金托管机构的资格并监管其基金托管业务;制定有关机构高级管理人员任职资格的管理办法并组织实施;指导中国证券业、期货业协会开展证券期货从业人员资格管理工作。

(8) 监管境内企业直接或间接到境外发行股票、上市以及在境外上市的公司到境外发行可转换债券;监管境内证券、期货经营机构到境外设立证券、期货机构;监管境外机构到境内设立证券、期货机构,从事证券、期货业务。

(9) 监管证券期货信息传播活动,负责证券期货市场的统计与信息资源管理。

(10) 会同有关部门审批会计师事务所、资产评估机构及其成员从事证券期货中介业务的资格,并监管律师事务所、律师及有资格的会计师事务所、资产评估机构及其成员从事证券期货相关业务的活动。

(11) 依法对证券期货违法违规行为进行调查、处罚。

(12) 归口管理证券期货行业的对外交往和国际合作事务。

(13) 承办国务院交办的其他事项。

2. 中国证券监督管理委员会地方派出机构

中国证券监督管理委员会在省、自治区、直辖市和计划单列市设立证监局,作为中国证券监督管理委员会的派出机构。其主要职责是:根据中国证券监督管理委员会的授权,对辖区内的上市公司,证券、期货经营机构,证券、期货投资咨询机构和从事证券业务的律师事务所、会计师事务所、资产评估机构等中介机构的证券、期货业务活动进行监督管理；查处监管辖区范围内的违法、违规案件。

3. 中国证券业协会

中国证券业协会是依据《中华人民共和国证券法》和《社会团体登记管理条例》的有关规定设立的证券业自律性组织，属于非营利性社会团体法人，接受中国证监会和民政部的业务指导与监督管理。中国证券业协会的最高权力机构是由全体会员组成的会员大会，理事会为其执行机构。中国证券业协会实行会长负责制。截至2023年7月底，协会共有会员471家，其中，法定会员137家，普通会员253家，特别会员81家。[①]

（1）依据《中华人民共和国证券法》的有关规定，中国证券业协会行使下列职责：教育和组织会员遵守证券法律、行政法规；依法维护会员的合法权益，向中国证监会反映会员的建议和要求；收集整理证券信息，为会员提供服务；制定会员应遵守的规则，组织会员单位的从业人员的业务培训，开展会员间的业务交流；对会员之间、会员与客户之间发生的证券业务纠纷进行调解；组织会员就证券业的发展、运作及有关内容进行研究；监督、检查会员行为，对违反法律、行政法规或者协会章程的，按照规定给予纪律处分。

（2）依据行政法规、中国证监会有关要求，中国证券业协会行使下列职责：制定证券业执业标准和业务规范，对会员及其从业人员进行自律管理；负责证券业从业人员资格考试、执业注册；负责组织证券公司高级管理人员、保荐代表人及其他特定岗位专业人员的资质测试或胜任能力考试；负责对首次公开发行股票网下投资者进行注册和自律管理；负责非公开发行公司债券事后备案和自律管理；负责场外证券业务事后备案和自律管理；行政法规、中国证监会规范性文件规定的其他职责。

（3）依据行业规范发展的需要，协会行使下列自律管理职责：推动行业诚信建设，督促会员履行社会责任；组织证券从业人员水平考试；推动会员开展投资者教育和保护工作，维护投资者合法权益；推动会员信息化建设和信息安全保障能力的提高，经政府有关部门批准，开展行业科学技术奖励，组织制定行业技术标准和指引；组织开展证券业国际交流与合作，代表中国证券业加入相关国际组织，推动相关资质互认；对会员及会员间开展与证券非公开发行、交易相关业务活动进行自律管理；其他涉及自律、服务、传导的职责。

4. 证券交易所

《证券交易所管理办法》第六条规定：证券交易所组织和监督证券交易，实施自律管理，应当遵循社会公共利益优先原则，维护市场的公平、有序、透明。

《证券交易所管理办法》第七条规定，证券交易所的职能包括以下几个方面。

（1）提供证券交易的场所、设施和服务；

（2）制定和修改证券交易所的业务规则；

（3）依法审核公开发行证券申请；

（4）审核、安排证券上市交易，决定证券终止上市和重新上市；

（5）提供非公开发行证券转让服务；

（6）组织和监督证券交易；

（7）对会员进行监管；

---

① 中国证券业协会官网 https://jg.sac.net.cn/memberUnitsPub。

(8) 对证券上市交易公司及相关信息披露义务人进行监管；

(9) 对证券服务机构为证券上市、交易等提供服务的行为进行监管；

(10) 管理和公布市场信息；

(11) 开展投资者教育和保护；

(12) 法律、行政法规规定的以及中国证监会许可、授权或者委托的其他职能。

(三) 我国投资银行业监管体制存在的问题

1. 监管部门独立程度较弱，监管权力不完善

我国已经建立了集中统一的监管体制，但是证券公司违规的现象还是时有发生，如"中泰证券""光大证券"等事件，这说明我国的投资银行业监管仍存在很多漏洞。中国证监会在履行其职责时，很容易受到地方政府的干扰，导致其独立性受到影响。另外，虽然我国颁布了一系列证券法规，但是监管部门在开展具体工作时很难落到实处，监管的力度和深度都不够。

2. 法律体制有待进一步优化

随着新《中华人民共和国证券法》在 2020 年开始实施，我国证券市场发展又上了一个新台阶，《中华人民共和国证券法》对证券交易的内容作出了更加细致的规定，在深度、广度、国际化方面都取得进展，但是在实际操作中还是有空白区域，如在发生证券纠纷时，没有对其解决机制作出规定，政府监管不能够解决所有问题，适当发挥市场主体的自主性会提高监管的效率。因此，现行法律体制还需完善。

3. 自律机制不完善，行政色彩较强

我国的证券业自律组织——中国证券业协会于 1991 年成立，但由于我国形成的行政权力宽泛，自律机构形式化主义严重，再加上中国证券业协会自从成立以来，就一直起着辅助监管的作用并完全受中国证监会管制，自律机构同时也缺乏独立性，所以其自治的职责也没有得到充分的发挥。如《中华人民共和国证券法》第一百六十六条规定："证券业协会履行下列职责：(一)教育和组织会员及其从业人员遵守证券法律、行政法规，组织开展证券行业诚信建设，督促证券行业履行社会责任；(二)依法维护会员的合法权益，向证券监督管理机构反映会员的建议和要求；(三)督促会员开展投资者教育和保护活动，维护投资者合法权益；(四)制定和实施证券行业自律规则，监督、检查会员及其从业人员行为，对违反法律、行政法规、自律规则或者协会章程的，按照规定给予纪律处分或者实施其他自律管理措施；(五)制定证券行业业务规范，组织从业人员的业务培训；(六)组织会员就证券行业的发展、运作及有关内容进行研究，收集整理、发布证券相关信息，提供会员服务，组织行业交流，引导行业创新发展；(七)对会员之间、会员与客户之间发生的证券业务纠纷进行调解；(八)证券业协会章程规定的其他职责。"其中对会员进行调解等职责与发达国家相比还有一定差距。另外，各个交易所之间的竞争也使得自律监管效果大打折扣。

(四) 我国投资银行业监管体制的改革与完善

1. 加强监管部门的独立性

借鉴先进发达国家的监管经验可知，监管部门的独立程度能够大大影响监管的效率。

以美国为例,其证券交易委员会超脱市场参与者之外,能够更加公平、公正、客观地发挥监管职能,并且存在内部权力制衡机制,使得监管的独立性被保证,有利于保护投资者特别是中小投资者的利益。因此,我国也应该加强监管部门的独立性,加大监管力度和强度,使相关政策更能保护投资者利益而不被干扰。

2. 健全并完善法律体系

在现有的证券法律法规的基础上,还需要继续完善市场监管法律法规,使证券市场的发展能够在相应的法规制度的监管下进行。另外,还要从法律层面加强证券业协会和证券交易所的自律性管理,让它们在能力范围内发挥出自己应有的作用,而不仅仅只是政府的附属物。

3. 重视政府监管和行业自律

我国证券市场发展时间不长,市场参与者有待成熟,法律法规有待完善。在这种情况下更应该重视政府监管,强有力的监管才能保证证券市场走良性、持续的发展道路。与此同时,行业自律也不能被忽视,参与证券交易的各方都需要进行自我管理和约束。政府监管和行业自律两者是相辅相成的,我国应该建立以政府集中统一监管为主、自律性组织管理为辅的监管体制。

监管沙盒

金融科技的快速发展深刻地影响着金融业的业务形态,为传统金融监管模式带来巨大的挑战。为适应金融科技发展的新形势,各国相继推出"监管沙盒"政策,以放宽金融科技监管力度,激发市场创新活力。我国自2020年开始"监管沙盒"的试点应用并获得初步成效。

1. "监管沙盒"的概念

"监管沙盒"的概念在2015年由英国金融行为监管局(FCA)首次提出,即一个企业可以在其中测试创新型产品、服务、交易模式和运行机制且不必受正规金融监管制约,不必承担常规监管后果的"安全空间"(FCA,2015)。

2. 监管沙盒在各国的应用

"监管沙盒"以破坏性创新和适应性监管为基础,对监管机构和监管理念提出全新要求,英国、美国和中国为加快金融创新步伐,提高市场创新能力,相继推出一系列监管沙盒政策,使不同主体、不同技术、不同行业产品在符合准入条件情况下均可以进行测试,由于各国监管沙盒开展时间和基本国情不同,因而发展进程和运行模式也有所差异。

金融科技监管沙盒运作模式是指测试主体、准入条件、信息披露制度、测试流程等方面形成的运作机制及其关系格局。英国的模式概括如下:①申请测试主体。英国对申请测试公司的行业、范围以及申请项目类型的限制较小,基本以金融科技创新企业为主。②准入条件。英国监管沙盒采取审核制,FCA对于申请者是否适用沙盒制定了详细的准入标准,企业提交申请后,FCA会根据准入标准评估企业项目测试的可行性和市场价值。

③信息披露制度。FCA明确规定,在进入沙盒测试前,拟测试企业应披露产品信息、测试流程、测试时间、消费者保护措施等信息;在测试期间,还应定期向FCA汇报进展情况、重大发现及风险管理内容;在完成测试后,拟测试企业应在规定时间内提交一份书面报告,总结测试情况并提出反思。④监管沙盒测试流程。测试流程可分为申请、测试以及退出三个阶段。

美国的运作模式包括:①联邦机构监管沙盒实践。2019年9月,消费者金融保护局(CFPB)发布合规援助沙盒(CAS)政策,该政策面向所有CFPB涵盖的实体公司,为在监管不确定领域的产品、服务提供约束性保证,允许申请人在测试期间获得特定的豁免权。②州政府监管沙盒实践。目前,美国施行监管沙盒政策的州域不足10个,占比不足1/5,沙盒理念及其益处普及程度缺乏,但亚利桑那州、怀俄明州和犹他州的相关政策较为完善。

我国监管沙盒的运作模式:①申请测试主体。基于审慎性原则,我国测试主体以持牌金融机构为主,金融科技公司可与持牌金融机构合作联合申请,相较于科创公司,持牌金融机构在风险补偿方面具有较强的承受力,在监管沙盒发展初期可显著降低风险。②准入条件。金融机构撰写申请材料提交至人民银行,人民银行对其产品申请从创新性、合法合规性、技术安全性、风险、投诉响应机制等五个方面进行审核。③监管沙盒运行流程。中国监管沙盒分为申请、测试监管、退出和市场运营四个阶段。

3. 国际金融科技监管沙盒对我国创新监管的启示

(1) 加强试验性监管理论研究,健全相关法律法规。

(2) 加强监管沙盒国际合作交流,防范全球性金融科技创新风险。

(3) 加强多方主体联合参与,提升监管沙盒机制效能。

资料来源:王定祥,翟若雨.金融科技"监管沙盒"的国际经验与政策启示[J].当代金融研究,2021,26(5):100-108.

光大"8·16"乌龙指事件①

光大证券股份有限公司创建于1996年,是中国证监会批准的首批三家创新试点公司之一,2005年光大证券改制成立光大证券股份有限公司,是由中国光大集团总公司投资控股的全国性综合类股份制证券公司。2009年8月4日,光大证券首次公开发行A股,共募集资金109.62亿元,并于8月18日在上海证券交易所挂牌上市。"8·16"事件前,光大证券的业绩在行业内排名第九。

材料1:2013年8月16日,上证指数以2 075点低开;11点5分,多只权重股瞬间出现巨额买单。大批权重股瞬间被一两个大单拉升之后,又跟着涌现出大批巨额买单,带动

---

① 金融市场中的"乌龙指"是金融市场上的交易员、操盘手等在交易的时候,敲错了价格、数量、买卖方向等事件的统称。它往往会引起股价的瞬间急剧波动。

了整个股指和其他股票的上涨,以致多达59只权重股瞬间封涨停。指数的第一波拉升主要发生在11点5分到11点8分之间,然后出现阶段性回落;11点15分,上证指数开始第二波拉升,这一次最高摸到2 198点,在11点30分收盘时收于2 149点;11点29分,有媒体发布消息称,"今天上午的A股暴涨,源于光大证券自营盘70亿的乌龙指";13点,光大证券公告称因重要事项未公告,临时停牌;13点5分,上海证券交易所联系上光大证券,沪指暴涨是由于光大证券系统出了问题,技术人员在查,未查出原因;13点16分,某境外通讯社发布快讯称,光大证券董秘梅键表示,自营盘70亿元乌龙纯属子虚乌有;13点30分,基本确定是光大证券衍生品部门做量化投资的一个ETF套利产生下单失误;13点35分,光大证券申请交易作废;13点47分,传光大证券衍生品部门做量化投资的一个ETF套利产品下单失误将3 000万股写错成3 000万手;14点23分,光大证券发布公告,承认套利系统出现问题,公司正在进行相关核查和处置工作。有传闻称光大证券方面,下单230亿元,成交72亿元,涉及150多只股票;16点27分左右,中国证监会在下午召开的通气会上表示,"上证综指瞬间上涨5.96%,主要原因是光大证券自营账户大额买入"。

材料2:光大证券策略投资部的订单系统包括订单生成系统和订单执行系统两部分,其中订单生成系统由该部门自行开发,订单执行系统则从铭创软件购置。2秒内生成26 082笔预期外订单和这两个系统的程序错误有着密切的联系。

材料3:2013年8月23日,证监会召开新闻发布会,表示对光大证券的调查取证工作已经基本完成,目前正在移交会内相关部门审理。经核查后证监会发现,光大证券策略投资部自营业务的内部控制存在缺陷,信息系统管理问题较多。根据《中华人民共和国证券法》《证券公司监督管理条例》《证券公司风险控制指标管理办法》,证监会决定先行对光大证券采取行政监管措施,暂停其策略投资部证券自营业务,并责令其进行整改和内部责任追究,"同时,我会还决定对其正式立案调查"。

材料4:2013年11月1日,证监会作出处罚决定,认定光大证券随后的对冲措施为内幕交易,对包括光大证券策略投资部总经理杨某某在内的四名主要责任人作出处罚,杨某某终身不得进入证券和期货市场,或担任上市公司董事、监事、高级管理人员职务。杨某某不服这一处罚,于2014年2月向北京一中院提起行政诉讼,请求法院判决证监会撤销处罚决定。此案历经一审、二审、再审听证后,2017年10月最高人民法院裁定,驳回光大证券内幕交易案当事人之一杨某某提起的再审申请。"光大乌龙指"内幕交易案正式落槌。

资料来源:新闻背景:光大证券"8·16"乌龙事件始末[EB/OL].(2014-02-20). https://www.gov.cn/govweb/jrzg/2014-02/20/content_2615429.htm.

请思考:
1. 我国投资银行的监管体制是怎样的?
2. 什么是内幕信息?光大证券乌龙指事件是否构成内幕交易?
3. 光大证券自营业务内部控制出现的问题及解决措施分别是什么?

【本章小结】

投资银行监管机制是对投资银行进行外部监管的一种机制,其监管又可以分为市场准入的监管和主要业务活动的监管。所谓市场准入的监管,也就是对投资银行资格的监管。纵观世界情况,市场准入监管体制可以分为注册制和特许制,注册制的代表国家为美国,而特许制的代表国家为1999年前的日本。主要业务活动的监管可以主要细分为:对证券承销业务的监管;对证券经纪业务的监管;对证券自营业务的监管;对金融衍生产品业务的监管;对基金管理业务的监管;对收购与兼并业务的监管;对金融创新的监管。

投资银行业监管体制可以分为政府主导型、自律型和综合型。其中政府主导型监管体制是指国家主要通过系统而严密的法律对证券市场实行管理和调控。它有两个特点:有一套完善的对投资银行业进行监管的专门性法律;具有权力高度集中统一的全国性的专门监管机构。而自律型监管体制下,政府则是对证券市场采取自由、放任的态度,几乎是全部由证券业自律管理。它的特点是:通常没有制定专门规范投资银行业和证券市场管理的法律、法规,而是通过一些间接的法律法规来调整和制约证券市场的各项活动;不设立专门的全国性的政府证券监管机构,而是依靠证券市场的参与者,如证券交易所、证券商协会等自律组织进行监管。综合型监管体制是政府主导型监管体制和自律型监管体制相互渗透、相互结合的产物。

美国的监管体制属于政府主导型监管体制,具体来讲分为政府监管、自律监管和受害者司法救济三个层次。英国的监管体制属于自律型监管体制,其自律体制由两个部分构成,一个是由英国证券交易所协会、英国企业收购和合并问题专门小组与英国证券业理事会三个机构组成的管理体制,另一个是证券交易所。

我国的投资银行业监管体制经历了三个阶段:中国人民银行集中统一监管时期;中国人民银行和中国证监会共同监管的时期;中国证监会统一监管时期。最后形成了以政府为主导、以自律为补充的集中统一的监管体制。

我国监管体制存在的问题在于监管部门独立程度较弱,监管权力不完善;法律体制有待进一步优化;自律机制不完善,行政色彩较强。所以我们应该加强监管部门的独立性;健全并完善法律体系;重视政府监管和行业自律。

【复习思考题】

1. 投资银行业主要有哪些监管模式?
2. 我国的监管体制有哪些问题?应该如何改进?
3. 政府机构监管和自律监管的区别是什么?

【进一步阅读书目】

1. 栾华.投资银行理论与实务[M].上海:立信会计出版社,2006:790-791.
2. 资本监管课题组.投资银行资本监管:比较与借鉴[M].上海:文汇出版社,2014:211-221.
3. 马晓军.投资银行学:理论与案例[M].2版.北京:机械工业出版社,2014:

325-335.

4. 焦瑾璞.构建中国金融行为监管体系研究[M].北京：中国金融出版社,2015：69-78.

【即测即练】

参 考 文 献

[1] 栾华.投资银行理论与实务[M].上海:立信会计出版社,2006:2-3.
[2] 库恩.投资银行学[M].李申,等译.北京:北京师范大学出版社,1996:2-8.
[3] 斯托厄尔.投资银行、对冲基金和私募股权投资[M].黄嵩,赵鹏,等译.北京:机械工业出版社,2013:3-10.
[4] 马晓军.投资银行学:理论与案例[M].2版.北京:机械工业出版社,2014:325-335.
[5] 吴晓求,等.中国证券公司:现状与未来[M].北京:中国人民大学出版社,2012:79-80.
[6] 黄达.金融学[M].北京:中国人民大学出版社,2003:570-580.
[7] 弗朗西斯,伊博森.投资学:全球视角[M].胡坚,高飞,钱宥妮,译.北京:中国人民大学出版社,2016:48-56.
[8] 胡海峰.现代投资银行学[M].北京:首都经济贸易大学出版社,2022:266-278.
[9] 朱杰,唐潇,温建利.资产证券化实务详解:操作指引与案例解析[M].北京:中国法制出版社,2019:12-28.
[10] 任淮秀.投资银行业务与经营[M].5版.北京:中国人民大学出版社,2019:34-39.
[11] 证券专业资格考试命题研究组.投资银行业务[M].成都:西南财经大学出版社,2017:1-9.
[12] 张建军.投资银行学[M].西安:西安电子科技大学出版社,2023:44-56.
[13] 周莉.投资银行学[M].4版.北京:高等教育出版社,2017:101-118.
[14] 窦尔翔,冯科.投资银行理论与实务[M].北京:对外经济贸易大学出版社,2013:200-210.
[15] 李风云,崔博.投资银行理论与案例[M].北京:清华大学出版社,2022:198-210.
[16] 威斯通,米切尔,马尔赫林.接管、重组与公司治理[M].张秋生,张海珊,陈扬,译.北京:北京大学出版社,2006:102-110.
[17] 德帕姆菲利斯.兼并、收购和重组[M].黄瑞蓉,罗雨泽,译.北京:机械工业出版社,2004:9-18.
[18] 阿扎克.兼并、收购和公司重组[M].李风云,等译.北京:机械工业出版社,2011:211-216.
[19] 资本监管课题组.投资银行资本监管:比较与借鉴[M].上海:文汇出版社,2014:211-221.
[20] 焦瑾璞.构建中国金融行为监管体系研究[M].北京:中国金融出版社,2015:69-78.
[21] 明斯基.稳定不稳定的经济[M].石宝峰,张慧卉,译.北京:清华大学出版社,2015:19-28.
[22] 滑冬玲,孔繁成.金融学[M].北京:清华大学出版社,2022:76-85.
[23] 王宇熹.改善我国证券分析师监管研究[M].上海:上海人民出版社,2017:276-285.
[24] 何小锋,韩广智.中国资本市场运作案例[M].北京:中国发展出版社,2006:345-355.
[25] 金德环.投资银行学[M].3版.上海:格致出版社,2006:98-111.
[26] 宫晓琳.未定权益分析方法与中国宏观金融风险的测度分析[J].经济研究,2012(3):76-87.
[27] 陶玲,朱迎.系统性金融风险的监测和度量——基于中国金融体系的研究[J].金融研究,2016(6):18-36.
[28] 童中文,范从来,朱辰,等.金融审慎监管与货币政策的协同效应:考虑金融系统性风险防范[J].金融研究,2017(3):16-32.
[29] 李善民,陈玉罡.上市公司兼并与收购的财富效应[J].经济研究,2002(11):27-35.
[30] DAVIS L E,DE SOUZA J P A,HERNANDEZ G. An empirical analysis of Minsky regimes in the U. S. economy[J]. Cambridge journal of economics,2019,43(3):541-583.
[31] ILLING M,LIU Y. Measuring financial stress in a developed country:an application to Canada

[J]. Journal of financial stability,2006,2(3):243-265.

[32] MINSKY H P. Central banking and money market changes[J]. Quarterly journal of economics,1957,71(2):171-187.

[33] MINSKY H P. Aggregate demand shifts, labor transfers and income distribution[J]. American journal of agricultural economics,1968,50(2):328-339.

[34] MINSKY H P. The modeling of financial instability: an introduction [J]. Modeling and simulation,1974(5):267-272.

[35] 龚启辉,李辰,吴联生. 投资银行-审计师业务关联与IPO盈余管理[J]. 会计研究,2021(9):106-119.

[36] 史本良,牛轲. 借鉴国际投行商业模式转型经验打造我国国际一流投资银行[J]. 金融会计,2021(3):67-76.

[37] 威尔逊,谢华军. 外资投行进军中国资本市场之路[J]. 金融市场研究,2020(6):127-136.

[38] 王开阳,张彩玉. 中美投资银行的国际化水平、企业绩效与境外营收比较研究[J]. 经济问题探索,2020(4):151-160.

[39] 崔健,孙碧涵. 次贷危机后美国投资银行业务调整研究[J]. 当代经济研究,2019(6):105-111.

[40] 吴世农,陈韫妍,吴育辉,等. 企业融资模式、金融市场安全性及其变动特征[J]. 中国工业经济,2021(8):37-55.

[41] 李延喜,张启銮,李宁. 基于动态现金流量的企业价值评估模型研究[J]. 科研管理,2003(2):21-27.

[42] 聂辉华,阮睿,沈吉. 企业不确定性感知、投资决策和金融资产配置[J]. 世界经济,2020(6):77-98.

教师服务

感谢您选用清华大学出版社的教材！为了更好地服务教学，我们为授课教师提供本书的教学辅助资源，以及本学科重点教材信息。请您扫码获取。

▶ 教辅获取

本书教辅资源，授课教师扫码获取

▶ 样书赠送

财政与金融类重点教材，教师扫码获取样书

 清华大学出版社

E-mail：tupfuwu@163.com
电话：010-83470332 / 83470142
地址：北京市海淀区双清路学研大厦 B 座 509
网址：http://www.tup.com.cn/
传真：8610-83470107
邮编：100084